**국립중앙도서관 출판예정도서목록(CIP)**

공간을 쉽게 바꾸는 조명 / 안자이 테쓰 지음 ; 박은지 옮김
. ― 서울 : 마티, 2016
256p. ; 182×257mm (좋은 집 시리즈 ; 08)

원표제: 世界で一番やさしい照明 : 110のキーワードで学ぶ
원저자명: 安齋哲
감수: 고기영
일본어 원작을 한국어로 번역
ISBN  979-11-86000-30-4 13610 : ₩24000

조명[照明]
565-KDC6
621.32-DDC23                    CIP2016003985

SEKAI DE ICHIBAN YASASHII SHOMEI ZOUHO KAITEI COLOR BAN
ⓒ TETSU ANZAI 2013
Originally published in Japan in 2013 by X-Knowledge Co., Ltd.
Korean translation rights arranged through BC Agency. SEOUL

# 공간을 쉽게 바꾸는 조명

안자이 테쓰 지음
고기영 감수
박은지 옮김

# 차례

## CHAPTER 5

# 주거공간 외 조명 계획:
# 사무실 · 상점 · 음식점 · 시설 · 집합주택

 **일러두기**

일본의 기준에 따라 소개된 일부 내용은 감수를 거쳐 한국산업규격(KS) 및 관련 법규로 대체하였다.

# 들어가며

에너지 문제와 지구온난화에 대한 우려와 관심이 높아진 요즘, 다양한 조명 기구와 램프 등 조명 분야의 기술도 날로 발전해 에너지 절약에 대한 기대가 더욱 높아졌다. 더불어 쾌적한 공간에 대한 욕구도 커져 조명디자이너, 조명설계사의 새로운 아이디어와 기술력이 한층 중요해지고 있다.

하지만 조명에 의한 공간 디자인 방법은 아직은 보편적이지 않아, 조명 계획은 여전히 경제적 효율성과 밝기를 확보하는 데 급급한 채 진행되는 경우가 많다.

이 책은 조명에 관심이 있는 일반 독자들과 조명 계획을 전문적으로 배워 보려는 사람들을 위해 쓰였다. 어떤 공간에 어떤 조명을 어떻게, 얼마나 설치할지 등을 검토할 때 필요한 아주 간단한 기초지식부터, 주택과 사무실, 점포 등 설계를 하는 사람이라면 꼭 알아야 할 깊이 있는 노하우를 담았다. 조명 연출 기법과 관련해서는 아주 기초적인 단계부터 다소 전문적인 기술까지 소개한다.

조명은 약간의 기초지식만 파악한다면, 가장 경제적으로 공간의 기능과 인상을 새롭게 만들 수 있는 매우 유용하고 손쉬운 디자인 도구이다. 조명을 자유자재로 다룰 줄 알면 애매하고 쓸모없던 공간도 누가 봐도 탐나는 가치 있는 공간으로 변신한다.

환경을 생각해 에너지 절감 성능이 뛰어난 조명 기구를 선택하는 것도 중요하지만, 전기와 자원을 너무 많이 사용하는 라이프스타일이 아닌지 점검해보는 것이 먼저다. 에너지를 아끼겠다고 어둡게 지내거나 조명 기구를 잘못 교체하는 것만큼 조명 계획에서 어리석은 일은 없다. 빛 공해를 최소화하고 공간의 필요에 맞는 빛을 선택할 줄 아는 것이 환경 부담을 줄이는 것이기도 하다.

이 책의 초판이 출간된 2009년부터 LED 조명 성능은 크게 향상되었다. 2013년 개정판을 준비하면서 이 부분을 큰 폭으로 수정, 보완했다.

# 감수의 글

빛과 공간은 우리 삶에 없어서는 안 되는 중요한 요소이다. 빛은 생명의 근원이자 삶을 지속 가능하게 하는 가장 중요한 재료이다. 공간 역시 생활을 즐기고 일상의 기억을 새기는 장소로서 생존을 위한 울타리 이상의 의미가 있다. 어떤 공간의 빛은 단순히 사물을 보기 위한 본래의 기능에 그치지 않고 안정감과 집중력 등 여러 심리적 변화를 유도하기도 한다. 또 취향과 심미적 정서에 크게 영향을 미친다.

19세기 에디슨이 발명한 인공광원의 출현은 인류의 삶을 전혀 다른 차원으로 바꾸어 놓았다. 자연광을 통하여 낮과 밤의 변화에 자연스럽게 순응하던 인간의 생활방식은 백열전구라는 인공조명으로 인해 완전히 새롭게 전환되었다. 24시간 내내 기계를 돌릴 수 있는 환경이 조성되었고, 업무시간의 연장과 생활시간의 확장이라는 결과가 초래되었다.

공간은 하루 종일 밝은 빛에 노출되었고, 사람들은 밤낮을 가리지 않고 무엇이든 할 수 있게 되었다. 낮을 연장시킨 듯 밝아진 밤은 활기차고 풍요로운 삶을 만드는 데 일조했지만, 무절제한 '빛'의 사용은 '어둠'과 '밤'을 사라지게 했다. 과유불급이라 했던가. 밤에도 쉬지 못하도록 채찍질 당한 모든 생명은 육체적·심리적·환경적 균형을 잃어갔다. 빛은 어둠이 있을 때에 비로소 의미를 갖는다. 적절한 빛의 계획이 필요한 이유이다. 바로 이런 측면에서 『공간을 쉽게 바꾸는 조명』의 출간은 매우 의미 있다.

『공간을 쉽게 바꾸는 조명』은 공간을 디자인할 때 빛과 어둠을 어떻게 적절하게 계획하고 실행할지에 관한 방향을 제시하고 해답을 주고 있다. 저자의 다양하고 오랜 실무 경험을 바탕으로 좋은 빛을 만드는 방법이 꼼꼼하고 체계적으로 정리되어 있으며, 이해하기 쉬운 일러스트를 곁들여 누구나 쉽게 적용할 수 있도록 했다. 빛의 기본원리부터 광원과 등기구의 종류 및 다양한 빛의 표현 방식까지 주택, 사무실, 상업 시설 등 공간별로 정리되어 있다.

21세기에 태어난 신소재 광원인 LED 소재는 기존의 일방적인 인공조명의 개념을 자연광처럼 움직이고 변화하는 조절 가능한 빛으로 바꾸는 전환점이 되었다. 공간의 목적과 기능에 따라 빛을 자연스럽게 계획할 수 있게 된 것이다.『공간을 쉽게 바꾸는 조명』에서 설명하는 빛의 사용 방법을 정확하게 이해하는 것은, LED를 적재적소에 활용해 미래지향적 가치를 공간 디자인으로 표현하는 데 적잖은 도움을 줄 것이다.

전문적인 조명 관련 자료가 절대적으로 부족한 현실을 고려할 때『공간을 쉽게 바꾸는 조명』의 출간은 빛을 이용한 공간 · 환경 디자인 분야의 새로운 시작을 의미한다고 생각한다. 인간을 위한 좋은 빛 디자인이 탄생되는 데에 이 책은 훌륭한 밑거름이 되어 줄 것이다.

2016년 2월
고기영

· CHAPTER 1 ·

# 조명 계획을 시작하기 전에

# 001

# 조명 계획이란

**Point**

조명 계획이란 빛을 이용해 '쾌적하고 매력적인 공간의 빛 환경'을 만들어내는 것이다

**쾌적하고 매력적인 공간으로**

조명 계획이란 조명 기구를 이용해 빛과 그림자를 조절하여 공간을 더욱 쾌적하고 매력적으로 설계하기 위해 고민하는 것이다.

**'밝기'가 최우선일까?**

일반적으로, 지금까지 조명 계획에서 최우선하던 사항은 '밝기'였다. 생활에 지장을 주지 않을 정도의 밝기를 어떻게 하면 가장 경제적으로 해결할 것인가가 주된 관심사였다. 형광등이 인기가 높았던 것도 적은 수의 조명 기구로 더 밝게 하는 것이 효율적이라고 여겨졌기 때문이다.

고급스러운 분위기를 연출하려고 할 때 보조등을 활용하기도 하지만 '밝기'를 추구하는 경향은 여전하며, 너무 밝아서 불쾌감이 느껴질 때도 대부분 개의치 않는다. 건축과 인테리어에 신경 쓰는 것에 반해 조명 기구의 종류와 대수, 설치 방법, 빛의 질에는 무관심하다.

**'빛의 질'을 높이면**

생활수준이 높아지면서 우리는 일하거나 쉬거나 노는 다양한 공간에서 편안함과 쾌적함을 원하게 되었고, 이를 실현하는 하나의 방법으로 조명 연출이 주목받고 있다.

조명 계획의 목적은 다음과 같다.

• 공간별 특징에 맞춘 다양하고 풍부한 빛 환경
• 건축과 인테리어 디자인 의도에 맞는 조명 기구의 선정과 배치 계획
• 효율적인 빛 관리로 에너지 절약
• 시각적 · 심리적 안정감과 쾌적함을 통한 감성 충만

또한 조명 계획을 통해 매일 진보하는 조명의 기술에 민감해지면 새로운 공간 디자인 아이디어를 얻을 수 있다.

## 지금까지의 조명 계획

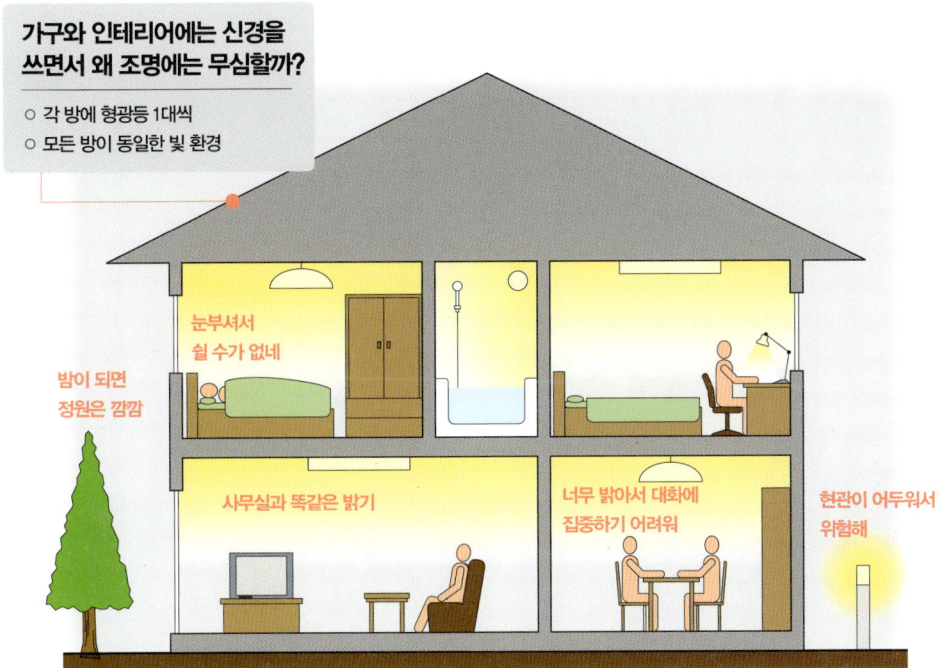

**가구와 인테리어에는 신경을 쓰면서 왜 조명에는 무심할까?**

○ 각 방에 형광등 1대씩
○ 모든 방이 동일한 빛 환경

밤이 되면
정원은 깜깜

눈부셔서
쉴 수가 없네

사무실과 똑같은 밝기

너무 밝아서 대화에
집중하기 어려워

현관이 어두워서
위험해

## 앞으로의 조명 계획

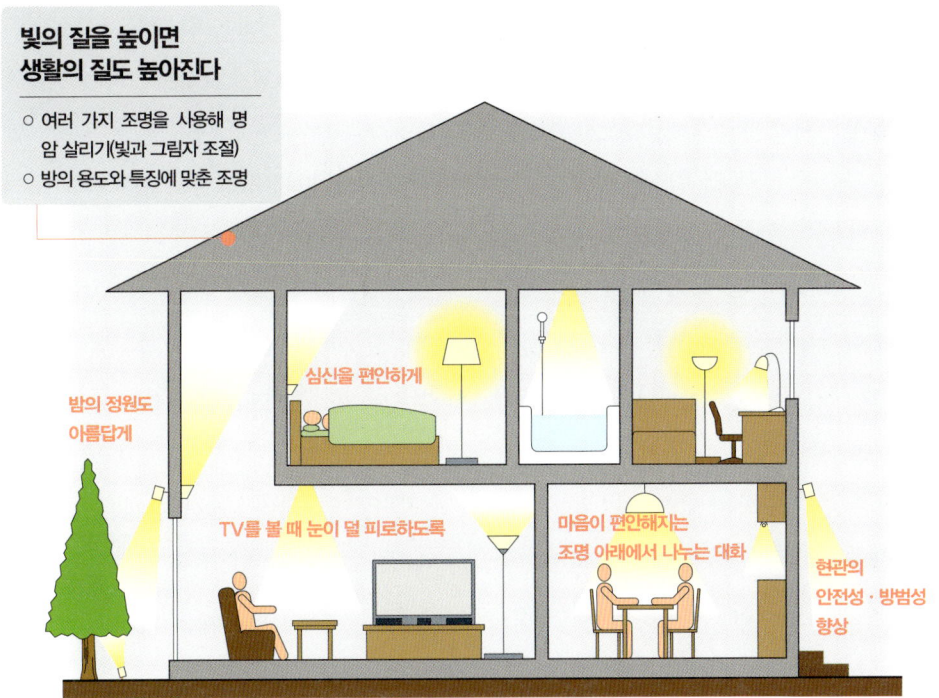

**빛의 질을 높이면 생활의 질도 높아진다**

○ 여러 가지 조명을 사용해 명
  암 살리기(빛과 그림자 조절)
○ 방의 용도와 특징에 맞춘 조명

밤의 정원도
아름답게

심신을 편안하게

TV를 볼 때 눈이 덜 피로하도록

마음이 편안해지는
조명 아래에서 나누는 대화

현관의
안전성 · 방범성
향상

# 002

# 빛과 인간

**Point**

빛은 불안을 덜어주고 안전을 지켜주지만, 밤에는 적절한 어둠 또한 빛만큼 중요하다

### 자연적인 빛 그리고 인간

우리 주변에는 다양한 빛이 있다. 조명이 발달하기 전, 낮에는 창문을 통해 태양광을 실내로 들여와 자연의 밝기로 활동하고, 밤에는 달빛과 별빛이 있지만 생활하기에는 부족해 불을 피워 빛으로 이용했다.

근대 이후 인공조명을 사용하기 시작했고, 산업과 문명, 도시가 발달하면서 이제는 쇼핑시설이나 사무시설 등 낮에도 외부의 빛을 차단한 채 하루종일 인공조명에 의지하는 경우가 많아졌다. 낮과 밤이 다르지 않은 빛 환경 속에서 우리는 자연광의 변화나 태양의 움직임을 느끼지 못한 채 생활하게 되었다.

빛에 노출되는 기간이 길어져 몸이 시간의 흐름을 느끼지 못하게 되면 우리 몸의 시간 감각은 점차 혼란스러워진다. 빛의 변화에 따라 신체를 움직이고 휴식을 취하는 것이 인간 본능 중 하나이기 때문이다.

### 빛의 효과와 역할

빛은 불안감을 낮추고 타인과 외부로부터 자신을 보호해주며 여러 활동을 좀 더 안전하게 하도록 돕지만, 적절하게 조절되어야 수면과 휴식에 방해가 되지 않는다.

특히 저녁과 밤 시간의 빛의 양과 질은 낮과는 확실히 달라져야 한다. 늦은 밤 침실이나 거실이 사무실이나 학교처럼 구석구석까지 밝을 필요는 없다. 하루를 되돌아보고 밥을 먹고 술을 마시며 긴장을 풀기에는 오히려 잠의 세계와 가까운 어둑어둑한 빛이 좋다. 적절한 어둠은 적절한 빛만큼 중요하다.

반대로 공부나 요리 같은 활동에는 필요한 범위에 적절한 만큼의 밝기가 반드시 필요하다. 내가 머무는 시간과 그 공간에서 하는 활동을 정리하면 자연스럽게 조명 계획의 핵심이 보일 것이다.

## 자연의 빛

## 실내의 빛

### 태양이 주는 빛

낮에는 태양광을 이용하여 쾌적한 빛 환경을 만든다

### 휴식에 필요한 빛

밤에는 적절한 조명으로 편안하게. 사무실 같은 밝기는 오히려 해가 될 수 있다

### 작업에 필요한 빛

특정 작업에 필요한 범위에 적절한 밝기를 주는 조명을 배치한다

# 003

# 조명 계획의 흐름

## Point

조명 계획은 '조사·연구 및 콘셉트 결정 → 기본설계 → 실시 설계 → 제작·감리·시공 → 최종 조정' 순으로 진행

### 건축 설계와 동시에 진행

조명 계획은 건축 설계나 인테리어 디자인의 일정에 맞춰 동시에 진행한다. 공간에 대한 조사·연구 결과에 따라 콘셉트를 정한 뒤, 기본설계, 실시설계, 제작·감리·시공 단계를 거쳐, 빛의 방향에 관한 최종 조정 순으로 진행한다. 조명 기구는 건축 설계나 인테리어 디자인이 후반 단계에 접어들었을 때 구체적으로 검토한다.

### 빛의 콘셉트 정하기

우선 어떤 빛 환경이 적절한지, 어떤 빛을 원하는지 큰 방향을 결정해야 한다. 바로 이 작업이 빛의 '콘셉트'를 정하는 첫 번째 단계이다. 평소 빛 환경에 대한 감각을 키우고 빛의 이미지를 설계자와 시공자에게 잘 전달할 수 있도록 고민해둔다.

### 최종 조정이 공간의 완성도를 결정

조명 디자이너 입장에서 프로젝트에 관여할 때는 보통 컨설팅이라고 불리는 업무—초기 콘셉트 결정부터 기본설계까지—만 담당하는 경우가 많다. 하지만 인테리어가 완성될 때까지 현장 상황에 맞춰 세밀하게 조정해나가면 빛 환경뿐 아니라 공간 자체 완성도를 한층 높일 수 있다.

인테리어 최종 단계에서 조광 컨트롤과 빛의 목표치 달성을 위한 정밀 조정인 포커싱 등을 거치면 공간의 질이 확연히 달라진다.

조명 디자이너가 아닌 건축 설계자나 인테리어 디자이너가 조명 계획을 겸하는 경우에도 조명 기구 배치 계획 및 설치 방법, 기구 선정, 간접조명 활용 여부 등을 꼼꼼히 챙긴다.

## 조명 계획과 건축 계획

| 조명 계획 | 건축 계획 |
|---|---|

### 조사 · 연구 및 콘셉트 결정

○ 사업 계획 · 건축 설계 이해
○ 주변 환경 조사 및 이해
○ 유사사례 연구
○ 조명 콘셉트 제안 ▶42쪽 참고

**기획**

### 기본설계

○ 건축 공간 파악(공간구조, 마감재, 색채 등)
○ 빛의 이미지를 프레젠테이션하기 ▶50쪽 참고
○ 조명 기법 검토
○ 조명 기구 검토 · 선정 ▶222쪽 참고
○ 조명 배치도 · 조명 기구 리스트 작성 ▶242쪽 참고
○ 회로 · 스위치 검토 ▶52쪽 참고
○ 배선 계획도 작성 ▶244쪽 참고
○ 비용 점검 ▶56, 58쪽 참고
○ 조도 · 전기 용량 점검 ▶36쪽 참고

**기본설계**

**완료**

### 실시설계

○ 조명 기구 결정
○ 기구 배치 결정
○ 디테일 · 마감 결정
○ 각 도면 검토 수정
○ 비용 점검 ▶56, 58쪽 참고
○ 조도 · 전기 용량 점검 ▶36쪽 참고

**실시설계**

**완료**

### 제작 · 감리 · 시공 ~ 최종 조정

○ 목업(mock-up) 확인
○ 기구 승인도 · 제작도 확인
○ 발주 확인
○ 포커싱 ▶48쪽 참고
○ 조광 계획 ▶54쪽 참고
○ 조도 점검 ▶36쪽 참고
○ 기록

**시공 · 감리**

**준공 · 인도**

# 004

# 조명 카탈로그 보기

### Point

조명 기구를 선택할 때는 조명 업체의 카탈로그 정보를 가능한 한 정확히 파악한다

### 기구를 결정할 때 반드시 거쳐야 할 과정

매년 많은 조명 기구가 출시되는 동시에 많은 제품이 단종된다. 새로운 광원이나 더 완성도 높은 광원이 개발되기 때문에 설계자는 항상 최신 정보를 체크해야 한다. 조명 업체에서 발행하는 조명 기구 카탈로그는 최신 정보를 확인하는 데 매우 유용한 수단이다.

카탈로그에는 기구에 대한 정보, 램프의 종류, 소비전력, 전압, 설치 가능한 다른 램프, 색온도의 다양성, 옵션 부품, 안정기 등 필요한 별매 부품, 설치할 때 알아야 할 기구의 치수나 천장의 개구부 치수, 점등했을 때의 광속과 조도, 가격 등이 상세히 적혀 있다. 이 정보들은 기구를 선택할 때 없어서는 안 될 정보이기 때문에 조명 계획을 시작하기 전에 카탈로그를 제대로 읽는 법을 알아두어야 한다.

### 완벽하게 파악하기 위한 포인트

카탈로그에는 자주 사용되는 전문 용어와 단위 등이 자세히 설명되어 있다. 이 같은 기초 지식 없이는 공간에 필요한 적합하고 좋은 기구를 선택하기 어렵다. 용어와 단위의 개념을 이해하고, 어떻게 하면 업체가 제공하는 카탈로그 정보를 객관적으로 받아들이고 효율적으로 활용할지 그 포인트를 짚어본다. 일부 업체의 카탈로그에는 조명의 기초 지식이 일목요연하게 정리되어 있으니 적극 활용한다.

카탈로그 읽기에만 만족하지 말고 가능하면 실물을 직접 보고 판단하자. 카탈로그에 없더라도 얼마든지 특수 발주로 만들 수 있다는 점도 기억해두길 바란다.

# 카탈로그 보는 법

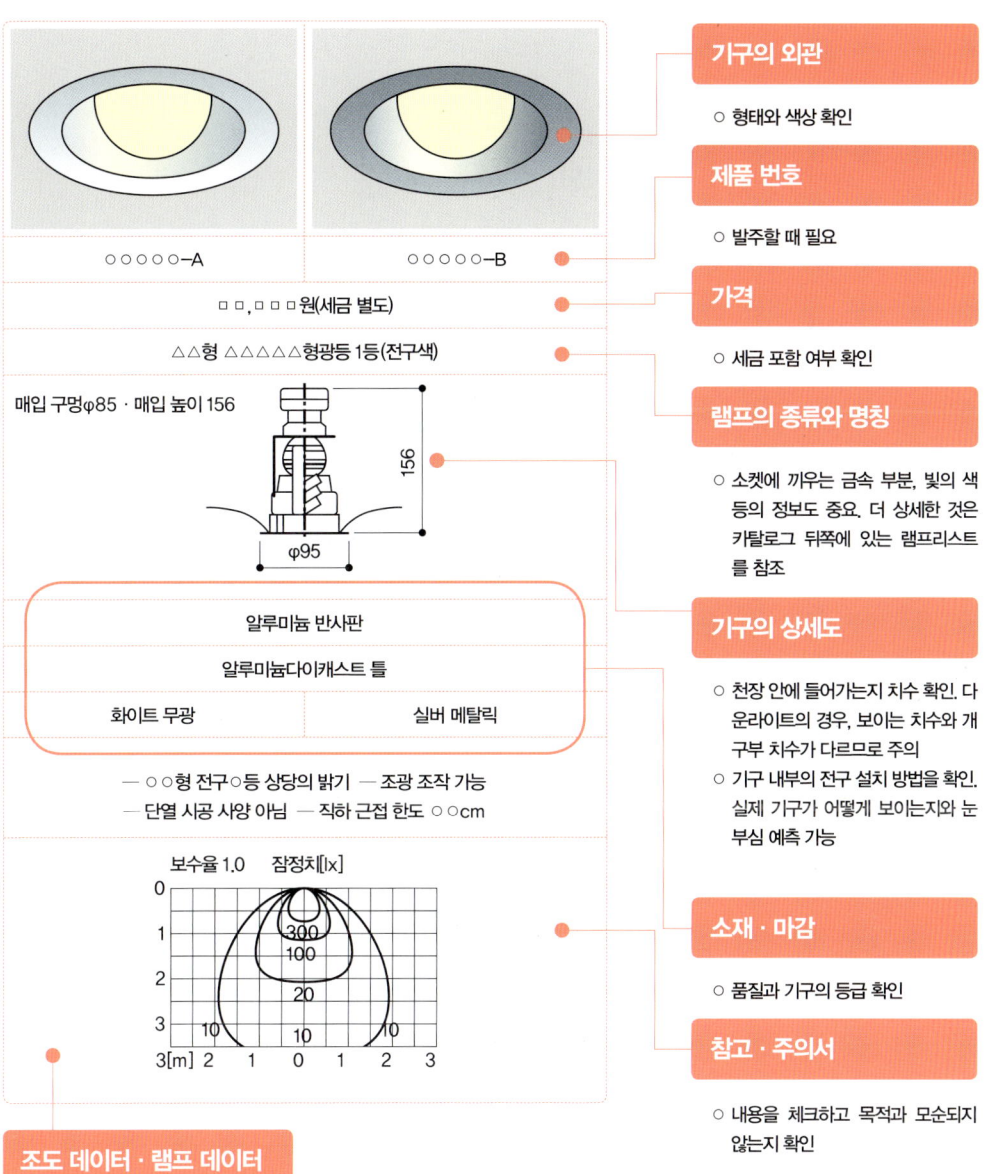

○ ○ ○ ○ ○ —A

○ ○ ○ ○ ○ —B

□ □ , □ □ □ 원(세금 별도)

△△형 △△△△△형광등 1등(전구색)

매입 구멍φ85 · 매입 높이 156

156

φ95

| 알루미늄 반사판 | |
| --- | --- |
| 알루미늄다이캐스트 틀 | |
| 화이트 무광 | 실버 메탈릭 |

— ○○형 전구○등 상당의 밝기 — 조광 조작 가능
— 단열 시공 사양 아님 — 직하 근접 한도 ○○cm

보수율 1.0    잠정치[lx]

300
100
20
10    10    10

3[m] 2    1    0    1    2    3

## 기구의 외관

○ 형태와 색상 확인

## 제품 번호

○ 발주할 때 필요

## 가격

○ 세금 포함 여부 확인

## 램프의 종류와 명칭

○ 소켓에 끼우는 금속 부분, 빛의 색
등의 정보도 중요. 더 상세한 것은
카탈로그 뒤쪽에 있는 램프리스트
를 참조

## 기구의 상세도

○ 천장 안에 들어가는지 치수 확인. 다
운라이트의 경우, 보이는 치수와 개
구부 치수가 다르므로 주의
○ 기구 내부의 전구 설치 방법을 확인.
실제 기구가 어떻게 보이는지와 눈
부심 예측 가능

## 소재 · 마감

○ 품질과 기구의 등급 확인

## 참고 · 주의서

○ 내용을 체크하고 목적과 모순되지
않는지 확인

## 조도 데이터 · 램프 데이터

○ 배광 곡선으로 빛의 확산 모습, 조도 확인 ▶222쪽 참고

## 기타 확인 사항

○ 별도 판매하는 램프와 안정기, 트랜스, 옵션 부품이 있는 경우 그 정보도 확인
○ 스포트라이트 등 움직이는 부품이 있는 경우 움직이는 부분과 범위 확인
○ 램프에 따라서는 조도와 색온도, 램프 수명, 전광 속도 체크
○ 카탈로그에 따라서는 빛의 모양을 사진으로 보여주기도 함

# 005

# 빛의 기본 특성

## Point

빛이란 전자파 중에서 인간의 눈에 보이는 파장 범위를 가리킨다. 이 파장 영역을 '가시광선'이라고 한다

### 인간의 눈에 보이는 빛

빛은 일반적으로 전자파 중에서 눈의 망막을 자극하여 색과 형태를 느끼게 하는 파장의 범위를 가리키며 이 파장 영역을 가시광선이라고 한다. 가시광선은 파장이 긴 순서로 '빨, 주, 노, 초, 파, 남, 보'로 나열된다. 이보다 한 단계 긴 파장이 적외선, 한 단계 짧은 파장이 자외선이다.

가시광선은 빨간색부터 보라색까지의 성분이 혼합되어 있으며 성분의 균형에 따라 대상물에 그 빛이 닿았을 때의 색이 달라진다.

태양광은 빨간색에서 보라색까지 고르게 색을 갖고 있어서 흰색(실은 무색)으로 보인다. 이처럼 같은 밝기의 적, 녹, 청 삼원색을 혼합하면 흰색이 되는 현상을 가법혼색이라고 한다.

### 적외선, 자외선은 차단

광원에서는 가시광선뿐 아니라 많든 적든 적외선과 자외선도 발생한다. 예를 들어 조명을 비추는 대상물이 섬세한 미술품이나 고급품이라면 필요 없는 파장을 가능한 한 차단해주는 특수 필터를 조명 기구에 설치하는 등 나쁜 영향을 줄이도록 한다.

### 전자파의 종류

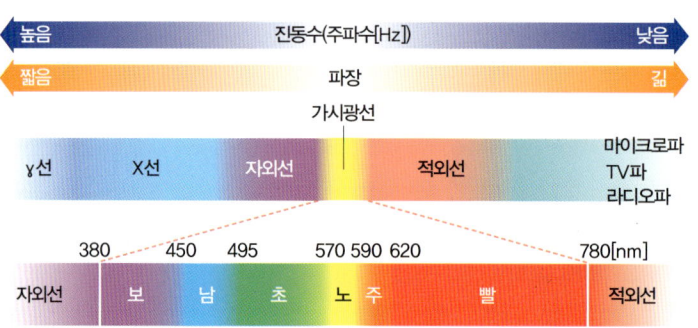

· CHAPTER 2 ·

# 조명 계획의 기본

# 006

# 눈부심

## Point

**불쾌하고 불편한 눈부심 현상이 발생하지 않도록 주의한다**

**눈부심 현상**

태양광이나 자동차의 헤드라이트 등 강한 반짝임이 시계(視界)에 들어오면 눈부심을 느끼거나 순간적으로 다른 물체가 보이지 않게 된다. 이 상태를 '글레어(glare, 눈부심)'라고 한다. 글레어는 사람을 불쾌하게 하고 자칫 위험한 상황을 초래할 수 있기 때문에 조명 기구의 배치나 광원 노출 정도를 조절할 때 글레어 현상에 주의한다.

**글레어의 종류**

글레어는 직접 글레어와 간접 글레어(반사 글레어) 두 가지로 분류된다. 직접 글레어는 감능 글레어(불능 글레어, disability glare)와 불쾌 글레어(discomfort glare)로 나뉜다.

감능 글레어(불능 글레어)는 태양광과 램프와 같은 광원이 직접 눈에 들어올 경우 물체가 잘 보이지 않게 되는 현상이다. 밤에 차를 운전하면 맞은편 차의 헤드라이트가 시야에 들어와 주위가 잘 안 보일 때가 이에 해당한다.

한편, 램프를 직접 보지 않아도 눈부심이 심해 불편하다면, 불쾌 글레어가 발생했다고 볼 수 있다. 일반적으로는 감능 글레어와 영향을 주고받는다. 불쾌 글레어는 루버(louver)가 달린 기구를 사용하면 어느 정도 방지할 수 있다.

간접 글레어(반사 글레어)는 대상물에 광원의 빛이나 반짝임이 비쳐 글자 등을 읽기 어려운 상태를 말한다. 텔레비전이나 컴퓨터 모니터에 형광등이 비쳐서 모니터 글자나 화면이 잘 보이지 않는 경우다. 간접 글레어는 모니터와 시점, 광원의 위치 관계가 잘못되어 발생하는 것으로, 각각의 위치를 개선하거나 광원의 반짝임이 조절되는 조명 기구를 사용하면 간접 글레어를 줄일 수 있다.

# 직접 글레어의 종류

## ○ 감능 글레어(불능 글레어)

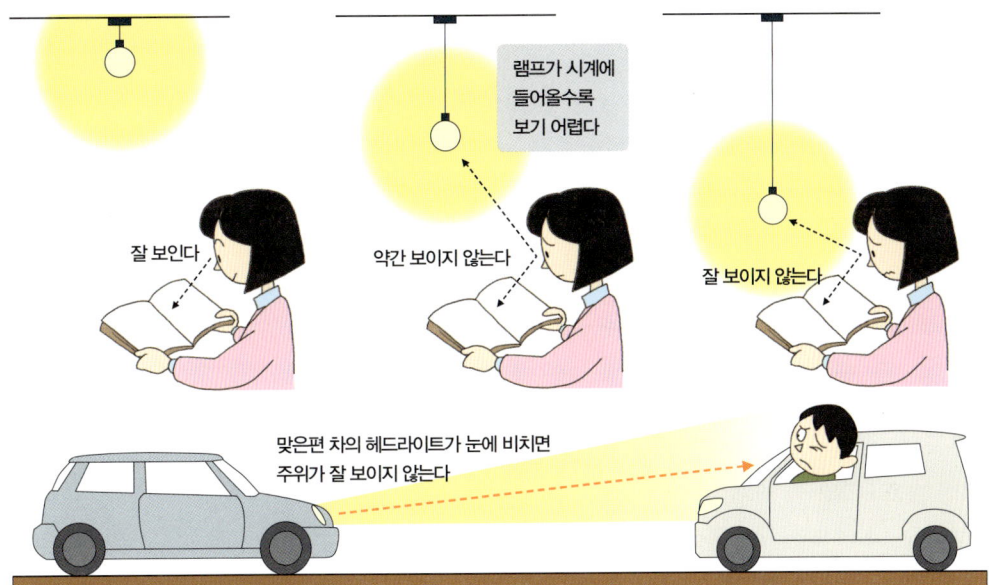

램프가 시계에
들어올수록
보기 어렵다

잘 보인다

약간 보이지 않는다

잘 보이지 않는다

맞은편 차의 헤드라이트가 눈에 비치면
주위가 잘 보이지 않는다

## ○ 불쾌 글레어

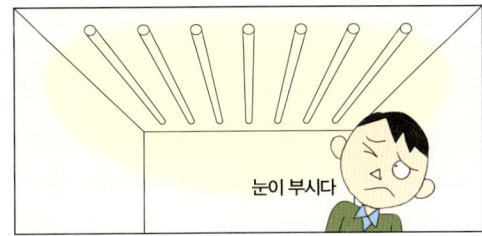

눈이 부시다

램프가 직접 눈에 보이지 않아도 심리적으로 눈부심을 느낀다

눈이 부시지 않는다

루버가 달린 기구 등을 사용하면 눈부심을 느끼지 않는다

## ○ 간접 글레어(반사 글레어)

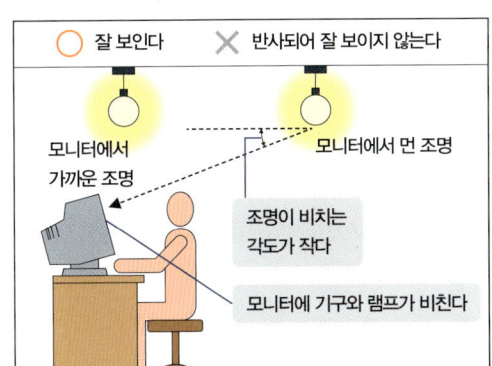

○ 잘 보인다   ✕ 반사되어 잘 보이지 않는다

모니터에서
가까운 조명

모니터에서 먼 조명

조명이 비치는
각도가 작다

모니터에 기구와 램프가 비친다

## ○ 눈부심이 심해지는 4가지 조건

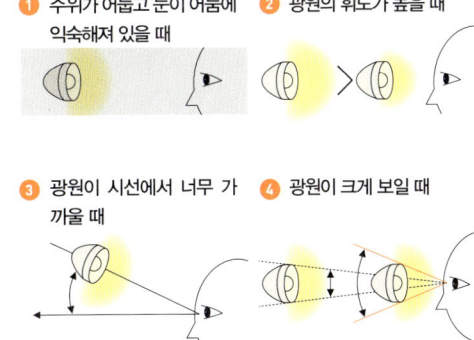

❶ 주위가 어둡고 눈이 어둠에
   익숙해져 있을 때

❷ 광원의 휘도가 높을 때

❸ 광원이 시선에서 너무 가
   까울 때

❹ 광원이 크게 보일 때

# 007

# 색온도

전구색 2,800K는 '안정된 분위기', 주광색 6,700K는 '상쾌한 분위기'를 만든다

## 색온도란

에너지를 절약하기 위해 백열전구를 전구형 형광등이나 LED로 바꾸는 경우가 많다. 전구형 형광등과 LED는 전구색, 주백색, 주광색 등 다양한 광색 가운데 선택할 수 있다. 이 광색의 차이를 수치로 나타낸 것이 색온도이다. 단위는 K(Kelvin, 켈빈)이다.

색온도는 광원의 색이 붉을수록 낮아지고, 하얄수록 높아진다. 밤에 새나오는 창문 불빛을 보면 오렌지색 불빛이 보이는 방과 하얀색 불빛이 보이는 방이 있다. 이것은 색의 온도가 다르기 때문이다.

## 기준치를 기억해두자

색온도는 전구의 빛의 색뿐만 아니라 자연계의 빛의 색을 나타낼 때도 사용한다. 예를 들면, 촛불 빛은 1,920K, 일출 후나 일몰 전의 하늘은 2,700K, 보통 백열전구는 2,800K, 전구색 형광등은 2,800~3,000K,

온백색 형광등은 3,500K, 백색 형광등은 4,200K, 주백색 형광등은 5,000K, 평균적인 정오의 태양은 5,200K, 주광색 형광등은 6,700K, 흐린 하늘은 7,000K, 푸른 하늘은 12,000K이다.

이 수치를 모두 기억할 필요는 없지만 기준이 되는 색온도를 기억해두면 조명의 색조를 비교적 쉽게 판단할 수 있다.

## 색온도와 조도의 관계

색온도는 공간의 인상을 좌우하는 중요한 요소이다. 전구색 2,800K처럼 색온도가 낮은 빛은 따뜻한 색이며 안정된 분위기를 만든다. 반면 주광색 6,700K는 서늘한 광색으로 시원하고 상쾌한 분위기를 만든다.

또한 일반적으로 같은 조도(30쪽 참조)라도 색온도가 높을수록 밝게 느끼고 색온도가 달라도 조도가 같으면 눈부심은 달라지지 않는다.

## 색온도

| 인공 광원 | | | 자연계의 빛 |
|---|---|---|---|
| | | 12,000 | 12,000 | 푸른 하늘 |
| 주광색 형광등 | 6,700 | 7,000 | 7,000 | 흐린 하늘 |
| 수은램프(투명형) 메탈헬라이드램프 | | 6,000 | | |
| 주백색 형광등 | 5,000 | 5,000 | 5,200 | 한낮의 태양 |
| 형광 수은램프 백색 형광등 | 4,200 | 4,000 | | |
| 온백색 형광등 | 3,500 | | | |
| 전구색 형광등 할로겐 전구 | 3,000 | 3,000 | | |
| 백열전구 | 2,800 | | 2,700 | 일출 후나 일몰 전의 하늘 |
| 촛불 빛 | 1,920 | 2,000 | | |

## 색온도와 공간의 분위기

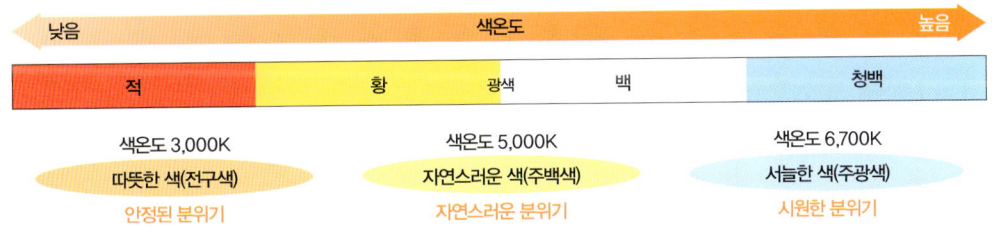

낮음      색온도      높음

| 적 | 황 | 광색 | 백 | 청백 |

색온도 3,000K
따뜻한 색(전구색)
안정된 분위기

색온도 5,000K
자연스러운 색(주백색)
자연스러운 분위기

색온도 6,700K
서늘한 색(주광색)
시원한 분위기

## 색온도와 조도의 관계

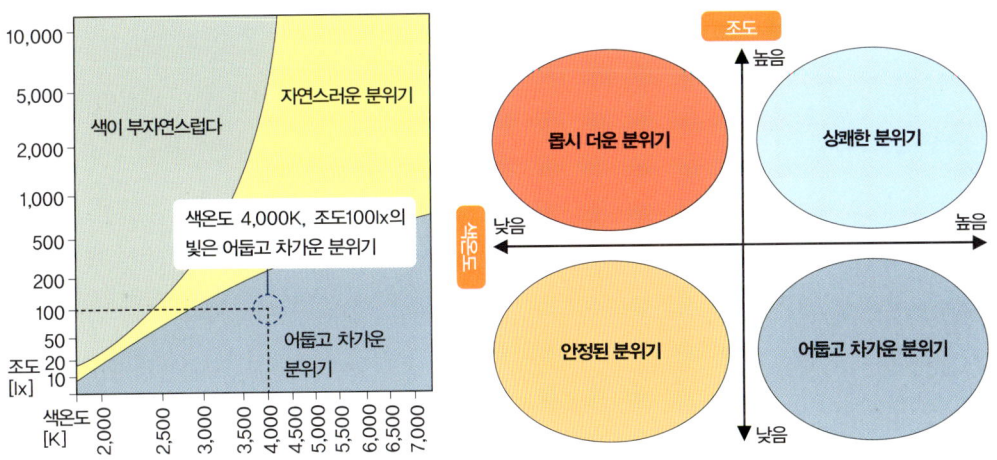

# 008

# 연색성

## Point

연색성의 높고 낮음이 램프의 성능을 나타내는 것은 아니다. 빛의 대상이나 용도, 환경에 따라 연색성은 달라진다

### 연색성이란

일반적으로 물체의 색은 그 자체의 색이며 항상 같은 색으로 보인다고 생각하기 쉽다. 그러나 물체의 색은 비추는 빛에 따라 다르게 보인다. 예를 들어, 하얀 공에 파란 빛을 비추면 파랗게 보이고 빨간 빛을 비추면 빨갛게 보인다. 일상적인 빛인 형광등이나 가로등도 물체의 색을 정확하게 표현한다고 볼 수는 없다.

이처럼 어떤 빛을 물체에 비추었을 때 보이는 물체의 색감을 연색성이라 하고, 이를 수치화한 것을 평균 연색 평가수(Ra)라고 한다.

### 평균 연색 평가수란

평균 연색 평가수는 기준 광원으로 비춘 경우와 특정(자료) 광원으로 비췄을 때를 비교해 어느 정도의 색 차이가 나는지 표시한다. 기준 광원으로 봤을 때를 Ra100으로 하며 수치가 100에 가까울수록 색의 재현성이 뛰

어남을 나타낸다.

평균 연색 평가수가 사람의 감각에 좋은 색인지 아닌지를 가리는 기준은 아니며, 연색성이 낮다고 성능이 나쁜 것은 아니다. 대상물이나 용도에 따라 연색성 수치를 판단하는 것이 중요하다.

### 높은 연색성 지수가 필요한 곳

색이 올바르게 보여야 하는 장소에서는 특히 연색성이 중요하다. 예를 들어, 식품 매장이나 음식점에서는 식재료 본래의 색을 올바르게 드러내야 식욕과 구매욕을 돋을 수 있다. 옷도 가게 조명의 연색성이 떨어지면 구입 후 색상 차이를 느끼게 된다. 반면 일반적으로 사무실이나 공장 등에서는 연색성에 아주 예민할 필요는 없다. 거리나 공원 등 옥외 공간에서도 연색성보다는 높은 효율과 빛 도달 거리가 훨씬 중요하다.

## 연색성이란

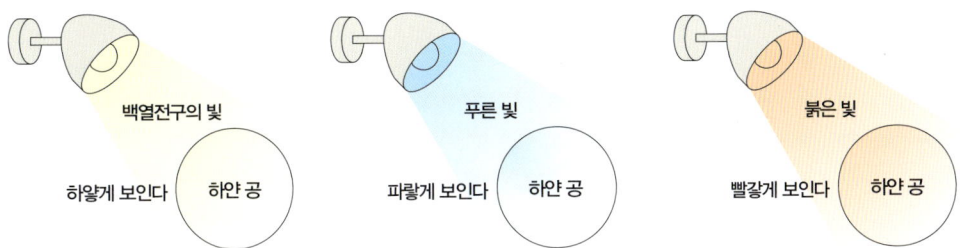

백열전구의 빛 — 하얗게 보인다 — 하얀 공

푸른 빛 — 파랗게 보인다 — 하얀 공

붉은 빛 — 빨갛게 보인다 — 하얀 공

## 상점에서의 연색성

조명의 연색성이 떨어지는 가게에서 옷을 사면… / 자연광에서 보면 색이 다르다

연색성이 높은 가게에서 옷을 사면… / 자연광에서 봐도 그대로

## 램프의 평균 연색 평가수

| | 종류 | | 평균 연색 평가수[Ra] |
|---|---|---|---|
| 백열전구 | 보통전구 | 100 | 100 |
| | 볼형전구 | 100W | 100 |
| | 크립톤전구 | 90W | 100 |
| | 할로겐전구 | 500W | 100 |
| 형광램프 | 형광램프 | 백색 40W | 64 |
| | 고연색형 형광램프 | 백색 40W | 92 |
| | 절전형 | 백색 37W | 64 |
| | 절전형 삼파장역 형광램프 | 백색 38W | 84 |
| 고압방전 램프 | 수은램프 | 투명 400W | 23 |
| | 형광수은램프 | 400W | 44 |
| | 메탈핼라이드램프 | 400W | 65 |
| | 고연색형 메탈핼라이드램프 | 400W | 92 |
| | 고압나트륨램프 | 400W | 28 |

| 종류 | 연색성 그룹 | 평균 연색 평가수의 범위 | 용도 적합 | 용도 허용 가능 |
|---|---|---|---|---|
| 고연색형 형광램프, 고연색형 메탈핼라이드램프 | 1A | Ra≧90 | 검사, 미술관 | — |
| 삼파장역 형광램프, 고연색 고압나트륨램프 | 1B | 80≦Ra<90 | 주택, 호텔, 상점, 사무실, 병원, 인쇄 · 도장 · 직물 작업공간 | — |
| 일반 형광램프 고효율형, 메탈핼라이드램프 | 2 | 60≦Ra<80 | 일반 공장 | 사무실, 학교 |
| 고연색형 형광램프 | 3 | 40≦Ra<60 | 거친 작업을 하는 공장 | 일반 공장 |
| 고연색형 형광램프, 고연색형 메탈핼라이드램프 | 4 | 20≦Ra<40 | | 거친 작업을 하는 공장 |

# 009

# 광속 · 광도 · 조도 · 휘도

## Point

**'빛의 밝기'를 설명하는 대표적인 용어이며, 각각 고유한 수치가 있다**

## 광속

광속(光束, luminous flux)은 광원에서 나오는 빛의 양을 말하며 단위는 lm(루멘)이다. 수치가 클수록 밝다. 램프의 종류에 따라 달라지며 소비전력이 같은 40W라도 백열전구가 485lm, 백색 형광등이 3,000lm으로 6배 이상 차이가 난다.

## 광도

광도(光度, luminous intensity)는 광원에서 어느 한 방향으로 나오는 빛의 강도를 말하며 단위는 cd(칸델라)이다. 광원에서 빛이 나올 때 모든 방향으로 같은 빛이 나오는 것이 아니라 방향에 따라 빛의 강도가 달라진다.

## 조도

조도(照度, illumination)는 광원에서 나온 빛이 한 면에 얼마나 많이 도달하느냐를 나타내는 수치로 단위 면적당 입사하는 광속으로 정의된다. 단위는 lx(럭스)이며, 직사광선 아래에서 조도는 약 10만lx, 실내에서 창 쪽은 약 2,000lx이다. 이에 비해 사무실의 조도는 300~750lx로 태양 빛과 인공조명의 차이가 뚜렷하다.

## 휘도

휘도(輝度, luminance)는 광원 자체나 비춰진 면의 빛남(밝기의 가감)을 뜻하며 단위는 cd/m²(칸델라/제곱미터)이다. 보는 방향이나 각도에 따라, 조명의 조건이 같아도 물체에 따라 휘도는 달라진다.

갓이 달린 조명 기구의 경우, 전구가 전부 보이는 각도에서 봤을 때와 전구가 거의 가려진 각도에서 봤을 때 느끼는 밝기 정도가 전혀 다른 것은 휘도가 다르기 때문이다. 또한 같은 빛을 비춰도 반사율이 낮은 검정색 면의 휘도는 흰색 면의 휘도보다 낮다.

## 광속

### ○ 주요 광원의 광속

| 광원 | | 광속[lm] |
|---|---|---|
| 태양 | | $3.6 \times 10^{28}$ |
| 백열전구 | 40W | 485 |
| 백색형광램프 | 40W | 3,000 |
| 형광수은램프 | 40W | 1,400 |
| 형광수은램프 | 400W | 22,000 |

### ○ 조도의 기준

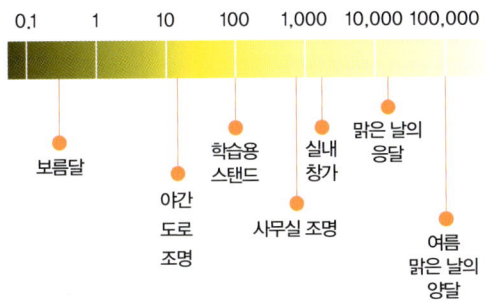

0.1　1　10　100　1,000　10,000　100,000

보름달
야간 도로 조명
학습용 스탠드
사무실 조명
실내 창가
맑은 날의 응달
여름 맑은 날의 양달

### ○ 광도의 이미지

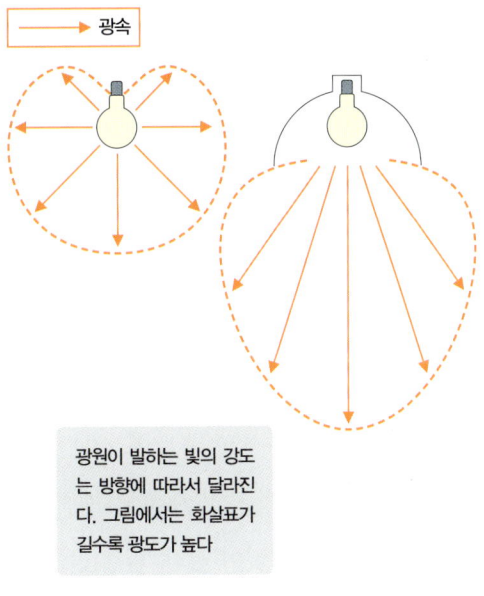

→ 광속

광원이 발하는 빛의 강도는 방향에 따라서 달라진다. 그림에서는 화살표가 길수록 광도가 높다

### ○ 휘도의 기준

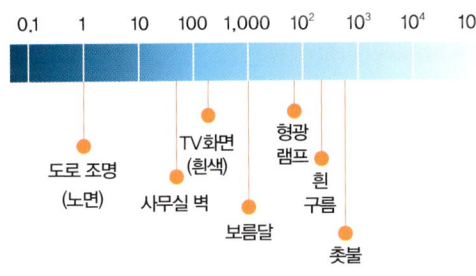

0.1　1　10　100　1,000　$10^2$　$10^3$　$10^4$　$10^5$

도로 조명 (노면)
사무실 벽
TV화면 (흰색)
보름달
형광램프
흰 구름
촛불

### ○ 주요 광원의 광도

| 광원 | | 광도[cd] |
|---|---|---|
| 태양 | | $2.8 \times 10^{27}$ |
| 백열전구 | 40W | 40 |
| 백색형광램프 | 40W | 330 |
| 형광수은램프 | 40W | 110 |
| 형광수은램프 | 400W | 1,800 |

### ○ 광속 · 광도 · 조도 · 휘도의 관계

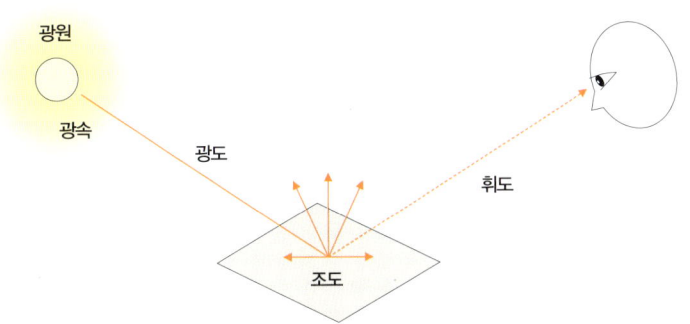

광원
광속
광도
조도
대상물
휘도

광도는 어느 한 방향에서 봤을 때 어느 정도 밝게 보이는가를 나타내며 높고 낮음으로 표현된다. 눈에 보이는 밝기를 평가할 때 유효하다

# 010

# 조도 기준

### Point

조도는 실내외 '인공조명의 설치 기준'이며, 조도 기준은 한국산업규격으로 규정된 바를 참고한다

### 조도 기준

실내외 인공조명의 조도 기준은 공업규격으로 권장치가 규정되어 있다. 일정 밝기 이상이 요구되는 사무공간이나 교실 등에서는 이 규격을 기준으로 조명 기구의 대수와 배치를 정한다. 한국에는 한국산업규격 조도 기준(KS A 3011:1998)이 마련되어 있다.

기본적으로 조도가 높으면 물체가 잘 보인다는 뜻이므로 높게 해두는 것이 좋다고 본다. 그러나 조도를 올리려면 조명 기구의 수를 늘려야 하고, 이 때문에 조명 기구 구입비와 소비전력이 함께 올라가 비용이 높아진다. 따라서 효율성과 심리적 안정 면에서 시설별·공간별·상황별로 적절한 밝기를 정하는 것이 중요하다.

참고로, 조도 기준은 시간이 지남에 따른 기구나 램프의 조도가 저하될 것을 예상해 초기 조도보다 20~30% 낮은 수치로 설정되어 있다.

### 인테리어에 따라 조도가 달라진다

조도는 계측하는 면의 밝기를 나타내는 것으로 광원의 밝기에만 좌우되지 않는다. 같은 방에 같은 조명이 설치되어 있어도 실내의 색에 따라 조도가 다르다. 예를 들어, 바닥, 벽, 천장의 마감이 흰색인 방과 검정색인 방에서 바닥 면의 조도를 측정하면 흰색 방의 조도가 높다. 흰색 마감이 빛의 반사율을 높여 계측점에 영향을 주기 때문이다.

흔히 바닥 면이나 책상 면 등 수평면을 기준으로 하는 조도를 '수평면 조도'(水平面照度), 벽면과 칠판 면 등 수직면의 조도는 '연직면 조도'(鉛直面照度)라고 한다. 광원에 대해 직각이 되는 면의 조도는 '법선면 조도'(法線面照度)라고 한다.

## 상점의 KS 조도 기준

| 조도[lx] | 3,000 | 1,500 | 600 | 300 | 150 | 60 |
|---|---|---|---|---|---|---|
| 일반 공통 | · 최중점 진열 | · 계산대, 포장대* <br> · 에스컬레이터, 엘리베이터 홀 <br> · 중점 진열* | | · 계단, 복도 <br> · 상담실, 응접실 <br> · 세면장, 화장실 <br> · 일반 진열 | · 휴게실 <br> · 점포 내 전반 | |
| 잡화 · 식품 | | · 중점 진열 | · 점두*, 중점부 | · 점포 내 전반 | | |
| 슈퍼마켓(편의점) | · 특별 진열* | · 점내 전반(도심 상점) | · 점내 전반(도심 상점) | | | |
| 백화점 · 양판점 | · 전시* <br> · 장식창 중점*, 점포 내 중점 진열* | | · 일반부 전반, 점포 내 진열, 중점부 전반, 특매장 전반 <br> · 상담 코너*, 안내 코너* | | | |
| 귀금속 · 의류 · 예술품 | · 장식장 중점 | · 일반 진열*, 점포 내 중점 진열 | · 디자인 코너* <br> · 상담 코너*, 안내 코너* <br> · 탈의실 | · 점포 내 전반 | | |
| 가전 · 악기 · 서점 | · 장식창 중점*, 점두 진열* | · 장식창 전반, 점포 내 전반(연출, 진열), 점포 내 진열, 진열 상품 중점* | | · 연출 진열부 선반 | | |
| 육아용품 · 주방기구 | | · 장식장 중점*, 전시 | · 상담 코너* <br> · 점포 내 전반 | | | |
| 안경 · 시계 | · 장식창 중점 | · 디자인 코너* <br> · 중점 진열 | · 점포 내 전반, 특별부 진열 | · 특별부 전반 | | |
| 카메라 · 꽃 · 수예 | | · 장식창 전반, 점포 내 진열 중점 | · 상담 코너* <br> · 점포 내 전반 점포 내 진열 | | · 특별부 전반 | |

＊ 국부 조명을 하여 기준 조도에 맞추어도 좋다.

## 환경에 따른 조도의 차이

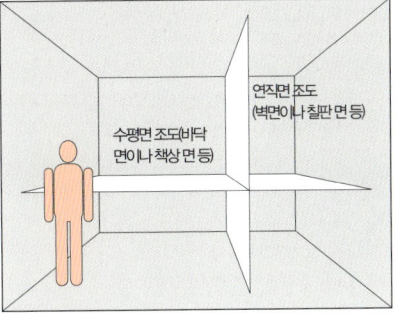

하얀방 <br>
· 조도계의 측정 수치가 높다 <br>
· 바닥 · 벽 · 천장의 반사 영향이 크다

검은방 <br>
· 조도계의 측정 수치가 낮다 <br>
· 바닥 · 벽 · 천장의 반사 영향이 적다

크기, 형태, 램프, 기구가 완벽히 동일한 두 개의 방에서도 조도는 다르다

## 조도를 계측하는 면

연직면 조도 (벽면이나 칠판면 등) <br>
수평면 조도(바닥 면이나 책상 면 등)

수평면 조도는 작업 면 상에서 조도가 측정되거나 지정된다. 특별한 지정이 없을 경우에는 바닥 위 85cm, 앉아서 하는 작업일 경우는 바닥 위 40cm, 복도 · 옥외 등은 바닥 면 또는 지면이 대상이 된다

# 011

# 조도 분포도와 조도 측정

## Point

조도는 조도계로 측정할 수 있다. 조도 분포도는 '빛의 균일도'나 '빛의 강약'을 보여준다

### 조도 분포도 작성

조명 기구의 조도가 어떻게 퍼져나가는지를 나타내는 배광 지도의 등고선처럼 선으로 표현된다. 조도 분포도로 밝기 정도와 공간 내 빛의 균일도, 빛의 강약 등을 확인할 수 있다.

일반적으로 조도 분포도는 전문가용 소프트웨어를 이용해 컴퓨터로 작성하는데, 임시방편이나마 조명 업체 홈페이지에서 조도 계산 소프트웨어를 다운로드 받으면 전문가가 아니라도 작성할 수 있다. 또는 조명 업체에 의뢰해도 된다.

조도 분포도를 작성하려면 조명 기구의 배광 특성 등이 데이터화되어 있어야 한다. 조사할 조명 기구의 데이터를 구할 수 없다면 비슷한 성능을 가진 제품의 배광 특성 등을 데이터로 입력해 참고치로 삼는다. 카탈로그 등에 배광 곡선과 함께 기재된 1/2빔각(Beam Angle)을 이용해 간이 조도 분포도를

작성할 수도 있다.

전체 조명 계획에서 조도 분포도는 기본 설계를 마치고 조명 기구의 모델과 설치 대수 등을 정한 상태에서 조명 기구의 성능을 확인하기 위한 자료로 쓰인다.

### 조도계로 조도 측정하기

조도는 휴대용 조도계로 평소에도 어렵지 않게 측정할 수 있다. 조명 기구를 모두 설치했을 때 필요한 조도를 확보할 수 있는지 체크해보자.

건물을 새로 짓거나 리모델링을 하기 전에 평소 실내 밝기를 조도계로 측정해두면 이를 바탕으로 좀 더 섬세한 조명 설계가 가능해진다.

## 조도 분포도

○ **천장의 형광등 배치 간격이 클 경우**　　　　　　　　　　○ **천장의 형광등 배치 간격이 작을 경우**

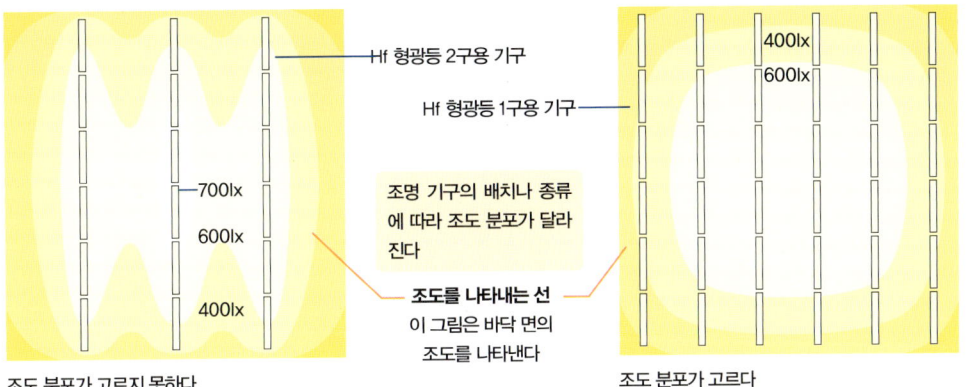

Hf 형광등 2구용 기구

Hf 형광등 1구용 기구

700lx
600lx
400lx

400lx
600lx

조명 기구의 배치나 종류에 따라 조도 분포가 달라진다

**조도를 나타내는 선**
이 그림은 바닥 면의 조도를 나타낸다

조도 분포가 고르지 못하다　　　　　　　　　　　　　　　　조도 분포가 고르다

## 배광 자료 보기

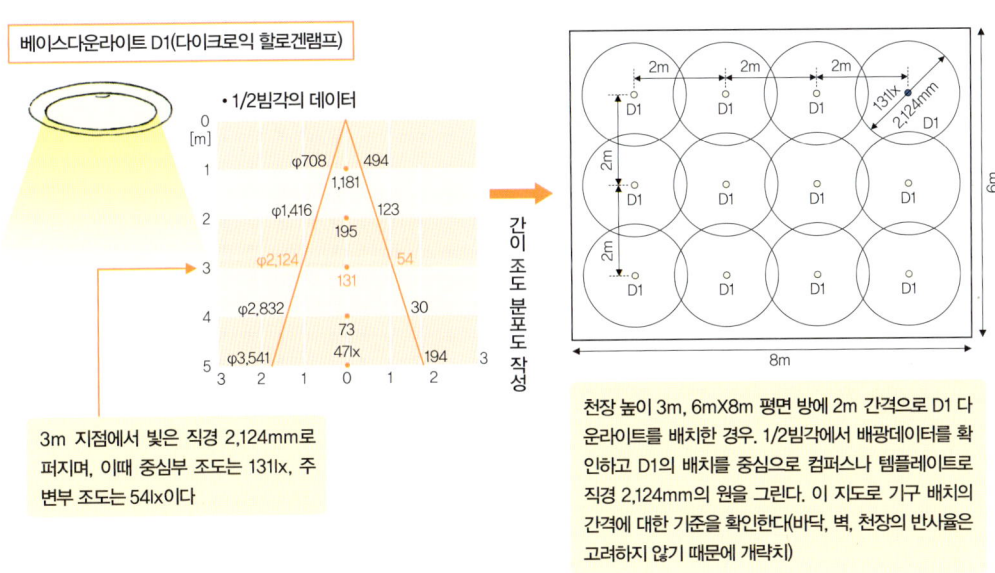

베이스다운라이트 D1(다이크로익 할로겐램프)

• 1/2빔각의 데이터

0 [m]
1　φ708　　494
　　　1,181
2　φ1,416　　123
　　　195
3　φ2,124　　54
　　　131
4　φ2,832　　30
　　　73
5　φ3,541　47lx　194
3　2　1　0　1　2　3

간이 조도 분포도 작성

2m　2m　2m
D1　D1　D1　131lx
2m　　　　　　2,124mm
D1　D1　D1　D1
2m
D1　D1　D1　D1
D1　D1　D1　D1

6m

8m

3m 지점에서 빛은 직경 2,124mm로 퍼지며, 이때 중심부 조도는 131lx, 주변부 조도는 54lx이다

천장 높이 3m, 6mX8m 평면 방에 2m 간격으로 D1 다운라이트를 배치한 경우. 1/2빔각에서 배광데이터를 확인하고 D1의 배치를 중심으로 컴퍼스나 템플레이트로 직경 2,124mm의 원을 그린다. 이 지도로 기구 배치의 간격에 대한 기준을 확인한다(바닥, 벽, 천장의 반사율은 고려하지 않기 때문에 개략치)

## 조도계 측정법

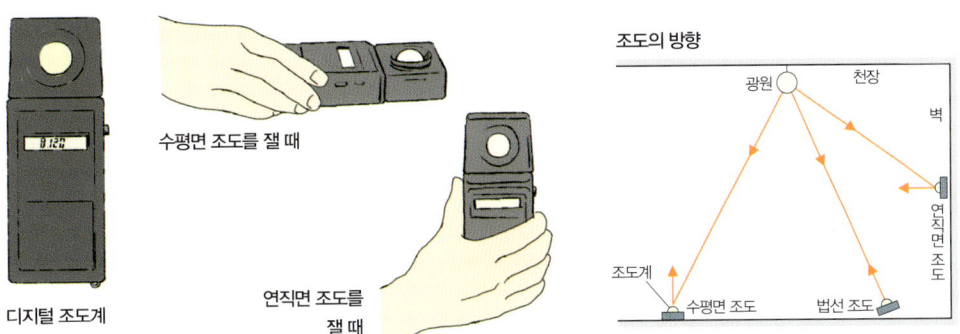

디지털 조도계

수평면 조도를 잴 때

연직면 조도를 잴 때

조도의 방향

광원　천장
벽
연직면 조도
조도계　수평면 조도　법선 조도

# 012

# 조도 계산

### Point

조도 계산으로 예측하는 것은 어디까지나 '참고치'이며 실제로는 간접조명이나
외부로부터 오는 빛의 영향을 받기 때문에 완벽히 정확하지 않다

## 광속법을 이용해 조도 계산하기

선택한 조명 기구의 설치 대수나 배치로 필요한 조도를 얻을 수 있는지 확인하기 위해 조도를 계산한다. 조도 기준에 맞추기 위해 필요한 조명 기구가 몇 대인지를 산정할 때도 활용할 수 있다. 대표적으로 광속법이 많이 쓰이는데, 전반조명(general lighitng, 일정한 높이와 간격으로 조명을 배치해 실내 전체를 균일하게 밝히는 방식)일 경우에는 다음의 계산식으로 비교적 간단하게 평균조도를 구할 수 있다.

$$E = \frac{N \cdot \Phi \cdot U \cdot M}{A}$$

E : 평균 수평면 조도[lx]
N : 조명기구(광원)의 수
Φ : 광원 1개당 광속[lm]
U : 조명률
M : 보수율
A : 방의 면적[m²]

광원 1개당 광속(Φ)은 조명 기구 업체의 카탈로그에 적힌 수치를 참고한다. 보수율(M)은 표준 보수율표를 참고해 기구의 종류와 사용 환경으로 판단한다. 조명률(U)은 우선 실지수(K)를 구한 뒤 기구별 조명률표에서 찾는다. 이 계산법은 전반조명에 한해서만 유효하다는 점을 기억해두자.

이런 계산에 의한 조도 수치는 어디까지나 참고치이다. 실제로는 간접조명이나 외부에서 들어오는 빛의 영향이 있기 때문에 완벽히 정확하지는 않다.

## 상점 광원의 경우

다운라이트나 스포트라이트와 같은 상점 광원의 경우 조명 기구 카탈로그의 배광곡선이나 1/2빔각 배광 데이터로 어느 정도 조도를 알 수 있다. 참고할 만한 간편한 방법이다.

## 평균조도 계산법

**예제**

가로 8m, 세로 12m, 천장고 2.7m 크기의 방에 천장 매입형 형광
등(바닥면 개방형, FHF32W×2구) 16대, 램프 광속 4,500lm/1구,
작업면의 높이 70cm일 때 평균조도는?

형광램프 FHF32W×2 주백색 4,500lm
고출력고정형

### ❶ 보수율표에서 보수율을 구한다

• 표준적인 보수율표

| 광원 | | 형광램프 | | | 백열전구 | | |
|---|---|---|---|---|---|---|---|
| 기구 | | 좋음 | 보통 | 나쁨 | 좋음 | 보통 | 나쁨 |
| 노출계 | 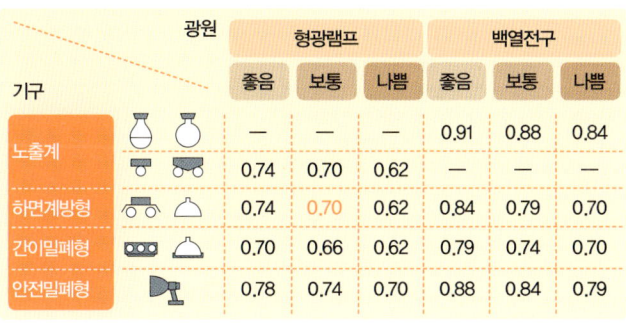 | — | — | — | 0.91 | 0.88 | 0.84 |
| | | 0.74 | 0.70 | 0.62 | — | — | — |
| 하면계방형 | | 0.74 | 0.70 | 0.62 | 0.84 | 0.79 | 0.70 |
| 간이밀폐형 | | 0.70 | 0.66 | 0.62 | 0.79 | 0.74 | 0.70 |
| 안전밀폐형 | | 0.78 | 0.74 | 0.70 | 0.88 | 0.84 | 0.79 |

주1 │ 보수율 0.70은 조명기구를 일정 기간 사용하여
조도가 떨어진 상태를 예상한 계수
주2 │ '좋음·보통·나쁨'은 기구의 사용 환경과 청소
상황을 나타냄

### ❷ 조명률표에서 조명률을 구한다

• 우선 실계수를 구한다

$$K = \frac{X \cdot Y}{H(X+Y)}$$

K : 실계수
X : 방의 가로 치수[m]
Y : 방의 세로 치수[m]
H : 작업면에서 조명기구까지 높이[m]

> 이 예제에서는 평균조도를 구하는
> 조명률(U) 정보가 없으므로 우선 다
> 음 계산식으로 실계수(K)를 구한다

> 바닥, 천장, 벽의 반사
> 율을 대략 상정한다

$$\frac{8 \times 12}{(2.7 - 0.7) \times (8+12)} = 2.4$$

실지수는

> 실지수를 구했다면 조명률표
> 에서 확인한다. 이 예제의 경
> 우는 실지수 2.5로 본다

• 조명률표

| 반사율 | 바닥 | 20% | | | 0 |
|---|---|---|---|---|---|
| | 천장 | 60% | | | 0 |
| | 벽 | 50% | 30% | 10% | 0 |
| 실지수 | 0.70 | 0.33 | 0.29 | 0.26 | 0.25 |
| | 1.00 | 0.41 | 0.37 | 0.35 | 0.33 |
| | 1.25 | 0.45 | 0.42 | 0.39 | 0.37 |
| | 1.50 | 0.48 | 0.45 | 0.42 | 0.40 |
| | 2.00 | 0.52 | 0.49 | 0.47 | 0.44 |
| | 2.50 | 0.54 | 0.52 | 0.50 | 0.46 |
| | 3.00 | 0.56 | 0.54 | 0.52 | 0.48 |

> 조명률표는 카탈로그에 기재되어 있는 것을 쓰거나
> 업체에 문의한다

이 예제에서는 반사율은 바닥 20%, 천장 60%, 벽 30%
로 하여 조명률(U)는 0.52가 된다

### ❸ 평균조도를 구한다

$$E = \frac{N \cdot \Phi \cdot U \cdot M}{A} = \frac{(16대 \times 2) \times 4,500 \times 0.52 \times 0.7}{8 \times 12} = \frac{52,416}{96} = \textbf{546[lx]}$$

이 방의 평균조도는
**546[lx]**

반대로 평균조도에서 필요한 기구 개수를 구할 수도 있다

# 013

# 램프의 종류와 특징

## Point

가장 흔히 사용하는 램프의 '기본적인 특징'을 스펙과 함께 기억해두자

### 대표적인 램프

현재 사용되는 주요 램프는 온도방사를 이용한 '백열전구'와 방전을 이용한 '형광램프', '고휘도방전램프(HID램프)', '저압나트륨램프'로 크게 분류되며, 다시 '할로겐램프', '메탈핼라이드램프', '고압나트륨램프' 등 다양한 램프로 나뉜다.

이외에 최근 몇 년간 눈에 띄게 발전한 전구로는 'LED램프', '무전극방전램프', '유기 EL램프' 등이 있다.

### 기본 특징을 기억하자

각각의 램프는 형태나 크기, 설치부의 종류 등 외형적 특징부터 빛의 성질과 광색, 연색성, 광속, 램프 수명, 와트 수, 램프 효율, 발열량, 밝기 조절 여부 등이 모두 다르다. 특징을 이해하고 조명을 사용하는 목적에 맞추어 램프를 선택하는 것이 중요하다.

주로 사용할 램프들에 관해서는 수치와 함께 기본적인 특징을 기억해두면 편리하다. 각 램프의 자세한 특징은 6장 '램프와 기구'를 참고하길 바란다.

### 램프의 종류

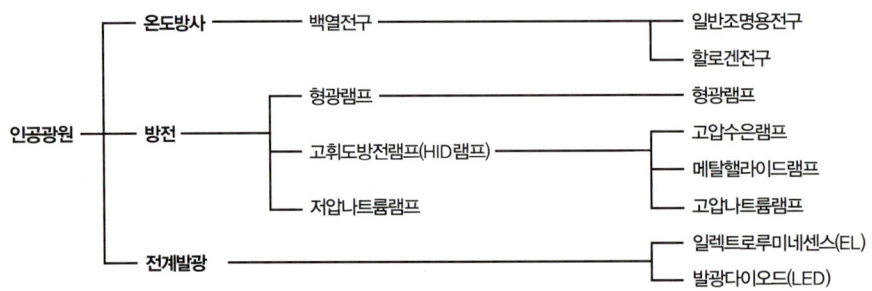

# 램프의 특징

| 기본적인 특징 | 램프의 종류 | 특징 | 주 용도 |
|---|---|---|---|
| **백열전구**<br><br>· 점광원에 가깝고 빛을 제어하기 쉽다<br>· 연색성이 좋고 따뜻한 백색광이다<br>· 점등하기 쉽고 즉시 점등이 가능하다<br>· 안정기가 필요 없다<br>· 연속 조광이 가능하다<br>· 소형, 경량, 저렴하다<br>· 주위 온도에 영향을 적게 미친다<br>· 광속의 저하가 적다<br>· 깜빡임이 적다<br>· 저효율, 수명이 짧다<br>· 열선이 많다<br>· 유리구의 온도가 높다<br>· 전원전압 변환이 수명과 광속에 영향을 준다 | 일반조명전구 | 유리구는 백색도장 확산형과 투명형이 있다 | 주택, 점두 등의 일반 조명 등 |
| | 볼형전구 | 유리구는 백색도장 확산형과 투명형이 있다 | 주택, 점포, 음식점 등 |
| | 반사형전구 | 알루미늄 증착의 반사막이 달려 있어 집광성이 좋고 열선도 차단된다 | 주택, 점포, 공장, 간판조명 등 |
| | 소형 할로겐전구 | 적외반사막이 달려 있는 것이 중심. 광원색이 좋고 열선도 차단된다 | 점포, 음식점 등의 스팟 조명이나 다운라이트 등 |
| | 미러 달린 할로겐전구 | 다이크로익 미러와 조합하여 샤프한 배광이 가능하다. 열선이 차단된다 | 점포, 음식점 등의 스팟 조명이나 다운라이트 등 |
| **형광램프**<br><br>· 고효율, 수명이 길다<br>· 광원색의 종류가 풍부하다<br>· 휘도가 낮은 확산광이다<br>· 연속조광이 가능하다<br>· 유리관의 온도가 낮다<br>· 안정기가 필요하다<br>· 주위 온도의 영향을 받는다<br>· 치수별 광속이 적다<br>· 빛을 제어하기 어렵다<br>· 깜빡임이 약간 있다<br>· 고주파 잡음이 있다 | 전구형 형광램프 전구 대체용 | 안정기가 전구 금속부에 붙어 있다 | 주택, 점포, 호텔, 음식점 등의 다운라이트 |
| | 스타터형 형광램프 | 스타터(점등관)와 안정기로 점등한다 | 주택, 점포, 사무소, 공장 등의 일반조명. 고연색형은 미술관 등 |
| | 래피드스타트형 형광램프 | 스타터 없이 즉시 점등 | 사무소, 점포, 공장 등의 일반조명 |
| | Hf(고주파점등전용) 형광램프 | 고주파 점등 전용 안정기로 점등, 효율이 좋다 | 사무소, 공장, 점포 등의 일반조명 |
| | 콤팩트형 형광램프 | U형, 더블U형의 콤팩트한 램프 | 점포 등의 베이스조명이나 다운라이트 등 |
| **고휘도방전램프(HID램프)**<br><br>· 고효율. 고압나트륨램프가 최고 효율<br>· 수명이 길다. 메탈핼라이드램프는 다소 짧은 편이다<br>· 광속이 크다<br>· 점광원이 짧다<br>· 배광을 제어하기 쉽다<br>· 주위 온도의 영향이 적다<br>· 안정기가 필요. 초기 가격이 높다<br>· 유리관의 온도가 높다<br>· 시동, 재시동에 시간이 걸린다 | 형광수은램프 | 수은의 발광과 형광체로 적색성분을 보충한다 | 공원, 광장, 상점가, 도로, 천장이 높은 공장, 간판 조명 등 |
| | 메탈 핼라이드램프 | 스칸지움과 나트륨의 발광을 이용. 효율이 좋다 | 스포츠 시설, 상점가, 천장이 높은 공장 등 |
| | 고연색형 메탈 핼라이드램프 | 자연광에 가깝다. 디스프로슘계와 주석계가 있다 | 점포의 다운라이트, 스포츠 시설, 현관 로비 등 |
| | 고압나트륨램프 | 투광성알루미늄이나 발광관을 사용. 주백색 빛 | 도로, 고속도로, 가로, 스포츠 시설, 천장이 높은 공장 등 |
| **저압 나트륨 램프**<br><br>· 단색광<br>· 램프 효율이 최대 | 나트륨램프 | U형발광관, 나트륨의 D선의 주황색 빛 | 터널, 고속도로 등 |

# 014

# 램프 효율

## Point

램프 효율의 수치가 높을수록 같은 밝기를 얻기 위한 소비전력이 적어진다

### 램프 효율이란

램프 효율이란 램프의 밝기에 대한 소비전력의 비율이다. 정확히는 램프의 광속량에 대한 소비전력의 비율이며 단위는 lm/W(루멘/와트)로 나타낸다. 램프 효율의 수치가 높을수록 같은 밝기를 얻기 위해 필요한 소비전력이 낮다. 즉, 에너지 효율이 높다.

예를 들어, 백열전구 40W의 광속량은 485lm으로 램프 효율은 12lm/W가 된다. 한편 같은 소비전력인 관형 백색형광램프 40W의 광속량은 3,000lm으로 램프 효율은 75lm/W이다. 백열전구와 6배 이상 차이가 난다. 즉, 관형 백색형광램프 40W는 백열전구 40W에 비해 6배 밝으며, 이는 곧 백열전구 40W 정도의 밝기를 형광등은 1/6 정도의 소비전력으로 가능하다는 뜻이다. 또 백열전구를 대신할 수 있는 전구형 형광등은 12W의 소비전력으로 백열전구 60W 정도의 밝기를 갖기 때문에 램프 효율은 67.5lm/W로 백열전구의 4.5배 뛰어나다.

### 램프 효율과 연색성

에너지 절약이 중요해질수록 백열전구에서 형광등으로, 형광등에서 LED로의 교체가 더 급속해질 것이다. 램프를 선택할 때 램프 효율과 연색성은 판단하기 쉽고 효율적인 지표이다. 색온도나 광속, 광도, 조도, 휘도 등도 중요하지만 모두 램프의 가치와 반드시 연결되는 사항들은 아니다. 예를 들어 색온도는 사용하는 사람의 취향이나 사용 공간이나 장소, 용도 등에 좌우되기 때문에 어느 색온도가 더 좋다고 단정하기 어렵다.

램프 효율이나 연색성이 높을수록 성능이 좋은 것은 사실이지만, 심리적인 안정감이나 온화한 분위기 등을 중시한다면 램프 효율이 떨어지더라도 백열등을 선택하도록 한다.

## 주요 광원의 램프 효율

| 램프의 종류 | | | 램프 효율 [lm/W] | 종합 효율 (안정기 손실 포함)[lm/W] |
|---|---|---|---|---|
| 백열전구 | | 100W | 15 | 15 |
| 할로겐전구 | | 500W | 21 | 21 |
| 형광램프(백색) | | 36W | 83 | 75 |
| 형광램프(삼파장형) | | 36W | 96 | 87 |
| Hf형광램프 | | 45W | 100 | 91 |
| 형광램프(백색) | | 100W | 90 | 80 |
| HID램프 | 형과수은램프 | 400W | 55 | 52 |
| | 메탈핼라이드램프 | 400W | 95 | 90 |
| | 고압나트륨램프 | 360W | 132 | 123 |

## 램프 효율 비교

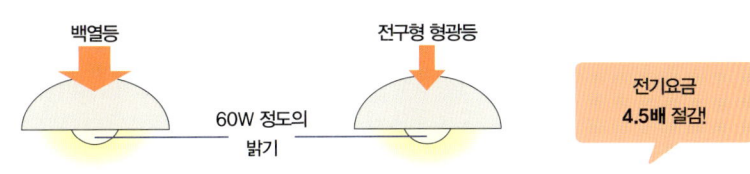

백열등      전구형 형광등      전기요금 **4.5배 절감!**

60W 정도의 밝기

| | | |
|---|---|---|
| 소비전력 | 54W | 12W |
| 광속 | 810lm | 810lm |
| 램프 효율 | 15lm/W | 67.5lm/W |

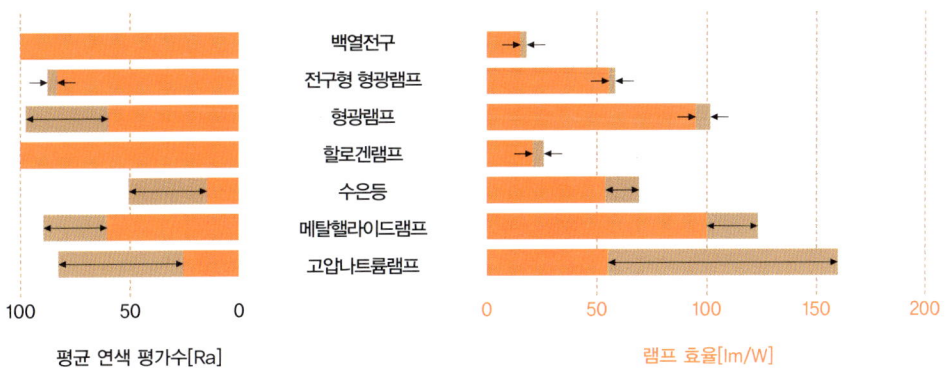

램프 효율 **4.5배 좋다!**

## 램프 효율과 연색성

백열전구
전구형 형광램프
형광램프
할로겐램프
수은등
메탈핼라이드램프
고압나트륨램프

100   50   0
평균 연색 평가수[Ra]

0   50   100   150   200
램프 효율[lm/W]

• 형광등과 메탈핼라이드램프는 램프 효율과 연색성이 모두 뛰어나다
• 백열전구와 할로겐램프는 연색성은 뛰어나지만 램프 효율이 떨어진다
• 수은등은 양쪽 다 낮다

주 | 사양에 따라 수치가 다른 것은 그 폭을 화살표로 나타냈다

# 015

# 빛의 콘셉트 만들기

## Point

**전반적인 빛의 콘셉트를 기획할 때는 여러 선택지를 고려한다**

### 콘셉트 잡기

설계 단계에서 건축가나 인테리어 디자이너가 그리고 있는 빛의 이미지가 있다면 그 스케치나 아이디어를 살려 시작하면 된다. 하지만 특별한 이미지가 없다면 전체적인 설계와 인테리어 분위기를 재검토한 다음 조명의 콘셉트로 이어질 만한 요소를 끌어내야 한다. 조명 디자이너에게 상담하는 경우라면 설계 주제를 설명하고 함께 전반적인 분위기를 잡아나간다. 공간의 기본설계가 대략적으로 완성된 단계에서 조명을 기획한다.

### 빛의 이미지 전달하기

조명의 콘셉트는 가급적 간단한 말이나 키워드로 표현하는 것이 좋다. 단, 명확한 단어로 표현하기 어려울 경우 구상하는 것과 비슷한 이미지를 찾아 직접 제시하면 도움이 된다.

조명 디자이너는 전개도나 단면도, 투시도 등의 스케치를 사용해 빛의 이미지를 설명하도록 한다. 반대로 건축주는 다양한 자료를 요청해 원하는 조명 디자인을 찾아나간다. 특히 단면도는 스케일을 알 수 있기 때문에 공간·사람·빛의 관계를 표현하기 쉽다. 여러 공간이나 건물 전체의 빛을 표현할 때는 평면도를 활용하는 것도 효과적이다.

평면도로 작성한 빛의 레이아웃은 설계 작업의 마지막 순간까지 활용된다. 콘셉트를 잡는 단계에서는 간단한 스케치를 그려 완성도보다는 다양한 램프를 제안하는 것이 중요하다. 다양한 자료를 활용해 공간 내 빛의 양이나 질, 역할 등을 더욱 구체적으로 상상하고 효율적으로 검토 할 수 있도록 한다.

## 콘셉트 구상하기

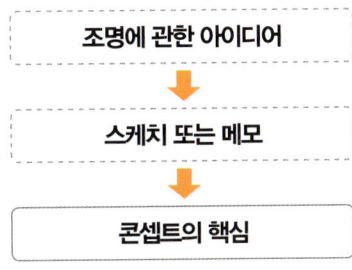

조명에 관한 아이디어

⬇

스케치 또는 메모

⬇

콘셉트의 핵심

건축의 기본설계가 대략 정해질 때까지 여러
자료를 분석하며 아이디어를 구체화한다

## 콘셉트를 구상할 때 포인트

**① 자유로운 발상**

설계나 인테리어의 주제를 조명의 콘셉트로 연결해본다

**② 비용 검토**

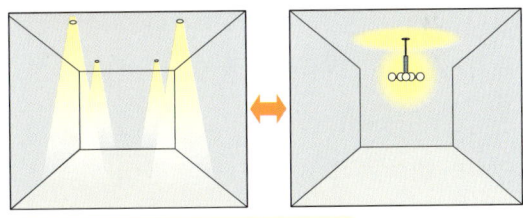

조명 기구의 초기 비용과 유지 비용을 확인한다

**③ 키워드**

위로 ↔ 자극
일상 ↔ 특별함
안정 ↔ 활기
세련된 ↔ 화려한

구체적인 키워드가 있으면 건축주의 공감을 얻기 쉽다

**④ 스케일 확인**

단면도나 전개도, 투시도 스
케치 등을 활용해 스케일을
확인하면서 진행한다

**⑤ 빛의 레이아웃 그림**

평면도로 빛의 레이아웃을
보여주면 공감을 얻기 쉽다

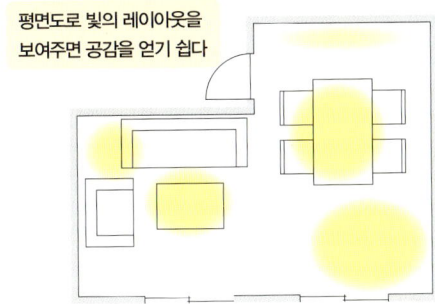

**⑥ 이미지 수집**

잡지나 카탈로그 등 빛의 이미지를 수집해두면
전반적인 톤을 정하는 데 도움이 된다

# 016

# 조명의 기본설계

## Point

램프나 기구는 업체나 제품 번호가 아닌 '성능과 사양'으로 선택한다

### 기본설계란

조명의 기본설계에서는 도면을 사용해 공간의 높이와 면적, 공간의 연속성 등을 확인하면서 빛의 배치를 생각한다. 콘셉트 단계에서 그린 빛의 레이아웃 등을 기초로 그 이미지를 실현할 수 있는 기구를 정하고 기구 배치를 검토한다.

### 기구를 선정할 때

기구를 고를 때는 색온도나 조도를 설정한 후 배광 이미지를 그리고 그와 같은 성능을 가진 램프를 정한다. 외형뿐만 아니라 램프 교체 방법이나 방열 정도, 밝기 조절, 연색성, 비용 등을 종합적으로 검토한다. 그리고 해당 램프를 사용할 수 있는 기구 타입을 정한다. 인테리어 조건을 고려해 조명의 용도에만 충실할지 기구 자체를 인테리어 요소로 드러낼지 결정한다.

기본설계에서는 조명 업체나 제품번호를 알아두는 일보다 램프 및 기구의 성능과 사양을 결정하는 일이 중요하다.

### 기구를 배치할 때

스탠드 조명처럼 이동이 가능한 조명을 포함해 어떻게 배치할지 고민한다. 바닥을 비출 경우, 벽이나 천장 등에 반사되는 빛의 상태까지 고려하는 것이 중요하다.

도면화할 때는 천장이나 그 부근에 설치하는 기구는 천장도에, 바닥이나 그 부근에 설치하는 기구는 평면도에 그려 혼란을 방지한다. 배치가 끝나면 배선을 계획한다.

전기설비 회사가 시설 설계나 시공 시에 그리는 전기설비도는 배선관계를 빠짐없이 기술하는 것이 중요하기 때문에 천장도에 그리는 경우가 많다. 조명 배치도는 별도로 작성한다.

## 기본설계의 진행

기본설계는 콘셉트 구상 단계에서 그린 스케치 등의 자료를 바탕으로 진행한다

### 기구 선정

카탈로그를 보면서 성능과 사양을 결정한다

| 램프의 종류 | 기구의 종류 | 건축 및 인테리어의 상태·조건 |
| --- | --- | --- |
| 색온도<br>조도<br>배광<br>교체 방법<br>열<br>밝기 조절 가능 여부<br>연색성<br>비용 | 기구 자체 노출 여부<br>비용<br>다운라이트<br>스포트라이트<br>간접조명<br>장식조명 | 설치 장소<br>천장 매입<br>직접 달기<br>천장 내 공간 |

빛의 이미지나 효과를 실현할 수 있는 기구는 여러 개를 찾아둔다. 처음에는 취향이나 예산에 맞춰 선정하는 것이 좋다

### 기구 배치

조명수법이나 사용 기구와 대조하면서 설치 위치를 정한다

○ **천장도의 조명 배치도**

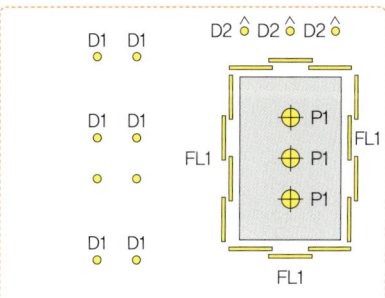

○ **평면도**

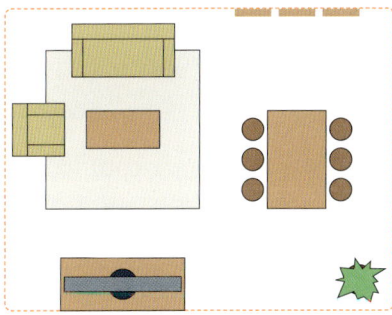

○ **바닥평면도의 조명 배치도**

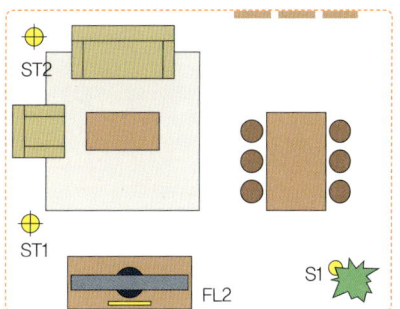

조명 배치도에서 조명 기구는 기호로 표시한다. 실제 치수는 필요 없지만 실제와 가까운 비율로 그리면 좋다. 특히 형광등과 같은 것은 거의 비슷한 길이로 그린다. 설치되는 위치는 가급적 정확한 위치에, 그리고 실시설계와 시공 단계에서 최종적으로 조정한다

D1=다운라이트
D2=유니버설다운라이트
P=펜던트
FL=형광등(간접조명)
ST=스탠드
S1=스포트라이트

# 017

# 실시설계와 시공 단계

## Point

기구의 사양 자료에는 램프의 색온도, 빔각 등을 명시해 시공 단계에서 생길 수 있는 문제를 예방한다

### 실시설계

조명의 실시설계는 건축이나 인테리어의 설계와 함께 완성하는 것이 바람직하다. 비용을 수정하고 설계가 변경된 부분이 있다면 그에 맞추어 최종적으로 기구를 선택하고 확정한다. 또한 건물 구조나 천장 안쪽의 상태, 조명 이외의 설비기기 등과의 균형을 고려해 정확한 설치 위치를 결정한다. 이와 함께 기구의 설치 상세도도 작성한다.

기구의 사양과 관련해 필요한 정보를 알기 쉽게 정리해둔다. 형광램프나 HID 램프 등의 색온도나 스포트라이트의 타입, 램프의 빔각(빛의 확산 정도)도 지정한다. 이 자료는 조명디자인의 효과를 결정짓는 데 중요한 역할을 하며 지시사항까지 정확하게 써두면 시공 단계에서 오차를 줄일 수 있다. 최종 결정된 도면에 맞추어 범례를 수정하는 것도 잊지 말아야 한다.

### 시공 단계의 포인트

인테리어 시공자는 실시설계 도면과 달라질 수밖에 없는 현장 상황이 발생할 때마다 건축주, 건축가와 협의를 하게 되는데, 이때 조명 부분도 상세한 협의가 필요하다. 조명의 위치가 조금만 미묘하게 달라져도 빛의 효과가 크게 달라지기 때문이다. 특히 간접 조명은 기구의 설치법에 따라 빛이 퍼지는 정도가 달라진다. 따라서 설치 상세도로 설계 의도를 정확하게 파악하는 것이 중요하다. 부분모형(목업)을 만들면 기구를 끼우는 방법이나 설치 방법 면에서 더 좋은 해결 방법을 시공자와 함께 고민해볼 수 있다.

기구는 보통 시공에 들어가기 전에 발주한다. 최종 발주 전 업체에서 제품 확인을 요청하면 내용을 꼼꼼히 살펴보고 애매하거나 틀린 점이 없는지 체크한다.

# 실시설계 작업

## ○ 비용 조정을 위한 기구 리스트 변경 사례

### 변경 전

| 영역 | 기호 | 기구 타입 | 램프 | W | 대수 | 합계 용량[W] | 기구 업체 | 기구 품번 | 가격 단가 | 가격 합계 |
|---|---|---|---|---|---|---|---|---|---|---|
| 거실 | D1 | 베이스다운라이트 | 다이크로할로겐 | 65 | 8 | 520 | A사 | xxxxxxx | 13만 원 | 104만 원 |
| | FL2 | 간접조명 | 심레스라인(조광) | 39 | 1 | 39 | B사 | xxxxxxx | 21만 원 | 21만 원 |
| | ST1 | 스탠드 | 백열전구 60WX3 | 180 | 1 | 180 | C사 | xxxxxxx | 65만 원 | 65만 원 |
| | ST2 | 스탠드 | 백열전구 40W | 40 | 1 | 40 | D사 | xxxxxxx | 43만 원 | 43만 원 |
| 주방 | D2 | 유니버설다운라이트 | 다이크로할로겐 50W | 50 | 3 | 150 | A사 | xxxxxxx | 15만 원 | 45만 원 |
| | FL1 | 간접조명 | Hf형광등(조광) | 32 | 18 | 576 | B사 | xxxxxxx | 19만 원 | 342만 원 |
| | P1 | 펜던트 | 백열전구40W | 40 | 3 | 120 | E사 | xxxxxxx | 16만 원 | 48만 원 |
| | S1 | 스포트라이트 | LED 3W | 3 | 1 | 3 | A사 | xxxxxxx | 17만 원 | 17만 원 |

### 변경 후

| 영역 | 기호 | 기구 타입 | 램프 | W | 대수 | 합계 용량[W] | 기구 업체 | 기구 품번 | 가격 단가 | 가격 합계 |
|---|---|---|---|---|---|---|---|---|---|---|
| 거실 | D1 | 베이스다운라이트 | 다이크로할로겐 | 65 | 8 | 520 | F사 | xxxxxxx | 9만 원 | 7만 2,000원 |
| | FL2 | 간접조명 | 심레스라인(조광) | 39 | 1 | 39 | B사 | xxxxxxx | 21만 원 | 21만 원 |
| | ST1 | 스탠드 | 백열전구 60WX3 | 180 | 1 | 180 | G사 | xxxxxxx | 32만 원 | 32만 원 |
| | ST2 | 스탠드 | 백열전구 40W | 40 | 1 | 40 | G사 | xxxxxxx | 21만 원 | 21만 원 |
| 주방 | D2 | 유니버설다운라이트 | 다이크로할로겐 50W | 50 | 3 | 150 | F사 | xxxxxxx | 10만 원 | 30만 원 |
| | FL1 | 간접조명 | 형광등(조광) | 40 | 18 | 720 | F사 | xxxxxxx | 15만 원 | 270만 원 |
| | P1 | 펜던트 | 백열전구40W | 40 | 3 | 120 | E사 | xxxxxxx | 16만 원 | 48만 원 |
| | S1 | 스포트라이트 | 할로겐램프 20W | 20 | 1 | 20 | F사 | xxxxxxx | 10만 원 | 10만 원 |

## ○ 설치 위치 결정

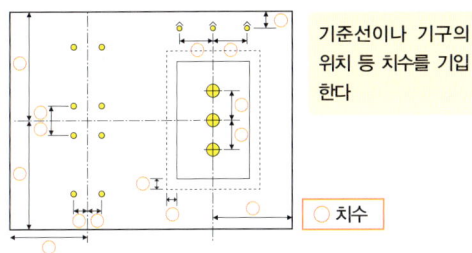

기준선이나 기구의 위치 등 치수를 기입한다

○ 치수

## ○ 빔각 지정

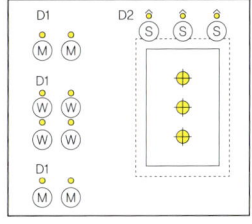

램프의 빔각을 지정할 때는 전부 도면에 기재한다

| 기호 | 빔각 |
|---|---|
| S | 내로우(협각) 10도 |
| M | 미디엄(중각) 20도 |
| W | 와이드(광각) 30도 |

## 부분모형으로 실치수 확인하기

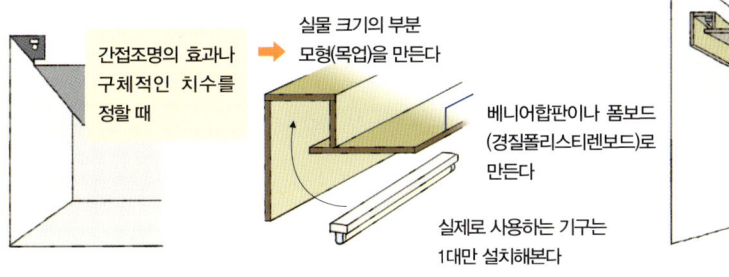

간접조명의 효과나 구체적인 치수를 정할 때

실물 크기의 부분 모형(목업)을 만든다

베니어합판이나 폼보드(경질폴리스티렌보드)로 만든다

실제로 사용하는 기구는 1대만 설치해본다

빛의 확산이 어떤지 확인한다

# 018

# 최종 조정과 포커싱

## Point

설계에서 의도한 대로 빛의 상태를 만드는 '포커싱'은 빛 디자인의 완성도를 높인다

### 최종 조정 단계에서의 확인 사항

조명 기구 설치가 완료되면 최종적인 조정 단계를 거친다. 기구가 설계대로 제대로 설치되었는지 확인하는 것이다. 주요 확인 사항은 다음과 같다.

• 램프의 색온도는 지정한 대로인가

• 스포트라이트의 기구나 램프의 빔각은 지정한 대로 인가

• 간접조명의 기구나 램프가 보이지 않도록 설치되었는가

• 필요한 조도를 확보했는가

• 빛의 효과는 예상한 대로인가

• 색온도나 조도의 균형은 좋은가

• 기구의 외형이 공간과 조화를 이루는가

• 기구의 성능은 예상한 대로인가

설치 및 설정에 문제가 있을 경우 설계의 의도와 결과를 감안하여 시공 변경에 들어가는 비용과 기간을 관계자들과 협의한다.

### 포커싱으로 완성도를 높인다

최종 조정 단계에서 하는 포커싱은 설계에서 의도한 대로 특정 미술품이나 식물, 가구 등에 빛을 비추는 것이다. '슈팅' 또는 '에이밍'이라고도 한다. 스포트라이트 등 빛의 방향을 조절할 수 있는 기구를 설치한 경우에 하며, 전기설비회사나 업체에 의뢰하면 좋다. 연출과 분위기를 위해 스포트라이트나 유니버설 다운라이트를 많이 사용하는 상점이나 음식점에서는 특히 포커싱 작업이 중요하다. 다이크로익 할로겐램프 등 램프 자체로 배광 각도를 선택할 수 있는 기구는 배광이나 빛의 강약을 최종 단계에서 조정할 수 있다. 주택에서도 포커싱을 하면 빛 디자인의 완성도를 높일 수 있다.

## 현장에서의 최종 조정

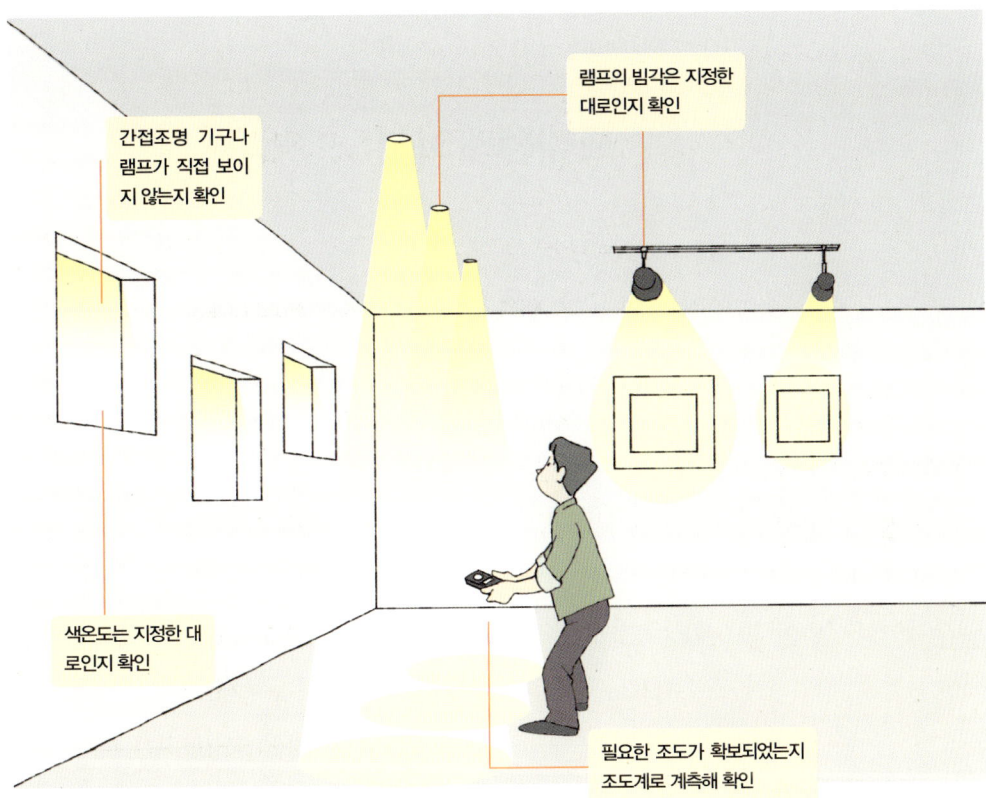

간접조명 기구나 램프가 직접 보이지 않는지 확인

램프의 빔각은 지정한 대로인지 확인

색온도는 지정한 대로인지 확인

필요한 조도가 확보되었는지 조도계로 계측해 확인

## 포커싱

○ **스포트라이트**　　　○ **유니버설다운라이트**

그림

상품

설계에서 의도한 대로 대상물에 빛을 줄 수 있다. 이때 빔각도 조정할 수 있다.

# 019

# 프레젠테이션

## Point

'빛의 분위기'를 잘 전달해주는 시각 자료를 이용하고 기구는 가급적 실물을 확인한다

## 콘셉트 단계

조명설계사는 콘셉트와 기본설계를 중심으로 각 단계마다 프레젠테이션을 한다. 콘셉트 단계에서는 아이디어 메모나 스케치, 이미지 사진 등 키워드나 시각 자료를 활용하여 건축주와의 합의를 끌어낸다. 건축 설계 또는 인테리어 디자인이 진행되면 빛의 레이아웃을 보여주는 그림이나 입면도, 투시도 등 이미지 자료를 만든다.

프레젠테이션은 빛의 분위기를 정확하게 전달하는 것이 중요하다. 이를 위한 수단은 다종다양하며 손으로 그린 스케치가 컴퓨터 그래픽스(이하 CG)보다 효과적일 수 있다. 또한 실제 빛의 효과나 완성도를 공유하기 위해 잡지나 카탈로그의 사진을 모아 제시하는 방법도 좋다. 이 경우 사진으로 설명하고 싶은 것을 제목이나 캡션으로 달아둔다.

## 기본설계 단계

기본설계 단계에서 조명 계획을 하고 조명 분포도를 작성하는 경우도 있다. 많은 합의가 필요할 때는 3D로 빛을 시뮬레이션한 CG나 모형을 제작하기도 한다. 마감재의 소재와 반사율, 광원에서 발하는 빛의 양이나 배광 등을 CG로 재현하면 프레젠테이션의 심도가 깊어진다. 조명 시뮬레이션 방법에는 레이트레이싱법(ray tracing algorithm), 라디오시티법(radiosity algorithm) 등이 있으며 화면에서 더욱 리얼한 구현이 가능하다. 하지만 CG를 사용하면 비용이 발생한다는 것과 모니터 화면의 밝기나 출력 사양에 따라 느낌이 달라질 수 있다는 것을 염두에 두어야 한다.

컴퓨터에 의한 프레젠테이션은 어디까지나 책상 위의 시뮬레이션이므로 참고만 하는 것이 좋다. 중요한 기구는 업체의 쇼룸에서 반드시 실물을 확인한다.

**프레젠테이션 자료**

○ **빛의 레이아웃도**

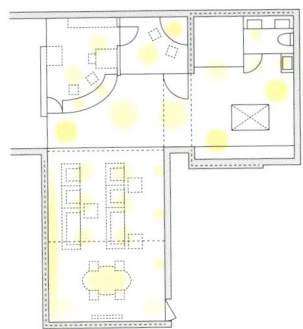

○ **빛의 이미지 스케치**

○ **빛의 이미지 사진**

○ **CG 시뮬레이션**

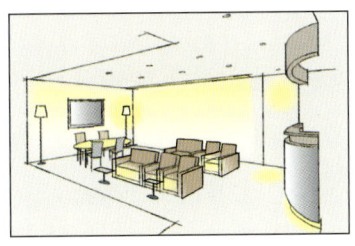

○ **조명 분포도**

○ **조명 기구 보드**

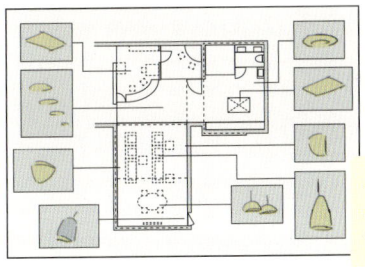

시각 자료를 만들어 빛
의 분위기와 효과 등을
알기 쉽게 전달한다

**기구 실물 확인**

중요한 기구는 조명 업체의 쇼룸에서 실물을 확인한다

설치할 조명 기구를 현장에 가져와
확인하는 방법도 있다

# 020

# 배선 계획과 스위치

## Point

'어떤 회로로 조합해야 일상생활이 편리할까'를 상상하는 것이 배선계획의 포인트

## 배선 계획도 작성

조명 계획의 기본설계에서 기구 배치 계획이 끝나면 배선 계획을 한다. 배선 계획도(244쪽 참조)에는 스위치 위치와 그 스위치로 제어하는 조명들을 표기한다.

도면은 3로 스위치나 조광(調光, 밝기조절) 스위치 등을 구별해서 그린다. 스위치 위치는 문 열림이나 외관과 관계가 있기 때문에 설비회사나 실내 장식 담당자와 함께 검토한다.

주택의 배선 계획은 기본적으로 수동으로 껐다 켜는 단순한 시스템이기 때문에 어떤 조합의 회로가 일상생활에 편리할지에 중점을 두고 설정한다. 대형시설에서는 시간대별로 점등하는 구역을 다르게 하고 거기에 맞춰 점멸이나 조광의 회로를 그룹핑하면서 배선 계획을 짠다. 조광 밸런스가 같은 그룹별로 회로를 배정하는 것이 중요하다.

## 스위치와 조광 장치

스위치는 기본적으로 국내 규격에 맞아야 하기 때문에 선택의 폭이 넓지 않다. 해외제품이나 특수 발주한 제품을 사용하고 싶다면 전기회로를 국내 규격에 맞출 수 있는지부터 알아본다.

조광 장치가 달린 스위치는 주택에서는 거실이나 주방, 침실 등에서 사용한다. 회로별로 조정할 수 있는 버튼과 전자제어 장치를 이용하면 하나의 패널로 여러 개의 회로를 조작할 수 있다. 기능이 좋을수록 비싸므로 설계 초기에 비용을 감안해둔다.

전자제어 조광 장치는 저녁식사, 가족시간, 영상 시청 및 감상, 파티 등 용도에 맞춰 빛을 설정해두고 버튼 하나로 필요할 때 재현할 수 있다. 호텔 등 대형시설에서는 커다란 조광반을 설치하고 타이머와 연동시켜 시간대나 이벤트 등에 알맞은 빛을 만든다.

# 배선 계획도 작성

## ○ 천장조명의 배치 계획도

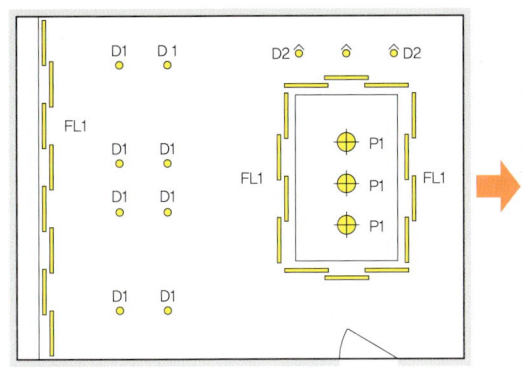

## ○ 천장조명의 배선 계획도

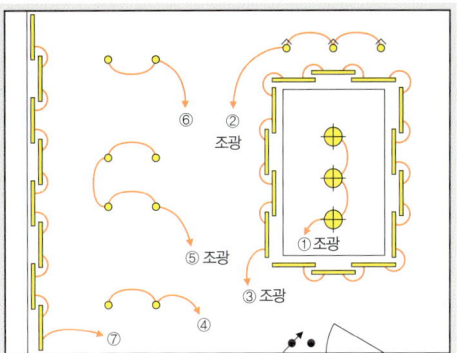

## ○ 3로 스위치

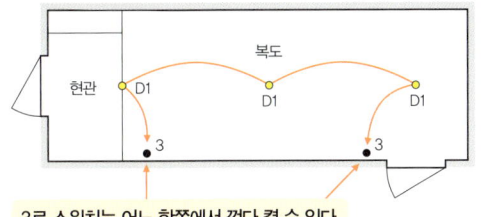

3로 스위치는 어느 한쪽에서 껐다 켤 수 있다

● 스위치　　↗ 조광 스위치　　● 3 3로 스위치

▶ 조광 스위치의 위치를 기입한다
▶ 조광이나 점멸 분류로 회로를 할당하고 회로별로 선으로 이어 회로번호를 붙인다(회로당 와트[W] 수에 주의. 조광 장치나 램프에 따라 상한이 달라진다)
▶ 조광 스위치가 구별되도록 그린다

## ○ 일반적인 ON/OFF 스위치　○ 수동 조광 스위치

## ○ 조광 스위치

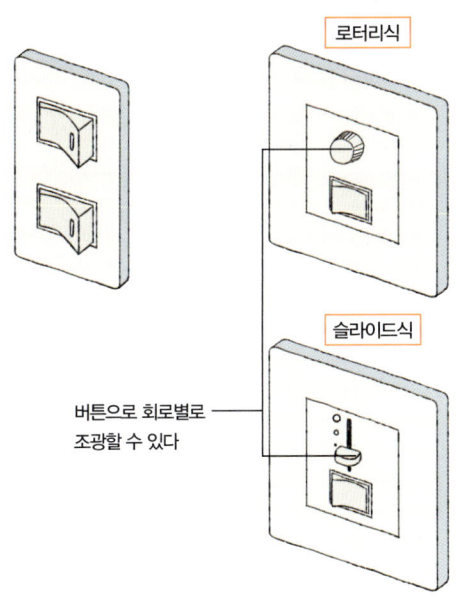

로터리식

슬라이드식

버튼으로 회로별로 조광할 수 있다

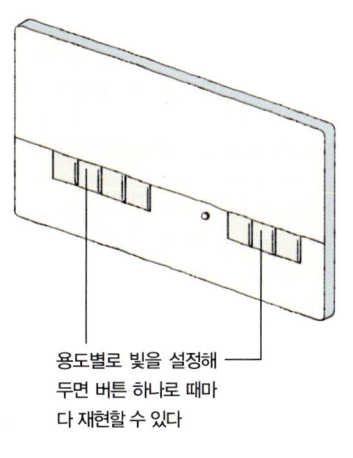

용도별로 빛을 설정해 두면 버튼 하나로 때마다 재현할 수 있다

시설 규모와 예산에 맞추어 조광 장치를 고른다. 업체나 설비 설계자, 조명 디자이너와 상담한다

# 021

# 조광 계획

## Point

조광 범위에 따라 고를 수 있는 기구가 달라지기 때문에 기본계획 초기 단계에서 조광 계획을 염두에 둔다

### 주택의 조광 계획

주택에서는 거실, 주방, 침실 등 특정 공간 일부에 조광이 가능한 조명을 도입하는 경우가 많다. 이때 조광 범위에 따라 기구의 선택지가 바뀌기 때문에 조명의 기본설계 초기 단계에서 조광 계획을 염두에 두는 것이 좋다. 조광을 하는 경우는 백열등 기구나 조광 기능이 있는 형광등 기구, LED 중에서 고른다.

대형시설에서는 넓은 범위에서 밝기의 균형을 잡고 공간 이미지를 과감하게 연출하기 위해 조광 배전반을 도입, 시설 전체에 조광을 계획한다.

### 조광과 에너지 절약

조광을 하든 안 하든 기구의 초기 비용은 큰 차이가 없다. 조광 스위치를 많이 사용하면 전기 공사비가 올라가지만 소비전력이 줄어 전기요금이 절약된다. 조광 범위를 넓히면 공간의 분위기 형성에 좋다. 밝기를 조절하지 않는 공간이 많다면 형광등이나 LED 사용을 늘려 에너지를 절약한다.

분위기나 연색성을 중시해 백열등을 많이 쓰는 상업시설에서는 조광 스위치를 도입하면 밝기의 규현을 잡으면서 램프도 오래 사용할 수 있다.

### 조광의 설정

조광을 설정할 수 있는 장치를 주택에서 사용하는 경우에는 작업이나 모임, 파티 등 다양한 목적에 맞게 회로별로 패턴을 입력한다. 설정을 바꿔가며 적정 빛을 찾아 고정값을 저장한다.

## 백열등의 밝기와 소비전력

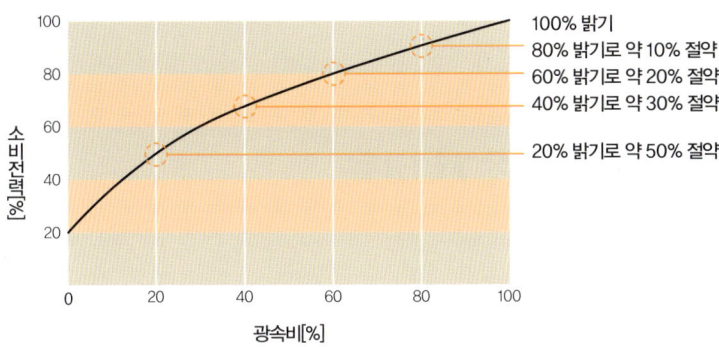

- 100% 밝기
- 80% 밝기로 약 10% 절약
- 60% 밝기로 약 20% 절약
- 40% 밝기로 약 30% 절약
- 20% 밝기로 약 50% 절약

## 저장 기능이 있는 조광 스위치

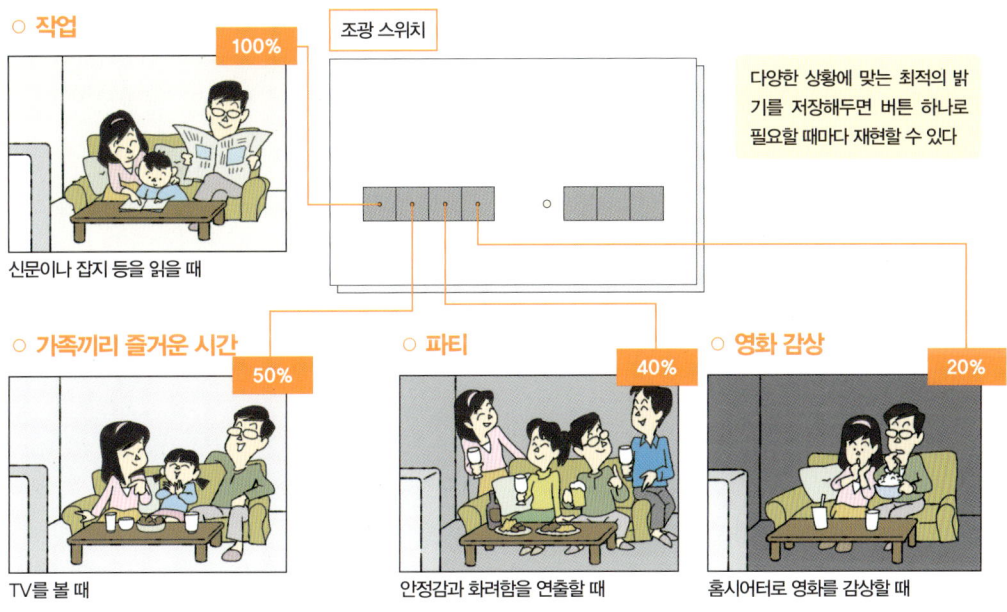

조광 스위치

다양한 상황에 맞는 최적의 밝기를 저장해두면 버튼 하나로 필요할 때마다 재현할 수 있다

○ **작업**  100%
신문이나 잡지 등을 읽을 때

○ **가족끼리 즐거운 시간**  50%
TV를 볼 때

○ **파티**  40%
안정감과 화려함을 연출할 때

○ **영화 감상**  20%
홈시어터로 영화를 감상할 때

## 밝기의 균형

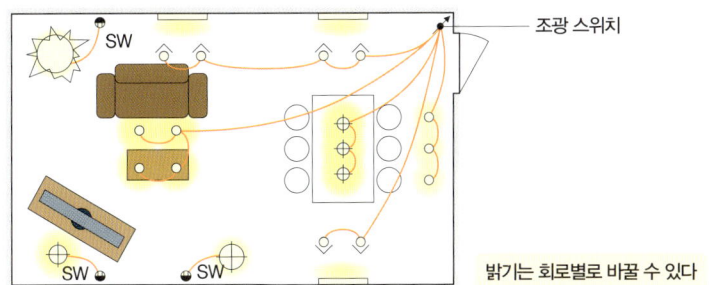

조광 스위치

밝기는 회로별로 바꿀 수 있다

# 022

# 조명의 초기 비용

## Point

조명 기구는 '가구이자 전기설비'라는 인식을 갖고 예산을 짠다

### 조명 기구의 비용

조명 예산을 어느 정도 잡으면 좋을까. 이는 건축이나 인테리어 비용과 연관이 있다. 일반적으로 조명 비용은 수도설비 비용에 비해서는 적게 든다. 예를 들어, 주택 설비공사비가 총공사비의 15% 전후라면 조명 비용은 2~4%다. 일부러 저비용 기구를 선택하거나 전체 설비 예산을 상당히 크게 잡은 경우는 조금 다르겠지만 건축이나 인테리어의 전체 예산에서 조명이 차지하는 비율은 그리 크지 않다.

하지만 조명에 드는 예산에 따라 시각적인 완성도는 큰 차이가 난다. 조명 예산을 줄여 최소한의 밝기와 기능만 구현해도 일상생활에 지장은 없겠지만, 예산을 조금 넉넉히 잡으면 쾌적함이나 시각적 만족감을 현격히 향상시킬 수 있다.

### 비용 대비 효과가 높은 가구

조명을 전기설비의 일부로 생각하면 예산을 많이 쓰기 어렵다. 하지만 건물을 신축한 후 구입하는 커튼이나 소파와 같은 가구라고 생각하면 예산 조정이 쉽다. 실제로 조명 기구는 인테리어의 일부이며, 공간을 효과적으로 연출하고 거주자에게 편안함을 주는 결정적인 요소다.

공간에 어울리는 가구나 인테리어에 집중하다 보면 예산안을 훌쩍 뛰어넘는 경우가 비일비재하다. 이에 비하면 조명 기구는 비교적 경제적인 인테리어 아이템인 셈이다.

더욱이 가구나 마감재가 제아무리 고가의 제품일지라도 그것을 돋보이게 하는 조명이 제대로 디자인되지 않으면 인테리어의 완성도가 떨어진다. 이처럼 조명은 비용 대비 효과가 높은 가구이자 설비라고 할 수 있다.

## 조명 기구는 가구이자 전기설비

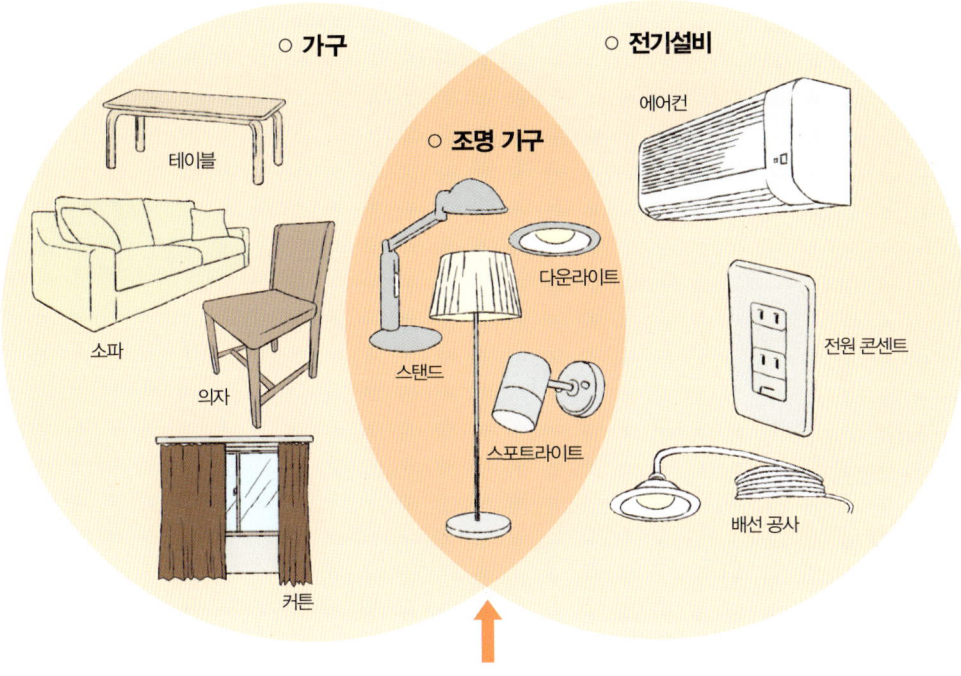

○ 가구

테이블

소파

의자

커튼

○ 조명 기구

스탠드

다운라이트

스포트라이트

○ 전기설비

에어컨

전원 콘센트

배선 공사

가구와 전기설비 요소를 겸하는 조명 기구는 비용 대비 효과가 높다

## 조명은 가성비 높은 인테리어 요소

예산
수백만 원!

마음에 드는 소파나 테이블
등을 모두 갖추려면 엄청난
예산이 필요하다

예산
수십만 원!

적절한 조명 아이디어는
적은 예산으로 원하는 분위기를
연출할 수 있게 한다

# 023

# 조명의 유지 비용

## Point

램프 효율과 램프 교체 비용 등을 검토하면 유지 비용을 낮출 수 있다

### 조명 기구와 비용

조명 계획에서 유지 비용에 영향을 주는 요소는 소비전력과 램프 교체 비용이다. 소비전력에 대해 광원이 밝은 램프를 램프 효율(40쪽 참조)이 좋다고 한다. 최신 직관형 LED 튜브램프가 130lm/W로 가장 효율이 좋고, 다음으로 고효율의 Hf형광등과 HID램프인 고효율 메탈헬라이드램프가 110lm/W 정도로 효율이 좋다. 일반적인 다운라이트형 전구형광등은 65lm/W 정도이다. 램프 효율이 비슷하면 전기요금도 거의 비슷하다.

램프의 수명은 Hf형광등 32W와 메탈헬라이드램프 100W가 평균 12,000시간이다. 램프의 가격은 Hf형광등 32W가 3대에 96W, 약 4만 5,000원인 데 비해 메탈헬라이드램프 100W는 1대에 약 17만 원으로 비교적 비싸다. 직관형 LED튜브램프의 수명은 4만 시간이다. 100W 상당 대수는 6대로 가격은 약 66만 원이다. 12,000시간을 기준으로 하면 약 20만 원이 되어 메탈헬라이드램프보다 약간 비싸지만 교체 횟수가 줄어든다는 장점이 있다.

### 점등 시간도 영향을 준다

유지 비용에서 한 가지 더 중요한 것은 하루 또는 연간 점등 시간이다. 백열등은 형광등 등과 비교해 분명히 램프 효율이 떨어지고 수명도 짧다. 하지만 사용하는 장소에 따라서는 유지 비용의 차이가 나지 않기도 한다. 특히 욕실이나 화장실 등 점등 시간이 짧고 여러 차례 껐다 켰다 하는 경우에 그렇다.

연간 점등 시간이 500시간이라고 가정하면, 다운라이트형 기구에 백열전구를 넣었을 경우와 비슷한 밝기인 콤팩트 형광등을 사용한 경우에 형광등의 비용상 이익이 발생하는 시점은 6년 후부터이다. 단, 기구 자체의 수명이 10년 정도라고 생각하면 큰 차이가 난다고는 볼 수 없다.

## 램프별 유지 비용 비교

• HID램프인 고효율 메탈핼라이드램프(소비전력 100W, 전광속 11,000lm) 기준

| | 소비전력<br>[W] (1대 기준) | 전광속<br>[lm] (1대 기준) | 램프 효율<br>[lm/W] | 100W 상당<br>대수 | 100W 상당<br>전광속[lm] | 램프 단가<br>[원] | 수명과 비용 |
|---|---|---|---|---|---|---|---|
| 고효율<br>메탈핼라이드램프 | 100 | 11,000 | 110 | 1 | 11,000 | 17만 | 12,000시간<br>100W×1대 17만 원 |
| Hf형광등 | 32 | 3,520 | 110 | 3 | 10,560 | 1만 5,000 | 12,000시간<br>32Wx3대 4만 5,000원 |
| 직관형 LED<br>No.1 | 15.8 | 2,124 | 130 | 6 | 12,744 | 11만 | 40,000시간<br>15.8Wx6대 66만 원 |
| 전구형 형광등 | 12 | 780 | 65 | 8 | 6,240 | 2만 | 6,000시간<br>12Wx8대 16만 원 |

## 점등시간별 유지 비용 비교

• 콤팩트형광등 27W(백열전구 95W상당의 밝기)와 백열등 95W의 기구 비용, 램프 비용을 맞춘 유지 비용을 비교.
연간 5,000시간 점등과 연간 500시간 점등의 경우

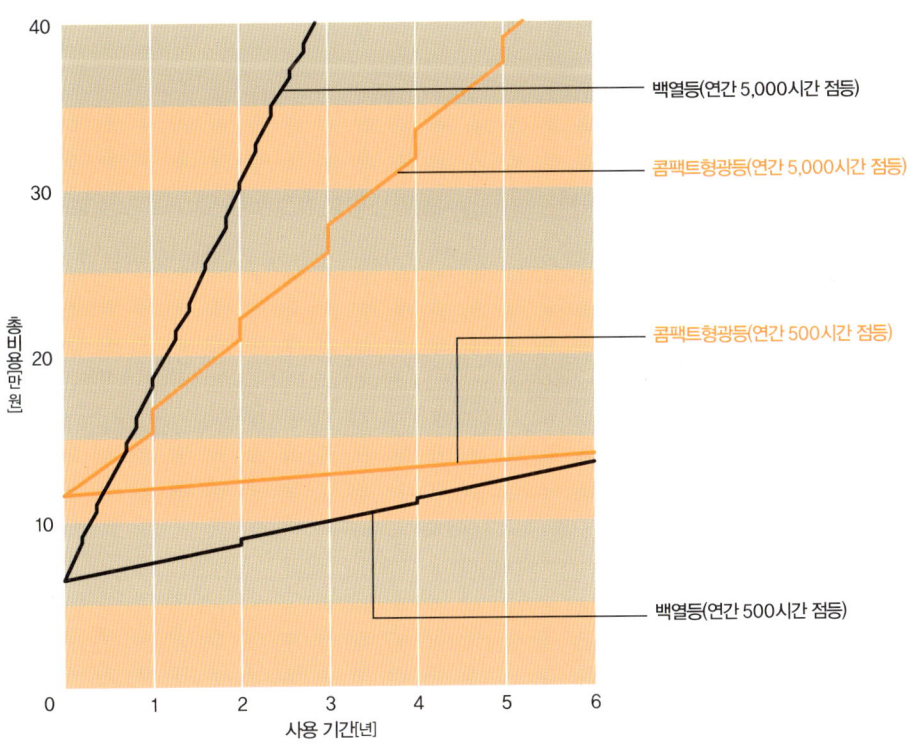

백열등(연간 5,000시간 점등)

콤팩트형광등(연간 5,000시간 점등)

콤팩트형광등(연간 500시간 점등)

백열등(연간 500시간 점등)

총비용[만 원]

사용 기간[년]

# 024

# 조명의 보수

**Point**

'평균수명의 70%'를 경과한 시기에 램프를 교체하는 것이 경제적이다

## 보수의 장점

시간이 지나면 조명 기구가 더러워지고 램프의 광속량이 감소하여 밝기가 낮아지기 때문에 적당한 시점에 기구를 청소하고 램프를 교체해야 한다. 보수를 하지 않고 방치하면 설계 시의 밝기를 얻을 수 없고 전력 낭비로도 이어진다. 사용 환경에 따라 기구의 오염이나 열화 정도가 다르기 때문에 사용 환경을 고려하여 보수 시기를 정한다.

보수의 장점은 다음과 같다.

- 기구 설치대수를 줄여 고정비 절감
- 램프 효율을 유지해 전기요금 절약
- 밝기를 유지해 안정성 확보
- 업무 효율 유지 및 향상
- 공간 이미지와 분위기 유지 및 향상
- 시설 가치 제고

## 램프의 교체 시기와 방식

램프는 램프 평균수명의 70%를 경과한 시기에 교체하는 것이 경제적이다. 램프 교체에는 몇 가지 방식이 있다.

**개별 교체:** 어두워지거나 켜지지 않는 램프를 그때마다 교체한다. 주택 등에 적합하다.

**개별 · 집단 교체:** 켜지지 않게 된 램프를 그때마다 교체하면서 일정 기간이 지난 시점에 모든 램프를 교체한다. 대규모 호텔이나 사무실 등 램프 교체에 드는 인건비가 높은 경우에 경제적이다.

**집단 · 개별 교체:** 켜지지 않는 램프가 일정 개수가 되었을 때 또는 일정 시기를 정하여 그때 켜지지 않는 램프를 교체한다. 램프 교체가 쉽지 않은 장소에 적합하다.

**집단 교체:** 켜지지 않는 램프가 일정 개수가 되거나 일정 시기가 지날 때까지 방치하고 정해진 시점에 모든 램프를 교체한다. 램프 교체가 쉽지 않은 장소에 적합하다.

# 보수 체크리스트

• HID램프인 고효율 메탈핼라이드램프(소비전력 100W, 전광속 11,000lm) 기준

| 분류 | 체크 항목 |
|---|---|
| 사용 환경 | ☐ 청소한 지 반년 이상 지났다<br>☐ 램프나 스타터를 교체한 지 1년 이상 지났다<br>☐ 전원이나 전압이 높다(정격전압의 103% 이상)<br>☐ 설치 부분에 계속 진동이 느껴진다<br>☐ 설치 장소에 물기나 습기가 많다<br>☐ 사용 장소에 부식성 가스, 분진, 바닷바람이 있다<br>☐ 램프나 스타터의 수명이 다 되었음에도 방치하고 있다 |
| 램프 | ☐ 깜빡임이 잦다<br>☐ 교체해도 불이 잘 안 켜진다<br>☐ 불이 켜질 때까지 시간이 걸린다<br>☐ 다른 램프보다 현격히 어둡다<br>☐ 전보다 수명이 짧아졌다<br>☐ 램프가 금방 검게 변한다 |
| 기구 본체 | ☐ 본체나 반사판이 더러워졌거나 변색됐다<br>☐ 플라스틱 커버가 더러워졌거나 변색됐다<br>☐ 플라스틱 커버가 변형되거나 금이 갔다<br>☐ 설치면에 금이 가고 녹이 슬거나 부풀어 올랐다<br>☐ 기구 내 전선에 금이 가고 구리선이 노출되었다<br>☐ 탄내가 난다<br>☐ 조명 기구 때문에 누전 차단기가 작동한 적이 있다<br>☐ 작동하는 부분의 움직임이 나쁘다<br>☐ 램프가 고정되어 있지 않고 흔들린다<br>☐ 기구 안쪽 부분에 먼지가 쌓여 있다 |

주 | 일본 조명기구공업회는 조명 기구의 적정 교체 시기를 8~11년, 유효 수명을 15년으로 정하고 있다. 조명 기구 본체뿐만 아니라 안정기나 배선 부품도 보수를 게을리하면 열화한다. 이것을 열화한 채로 방치하면 누전이나 화재의 원인이 될 수 있다.

# 025

# 고령자와 조명

## Point

**고령자에게 적절한 빛 환경을 만들려면 '밝기 확보', '빛 환경의 질 향상', '불쾌 글레어 방지' 등이 중요하다**

### 고령자 눈의 특성

노안, 초점 조절력, 색 식별 능력 등의 시력 저하는 20대 후반부터 시작되며 40대 후반부터는 고령자 범주에 속한다.

일반적으로 휘도가 높은 광원이 시야에 머물면 그 빛이 안구에서 산란한다. 고령일수록 산란 정도가 커지며, 이 때문에 물체가 잘 안 보이게 되거나 불쾌감도 커진다. 조도가 높은 램프라도 설치 위치에 따라서는 고령자에게 적합하지 않을 수 있으며, 낮은 휘도로도 불쾌한 눈부심을 강하게 느낄 수 있다.

### 고령자에게 적합한 빛 환경

고령자에게 적합한 빛 환경을 만드는 포인트는 다음과 같다.

**밝기 확보:** 주택의 조도는 KS 조도기준을 기준으로 하되 고령자의 거주공간에는 높게 적용한다. 식탁이나 서재는 KS기준의 약 2배, 거실 등 전반조명은 약 3배, 야간의 복도나 침실은 약 5배로 높인다.

**빛 환경의 질 향상:** 광색이나 연색성이 뛰어난 광원을 사용하여 안색이 밝고 건강하게 보이고 음식이 맛있게 보이도록 한다.

**불쾌 글레어 방지:** 높은 휘도의 광원이나 기구를 고령자의 시계에서 제거하여 불쾌 글레어를 막는다. 광원의 색온도가 낮으면 불쾌감이 덜하다.

**안전 · 안심 확보:** 밝은 장소에서 어두운 장소로 갑자기 이동하면 눈이 적응하기 어려워 위험하므로 가급적 명암 차이가 나지 않도록 한다.

**조작성이나 유지 · 관리를 배려:** 일상생활에서 고령자가 움직이기 편한 위치에 조명 기구나 스위치를 설치한다. 또한 램프 교체나 청소가 편리한 기구를 선택한다.

## 젊은이와 고령자 비교

**젊은이**

좀 눈부시지만 글자는 잘 보여

**고령자**

밝은데 눈이 부셔서 글자 보기가 불편해

조도가 높은 램프라도 기구나 설치 위치에 따라서는 고령자에게 적합하지 않을 수 있다

## ○ 조도 설정

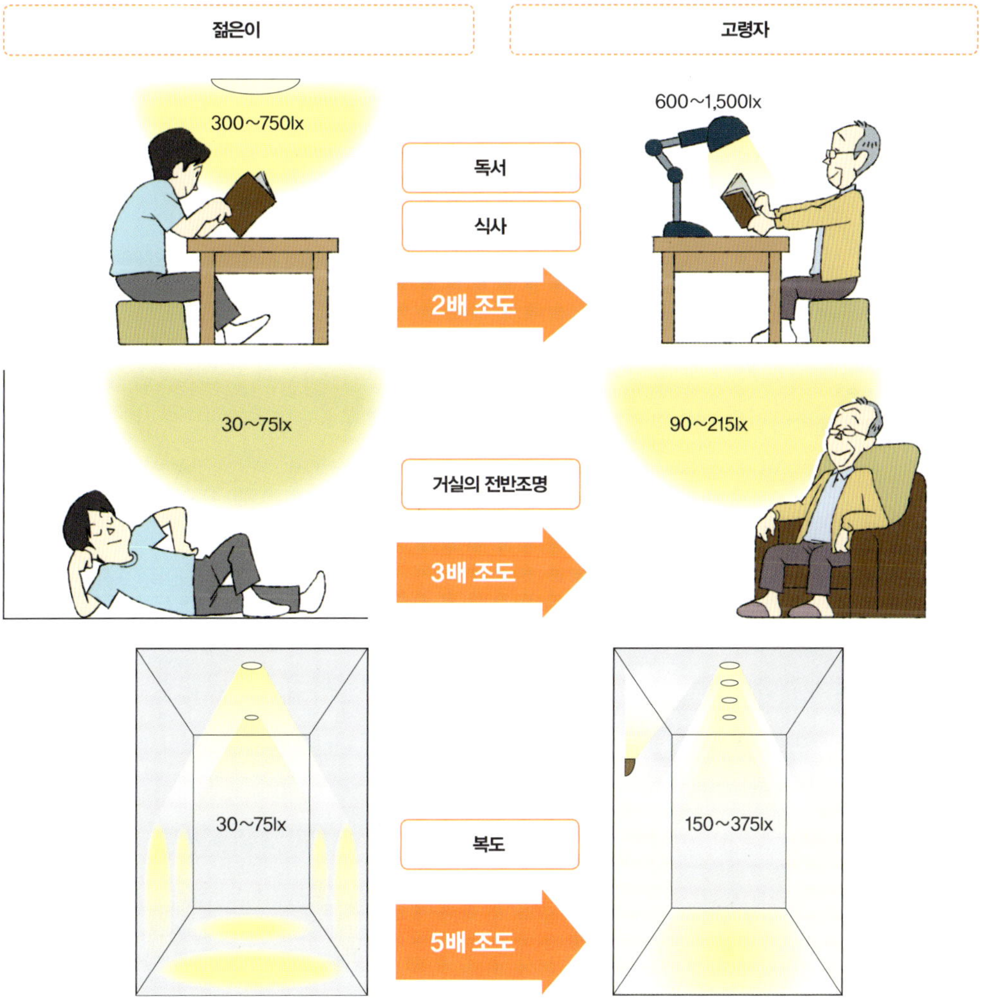

| 젊은이 | 고령자 |
|---|---|

300~750lx

**독서**

**식사**

**2배 조도**

600~1,500lx

30~75lx

**거실의 전반조명**

**3배 조도**

90~215lx

30~75lx

**복도**

**5배 조도**

150~375lx

# 026

# 소재와 빛의 관계

## Point

**표면의 질감에 특징이 있는 소재일수록 조명 연출 효과가 커진다**

### 소재와 조명의 조화

소재를 비추는 경우 그 소재의 특징이나 비추는 목적에 따라 방법이 달라진다. 소재의 음영이나 반짝임을 뚜렷이 표현하려면 점광원인 스포트라이트를 사용하고, 반대로 고르게 비추고 싶을 때는 형광등이나 월워셔 등의 면발광 조명을 사용한다. 표면의 질감에 특징이 있는 소재일수록 면발광 조명의 연출 효과가 극대화된다.

또한 소재와 램프 색의 조화가 중요하다. 일반적으로 마감재가 난색 계열일 때는 색온도가 낮은 조명을, 백색 계열일 때는 색온도가 높은 조명을 사용한다. 소재별로는 목재 같은 갈색 계열 소재에는 전구색이 적합하고 금속이나 콘크리트 등은 백색이나 색온도가 높은 빛과 조화가 좋다. 돌을 비출 때에는 전구색에 가까운 따뜻한 색을 써야 더 자연스럽다. 하얀 벽은 전구색에서 주광색까지 어떤 광색과도 잘 어울리기 때문에

다른 장식 요소나 소재에 맞추어 램프를 선택해도 무관하다.

### 소재별 비추는 방법

소재를 비추는 방법에도 신경 쓴다. 표면에 요철이 있는 소재는 벽과 평행에 가까운 각도로 벽을 위에서 아래로 빛으로 씻듯 비추면 음영이 강조되어 소재의 특징을 효과적으로 표현할 수 있다. 커튼과 같은 패브릭이나 석재의 질감도 돋보이게 할 수 있다. 하지만 광이 있는 벽이 바닥에는 램프가 반사되어 보이므로, 석재에 광택 마감을 한 경우 등에는 간접조명을 피한다. 이외에도 간유리, 반투명필름이나 패턴을 붙인 유리, 스테인드글라스와 같은 컬러 유리 등 빛을 투과하는 소재는 투과 정도나 빛의 그러데이션을 체크하면서 빛의 연출을 생각한다.

이때 조명 효과만이 아니라 설치 방법, 유지 · 관리 방법, 비용도 함께 감안한다.

## 소재의 질감을 살리는 조명

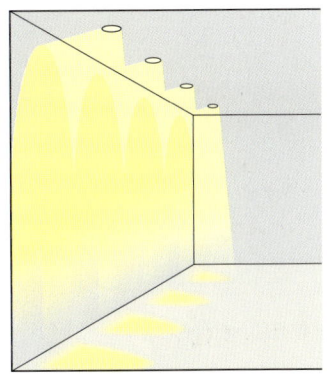

월워셔로 전면에서 고르게 비추면 격조 있는 연출이 가능하다

월워셔를 이용하면 밝은 부분과 어두운 부분의 대비가 강조된다. 요철이 있는 소재에 사용하면 효과적이다

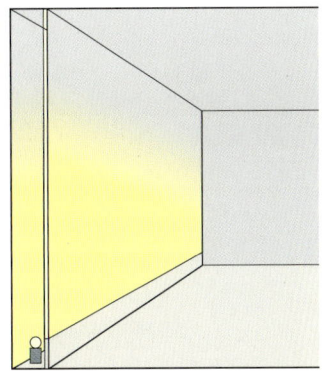

유백색의 유리 등을 사용하여 뒤쪽에서 비추면 아름다운 빛의 그러데이션을 만들 수 있다

## 램프와 소재의 조화

| 소재 | | 앞에서 비출 때 | | | | 뒤에서 비출 때 | | | |
|---|---|---|---|---|---|---|---|---|---|
| | | 백열등 | 형광등 3,000K | 형광등 5,000K | HID램프 4,200K | 백열등 | 형광등 3,000K | 형광등 5,000K | HID램프 4,200K |
| 불투명한 재료 | 나무 | ○ | ○ | × | △ | — | — | — | — |
| | 돌(백색 계열) | ○ | ○ | △ | ○ | — | — | — | — |
| | 돌(회색 계열) | ○ | △ | △ | ○ | — | — | — | — |
| | 돌(검은 계열, 유광) | △ | △ | × | △ | — | — | — | — |
| | 돌(녹색 계열) | △ | × | ○ | ○ | — | — | — | — |
| | 철(메탈) | △ | △ | ○ | ○ | — | — | — | — |
| | 스테인리스 | ○ | △ | △ | ○ | — | — | — | — |
| | 알루미늄 | △ | △ | ○ | ○ | — | — | — | — |
| | 콘크리트 | △ | △ | ○ | ○ | — | — | — | — |
| | 백색 벽지 | ○ | ○ | ○ | ○ | — | — | — | — |
| 투과 재료 | 유백색 유리 | — | — | — | — | ○ | ○ | ○ | ○ |
| | 유리(필름패턴 부착) | — | — | — | — | ○ | ○ | ○ | ○ |
| | 컬러 유리 등 | — | — | — | — | △ | ○ | ○ | △ |
| | 패브릭(커튼 등) | ○ | ○ | △ | ○ | ○ | ○ | △ | ○ |
| | 금속메시 | ○ | △ | △ | ○ | ○ | ○ | ○ | ○ |

# 027

# 조명 계획 의뢰

## Point

전문가에게 상담할 때는 '공간 디자인 콘셉트', '실현하고 싶은 조명 이미지' 등을 확실히 전한다

### 조명 업체와 상담

현재 많은 건축 설계자와 인테리어 디자이너가 조명의 중요성을 이해하고 더 나은 공간 디자인을 위해 조명 계획의 비중을 높이고 있다. 하지만 설계사나 인테리어 전문가가 구조, 마감, 설비 전반을 종합적으로 검토하면서 조명 관련 기술과 경험치를 쌓는 것은 현실적으로 쉬운 일이 아니다. 따라서 조명 전문가에게 상담하여 조명 계획을 의뢰한다.

조명 업체 담당자와 의논하는 것이 가장 쉬운 길이다. 주요 업체는 내부에 조명 플래너나 조명 컨설턴트를 두고 조명 계획을 상담하고 의뢰받는다. 하지만 조명 기구가 의뢰한 업체의 제품으로 편중되기 쉽다는 단점이 있다.

### 조명 디자이너와 상담

다양한 업체의 제품을 선택하고 싶을 때는

조명 기구 업체에 소속되지 않은 조명 디자이너와 상담하면 좋다. 조명 디자이너는 각각의 특기 분야가 있으므로 상담을 통해 자신의 설계와 맞는지 먼저 확인한다. 조명 디자이너에게 의뢰할 때의 장점은 특정 업체의 이해에 얽매이지 않고 전문가의 시점에서 조명 계획을 받을 수 있다는 점이다. 여러 업체를 나란히 두고 비교, 검토하여 비용 조정이 불가피할 때도 콘셉트의 변화 없이 최적의 안을 제시받을 수 있다. 이에 따른 디자인 비용이나 상담료를 지불한다.

전문가와 상담할 때에는 공간의 디자인 콘셉트나 실현하고 싶은 빛의 이미지 등을 제대로 전달하도록 준비해둔다.

## 조명 계획을 의뢰하는 2가지 방법

좋은 디자인이네요.
그런데 조명은 어떻게 되나요?

건축주

조명은…

설계사

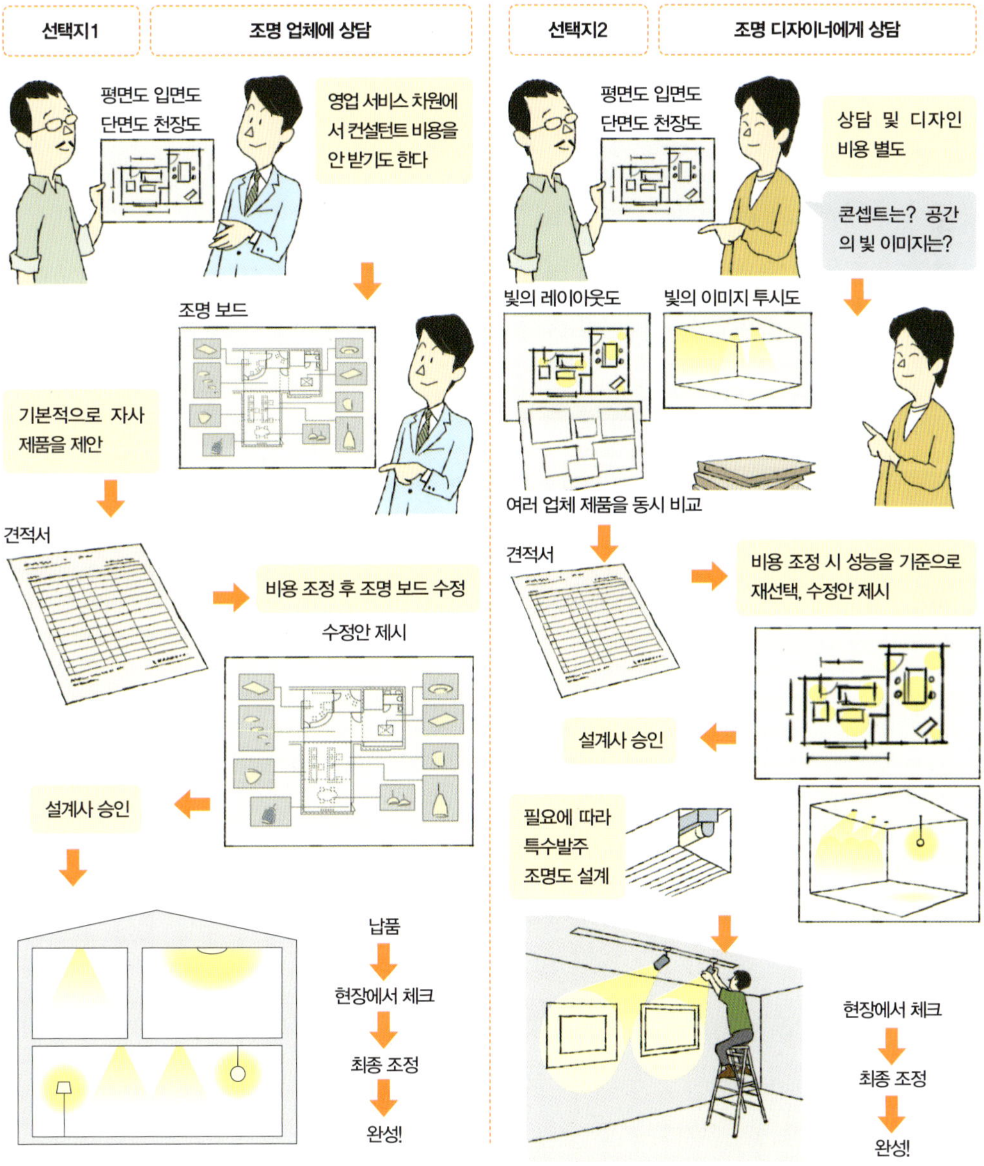

| 선택지1 | 조명 업체에 상담 | 선택지2 | 조명 디자이너에게 상담 |

### 선택지1 — 조명 업체에 상담

평면도 입면도
단면도 천장도

영업 서비스 차원에서 컨설턴트 비용을 안 받기도 한다

조명 보드

기본적으로 자사 제품을 제안

견적서

비용 조정 후 조명 보드 수정

수정안 제시

설계사 승인

납품

현장에서 체크

최종 조정

완성!

### 선택지2 — 조명 디자이너에게 상담

평면도 입면도
단면도 천장도

상담 및 디자인 비용 별도

콘셉트는? 공간의 빛 이미지는?

빛의 레이아웃도    빛의 이미지 투시도

여러 업체 제품을 동시 비교

견적서

비용 조정 시 성능을 기준으로 재선택, 수정안 제시

설계사 승인

필요에 따라 특수발주 조명도 설계

현장에서 체크

최종 조정

완성!

# 028

# 특수발주 조명의 제작

## Point

**조명 업체의 기구 설계 부문, 소규모 기구 제작 회사, 조명 디자이너에게 제작을 의뢰한다**

### 특수발주 조명의 매력

건축이나 인테리어 디자인에 맞추어 조명 기구의 외관을 강조하고 싶을 경우 특수발주로 조명 기구를 제작한다. 실내 디자인의 포인트로 기능하는 조명 기구는 인테리어 디자이너가 직접 제작해도 된다.

세계적인 건축가 프랭크 로이드 라이트나 알바 알토 등이 특수 제작한 조명 기구는 지금까지도 명품으로 불리며 생산되고 있다.

특별히 디자인이나 장식성이 강조되는 기구가 아닌 다운라이트나 스포트라이트, 간접조명 등도 특수발수로 제작할 수 있다.

### 제작 상담 및 의뢰

가구, 패브릭과 소재, 무늬, 셰이드(Shade)를 맞추고 싶거나 기존 제품의 색과 마감을 조정하고 싶을 때에도 따로 제작한다.

우선 조명 업체 담당자와 상담한다. 그리고 조명의 설계 부문과 연결 문제를 상의하면서 제작을 진행한다. 소규모 기구 제작 회사나 조명 디자이너와 직접 상담하고 제작을 의뢰할 수도 있다. 기성 제품을 사용하지 않고 따로 발주하는 의도나 목적, 이미지 등을 상대방에게 정확하게 전하는 것이 중요하다. 사진이나 스케치 등 시각 자료가 있으면 좋다.

특수발주 조명은 기성 제품과 비교하면 다소 비싼 편이다. 특히 주택 등 소규모 공간에 일부 조명만 특수발주해 제작하면 비용이 커질 가능성이 높다. 한편 대규모 시설에서는 기성 제품과 큰 가격 차이 없이 제작할 수도 있다.

## 특수발주 조명의 제작

카탈로그

쇼룸

조명 업체의 카탈로그를 보거나 쇼룸에 가면 모든 종류의 기구가 한데 모여 있다. 하지만 세부적으로 외관에 신경 쓰고 싶거나 건축이나 인테리어에 맞추고 싶은 경우 따로 조명을 제작하는 것이 효과적이다

### ○ 상담

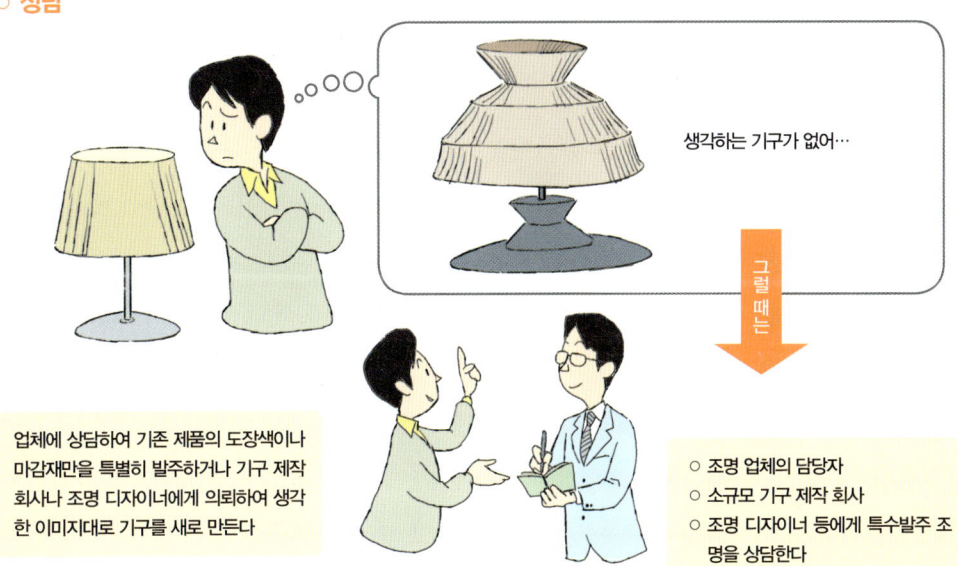

생각하는 기구가 없어…

그럴 때는

업체에 상담하여 기존 제품의 도장색이나 마감재만을 특별히 발주하거나 기구 제작 회사나 조명 디자이너에게 의뢰하여 생각한 이미지대로 기구를 새로 만든다

○ 조명 업체의 담당자
○ 소규모 기구 제작 회사
○ 조명 디자이너 등에게 특수발주 조명을 상담한다

### ○ 비용

주택 등 소규모 시설용으로 소량 제작하면 다소 비싸다

대규모 시설용으로 한꺼번에 대량 제작하면 비교적 저렴할 수도 있다

# Column

# 다운라이트의 열 대책

## 열이 고이기 쉽다

구조상 다운라이트는 램프에서 발생하는 열이 천장의 매입된 기구 본체에 고이기 쉽다. 열이 고이면 기구 내부가 고온이 되어 기구 파손이나 화재의 위험이 있다. 일반용 다운라이트는 열을 천장 내부로 방출하기 위해 방열용 개구가 본체 상부에 달려 있다.

## 단열시공용 기구를 사용

주택에서는 냉난방 효율이나 방음을 목적으로 천장 내에 단열재나 방음재가 있는 경우가 많다. 이런 주택에 일반용 다운라이트를 설치하려면 열을 방출할 수 있게 단열재 등을 잘라야 한다. 따라서 시공에 손이 가고 단열이나 방음 성능이 떨어지게 된다.

이를 막기 위해서는 단열재를 자르지 않고 시공할 수 있고 가열 안정성도 지킬 수 있는 '단열시공용 기구'를 사용한다. 단열시공용 기구는 S형이라고 하며, 매트부설공법 단열재에 해당하는 것을 SG형, 블로잉 공법 단열재에 해당하는 것을 SB형이라고 한다. 단열시공용 기구에는 일본조명 기구공업회의 S형 마크가 붙어 있다.

단열시공된 천장에 일반용 다운라이트를

설치할 경우에는 기구의 설치부에서 10cm 정도 거리를 두고 단열재를 자른다. 처음부터 천장 내 기구를 달 위치에 격벽을 만들어 단열재에 덮이지 않도록 한다.

### ○ 단열시공된 천장에 설치할 때

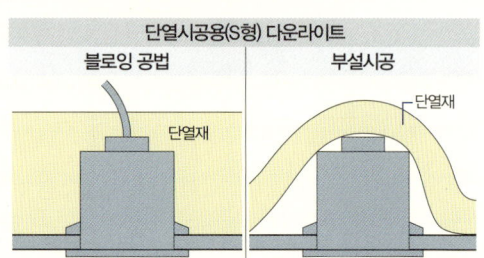

**단열시공용(S형) 다운라이트**

블로잉 공법 / 부설시공

단열재를 자르지 않고 시공할 수 있고 열에 대한 안정성도 높다

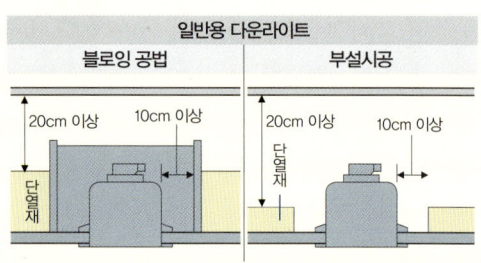

**일반용 다운라이트**

블로잉 공법 / 부설시공

20cm 이상 / 10cm 이상 / 20cm 이상 / 10cm 이상

기구의 설치부에서 10cm 간격을 두고 단열재를 자르든지 설치 위치에 격벽을 만든다

### ○ 일본의 S형마크

## CHAPTER 3

# 주거공간의 조명 계획

# 029

# 사전 조사

## Point

건축주 가족의 '밝기 취향', '조명 사용 방법', '라이프스타일' 등을 광범위하게 체크한다

### 안일한 조명 계획이 많다

주택의 조명 계획에서 설계자의 독단과 고집 때문에 발생하는 가장 흔하고 변명의 여지가 없는 불만사항은 '어둡다'는 것이다. 이를 피하는 가장 쉬운 방법은 너무 밝다 싶을 정도로 조명 기구를 많이 다는 것이다. 안타깝지만 실제로 이런 생각으로 계획한 주택이 많다.

단순히 '밝은' 방을 만들기는 쉽다. 그러나 건축, 인테리어, 가구를 기껏 공들여 디자인해놓고 조명을 이런 식으로 끝내면 전체적인 생활공간을 개선한다는 애초의 목적을 놓치게 된다. 디자인을 포기하는 것이나 마찬가지이다.

### 생활의 큰 그림을 그려보는 것이 중요

주택 조명 계획의 콘셉트나 방향은 취향, 라이프스타일, 구성원, 연령대 등에 따라 크게 좌우된다. 어느 정도의 밝기를 원하는지, 조명을 언제 어떻게 쓸지, 어떤 조명을 기대하는지, 경제성을 얼마나 따지는지, 기능성과 분위기, 여가와 일 중 무엇을 더 우선하는지 등을 폭넓게 질문해본 후 디자인의 방향을 정한다.

또한 조명은 다른 마감재와 달리 기구의 사진만 봐서는 빛의 상태나 밝기를 예상할 수 없다. 설령 카탈로그를 보고 마음에 들었다 해도 업체의 쇼룸을 방문해 실물을 확인하고 업체 담당자의 이야기를 듣는 것이 좋다. 조명 디자이너는 반드시 의뢰인과 함께 실물을 확인한다.

그렇게 해도 실내의 마감, 색, 방 크기, 천장 높이 때문에 빛의 인상이 달라지기 마련이다. 따라서 많은 기구를 접하고 공간의 체험을 통한 빛의 상태를 기억해 기구와 빛의 자료를 수집한다.

# 조명 계획의 사전 조사 리스트

| 항목 | 목적 | 조사 내용 |
|---|---|---|
| 가족 구성 | 필요한 빛의 한도 | • 가족 구성 (　　　　　　　　　　　　　　　　　　　　　)<br>나이, 성격, 취향 등도 포함하여 가족 구성을 확인한다 |
| 조명 환경 | 주요 생활환경의<br>빛을 파악<br>(가족 개인별로) | □ 파란 빛이 도는 주백색 형광등의 조명 환경  □ 따뜻한 느낌의 백열전구 광색의 조명 환경<br>□ 자연광이 풍부한 환경  □ 그 외(　　　　　　　　　　　　　　　　　　) |
| 취미 · 취향 | 생활 패턴 파악 | • 가족의 취미, 취향 (　　　　　　　　　　　　　　　　　　　)<br>편안함을 느끼는 장소, 이상적으로 생각하는 장소를 구체적으로 고민한다 |
| 용도 | 용도에 적합한 빛 검토 | • 건물의 용도 확인 (　　　　　　　　　　　　　　　　　　　)<br>주택인지 주택과 작업실을 겸하는지, 별장으로 사용하길 원하는지 등 건물의 용도를 확인한다 |
| 각 방의<br>사용 방법 | 용도에<br>적합한 빛 검토 | • 거실<br>□ 가족모임 □ 독서 □ TV 시청 □ 음악 감상 □ 놀이 □ 식사 □ 파티 □ 취미 □ 일<br>□ 공부 □ 장식 □ 그 외(　　　　　　　　　　　　　　　　)<br><br>• 식당<br>□ 가족모임 □ 독서 □ TV 시청 □ 음악 감상 □ 놀이 □ 식사 □ 파티 □ 취미 □ 일<br>□ 공부 □ 장식 □ 그 외(　　　　　　　　　　　　　　　　)<br><br>• 주방<br>□ 요리 □ 취미 □ 일 □ 식사 □ 수납 □ 그 외(　　　　　　　　　)<br><br>• 침실<br>□ 취침 □ 독서 □ 취미 □ 일 □ 공부 □ 수납 □ 몸차장 □ 장식<br><br>• 그 밖의 방<br>□ 취침 □ 독서 □ 취미 □ 일 □ 공부 □ 수납 □ 몸차장 □ 놀이 □ 장식 □ TV 시청<br>□ 그 외(　　　　　　　　　　　　　　　　)<br><br>• 욕실<br>□ 세탁 □ 옷 갈아입기 □ 취미 □ 그 외(　　　　　　　　　　)<br><br>• 복도 · 계단<br>□ 장식 □ 수납 □ 그 외(　　　　　　　　　　　　　　　)<br><br>• 현관 · 진입로<br>□ 꾸미기 □ 수납 □ 주차 □ 자전거 주차 □ 그 외(　　　　　)<br><br>• 정원 · 테라스 · 발코니<br>□ 놀이 □ 취미 □ 식사 □ 파티 □ 휴식 □ 그 외(　　　　　) |
| 빛의 취향 | 빛의 취향 파악 | □ 전체적으로 밝은 공간이 좋다  □ 명암이 있는 공간이 좋다<br>□ 백열전구처럼 따뜻한 빛이 좋다  □ 형광등처럼 하얀(파란) 빛이 좋다<br>□ 그 외(　　　　　　　　　　　　　　　　　　　　) |
| 조명에 대한<br>기대 | 우선순위 파악 | □ 무조건 밝을 것  □ 기능적으로 충분한 빛을 우선시하고 그 외에는 상관없다<br>□ 기능성과 함께 분위기도 중요하다  □ 건축, 인테리어와 어울리는 디자인이 중요하다<br>□ 그 외(　　　　　　　　　　　　　　　　　　　　) |
| 조명에서<br>우선시하는 것 | 우선순위 파악 | □ 기구와 전구의 가격  □ 유지 비용(에너지 절약)<br>□ 디자인 □ 빛에 의한 분위기 □ 관리의 용이성<br>□ 그 외(　　　　　　　　　　　　　　　　　　　　) |

# 030

# 주택 조명 계획의 핵심 포인트

## Point

**조금씩 빛의 요소를 채워가는 '덧셈 조명 계획'법으로 생각한다**

### 6가지 기본 포인트

집에서의 활동은 매우 다양해서 그에 맞는 조명 계획이 필요하다. 다음의 기본 포인트를 알아두자.

**필요한 밝기:** 방의 용도와 시간대에 따라 필요한 밝기가 다르다. 사용자의 활동을 토대로 밝기의 균형을 맞춘다(76쪽 참조).

**에너지 절약:** 백열등보다는 형광등이 에너지 효율이 높다. 하지만 백열등도 조광 스위치로 필요에 따라 조절하면 에너지를 절약할 수 있다. 최근에는 소비 전력이 적고 수명이 긴 LED램프로 교체하는 추세다 (216쪽 참조).

**분위기:** 기구가 내는 빛의 성질과 색조, 기구의 배치, 밝기의 균형에 따라 분위기가 달라진다.

**유지·관리:** 램프에는 수명이 있다. 램프 교체, 기구 청소 등 유지·관리가 편하도록 설치 방법과 위치를 고려한다(78쪽 참조).

**고령자 배려:** 시력이 약한 고령자는 젊은 사람보다 2~3배 밝은 빛이 필요하므로, 방 전체의 밝기를 높이고 필요에 따라 부분 조명을 사용한다(62쪽 참조).

**방범:** 센서나 플래시 기능이 있는 외부조명을 선택한다. 외출 중에도 점등 예약 기능을 이용해 방범성을 높인다.

### 덧셈 조명 계획

주택의 경우 사용자의 움직임을 공간별로 꼼꼼히 시뮬레이션 하여 밝기 요소를 더해 나간다. 처음부터 최대 사양으로 계획하지 않고 스탠드 조명 등으로 필요에 따라 추가한다. 과하다고 판단되면 우선순위를 따져 빼면서 정리한다.

## 6가지 기본 포인트

### 1 필요한 밝기

### 2 에너지 절약

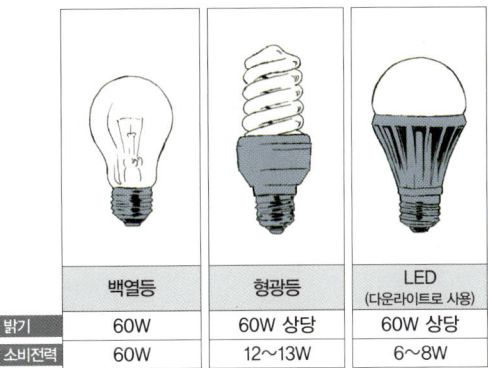

|  | 백열등 | 형광등 | LED<br>(다운라이트로 사용) |
|---|---|---|---|
| 밝기 | 60W | 60W 상당 | 60W 상당 |
| 소비전력 | 60W | 12~13W | 6~8W |

### 3 분위기

빛의 성질과 기구 배치에 따라 원하는 분위기를 만들 수 있다

### 4 유지 · 관리

램프를 교체하기 편한 높이에 설치한다

### 5 고령자 배려

젊은 사람보다 2~3배 밝은 빛이 필요하다

### 6 방범

센서나 플래시 기능이 있는 조명으로 방범성을 높인다

# 031

# 밝기의 기준

## Point

한국공업규격 조도기준을 활용한다

### 조도기준을 적극 활용

주택 조명은 사용자의 쾌적함이 최우선이다. 건축법처럼 도시적인 관점에서 규정해 놓은 법은 없고, 건물 자체에도 법규 수준의 규제는 없다. 참고가 될 만한 것은 KS 조도기준이다.

하지만 밝기는 사용자 본인의 기호나 취향, 디자인을 포함한 공간 전체의 인상에 따라서 조정할 수 있다. 설령 조도가 다소 부족하더라도 사용자가 만족하는 경우가 있고, 반대로 상당히 높은 수치이지만 어둡다며 불만을 표시하는 경우도 있다.

밝기는 전체 인테리어의 색감과 마감에 따라서도 달라진다. 벽과 천장을 흰색 무광으로 마감한 방이 가장 밝게 느껴지고, 바닥도 밝은 색일 때 환하게 느껴진다. 베이지나 갈색 등을 많이 사용한 방은 벽과 천장에서의 반사가 적기 때문에 조명 사양이 같아도 어둡게 느껴진다.

조명 기구가 새것일 때가 가장 밝으며, 이를 초기 조도라고 한다. 이 값은 기구 카탈로그에 표기되어 있다. KS 조도기준은 사용에 따른 조도 저하를 예상한 수치이며 초기 조도보다 20~30% 떨어진 수치로 설정되어 있다.

### 덧셈 조명 계획으로 연출

손님이 자주 오는 집, 작업실이 있는 집, 사는 사람이 적극적으로 공간을 즐기길 원하는 집은 거실과 식당 등을 중심으로 빛에 의한 다양한 연출이 가능하다.

기능이 하나인 점포와는 다르기 때문에 다양한 종류와 여러 대의 기구를 활용하여 조광 회로를 기본으로 한 덧셈 조명 계획으로 설계한다(80쪽 참조). 같은 방이라도 빛의 수, 확산 정도, 높이에 따라 다른 분위기를 만들 수 있다.

## 주택의 KS 조도 기준

| 조도 [lx] | 거실 | 공부방 서재 | 침실 | 주방 | 가사실 작업실 | 응접실 | 욕실 화장실 | 정원 | 차고 | 계단 복도 | 현관 안쪽 | 현관 바깥쪽 |
|---|---|---|---|---|---|---|---|---|---|---|---|---|
| 1,500 / 1,000 | 수예 재봉 | 공부 독서 | | | 수예 재봉 | | | | | | | |
| 600 / 400 | 독서 전화 화장 | 공부 독서 | 독서 화장 | 식탁 조리대 | 공작 | | | | 점검 청소 | | | 거울 |
| 300 / 200 | 단란 오락 | 놀이 | | 싱크대 | 세탁 | 소파 장식선반 테이블 | | | | | | 신발장 장식장 |
| 150 / 100 | | 전반 | | 전반 | 전반 | | 전반 | 식사 파티 | | | 전반 | |
| 60 / 40 | 전반 | | | | | 전반 | | 테라스 전반 | 전반 | 전반 | | 문패 초인종 |
| 30 / 20 | | | 전반 | | | | | | | | | |
| 15 / 10 | | | | | | | | 통로 | | | | 통로 |
| 6 / 4 / 3 | | | 심야 | | | | | 방범 | | | 심야 | 심야 |

주 | 조도 범위 아래가 최저, 중간(00색; 프린트에서 주황색)이 표준, 위가 최고 수치이다.

## 분위기 연출

| 빛의 수 |  적다 |  많다 |
|---|---|---|
| | • 비추는 지점이 눈에 띈다 • 안정된 분위기 | • 화려한 분위기 |

| 빛의 범위 |  국부적 |  전반적 |
|---|---|---|
| | • 콘트라스트가 강한 드라마틱한 분위기 | • 공간에 일체감과 안도감을 준다 |

| 빛의 높이 | 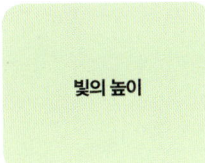 낮다 |  높다 |
|---|---|---|
| | • 여유롭고 편안한 분위기 | • 위쪽 개방감 • 색다른 분위기 |

# 032

# 주택 조명의 관리

### Point

조명 기구는 전구 교체가 편한 제품을 선택한다

## 전구 교체가 편리하도록

주택 조명의 관리에서 가장 흔한 작업이 전구 교체이다. 따라서 조명 기구를 정할 때는 전구 교체가 쉬운 제품을 선택하고 설치하기 어렵지 않은 위치와 높이를 정한다. 전등갓이 달린 기구는 정기적으로 청소가 필요하기 때문에 손이 쉽게 닿는 위치에 단다. 전구뿐 아니라 조명 기구에도 수명이 있다. 평균적으로 10년 정도로 본다.

조명 관리 또한 가족 구성과 취미, 기호에 따라 달라진다. 노인이 사는 집이라면 가급적 사다리에 올라갈 필요가 없도록 배려한다. 평소 DIY 작업을 좋아하는 타입인지, 반대로 그런 것은 일체 하지 않는 타입인지도 기구 선정과 설치 방법을 결정하는 요인이 된다.

## 수명이 긴 LED 램프

최근 LED가 주목받고 있다. LED를 사용하는 장점 중 하나는 램프 수명이 길다는 것인데 현재는 4만 시간 정도이다. 수명이 1,000시간 정도인 백열전구의 4배다. 이 장점을 살려 전구 교체가 어려운 보이드 천장이나 계단실 천장에 LED를 사용할 수 있다. 이 경우에도 고장에 대비해 교체의 편의성은 고려해두어야 한다.

## LED를 메인 조명으로

지금까지 주택의 메인 조명은 백열등과 형광등이었지만, 품질이 향상되고 가격이 저렴해진 LED도 선택지의 하나가 되었다. 다이크로익 할로겐램프(142쪽 참조)는 사용하기 편하고 연출 효과도 높기 때문에 메인 조명으로 추천할 만하다.

# 관리를 고려한 설치

## ○ 설치 높이

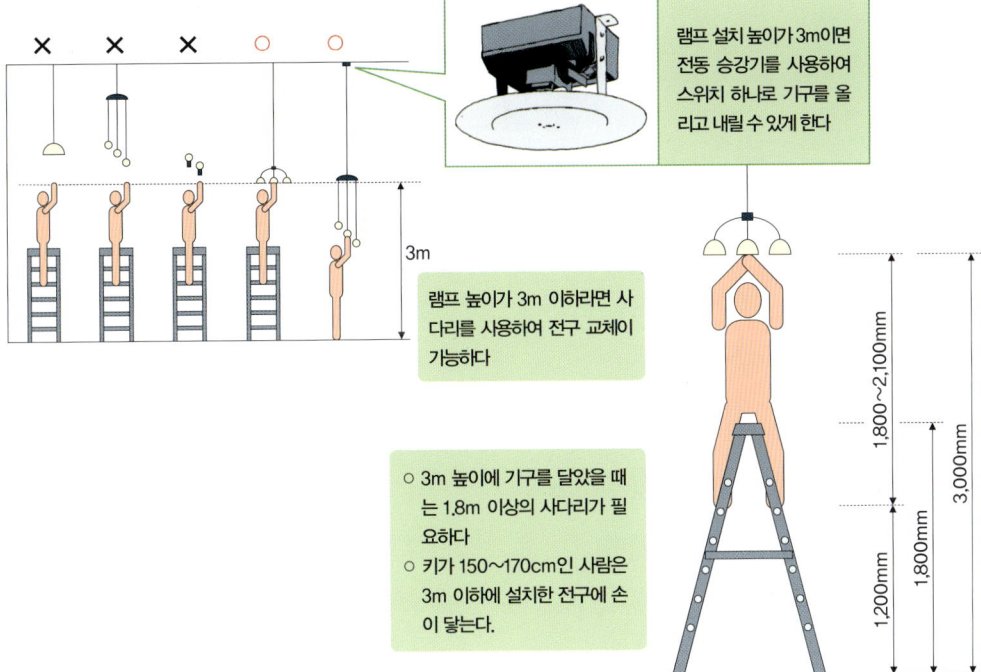

램프 설치 높이가 3m이면 전동 승강기를 사용하여 스위치 하나로 기구를 올리고 내릴 수 있게 한다

램프 높이가 3m 이하라면 사다리를 사용하여 전구 교체이 가능하다

○ 3m 높이에 기구를 달았을 때는 1.8m 이상의 사다리가 필요하다
○ 키가 150~170cm인 사람은 3m 이하에 설치한 전구에 손이 닿는다.

# 간접조명의 경우

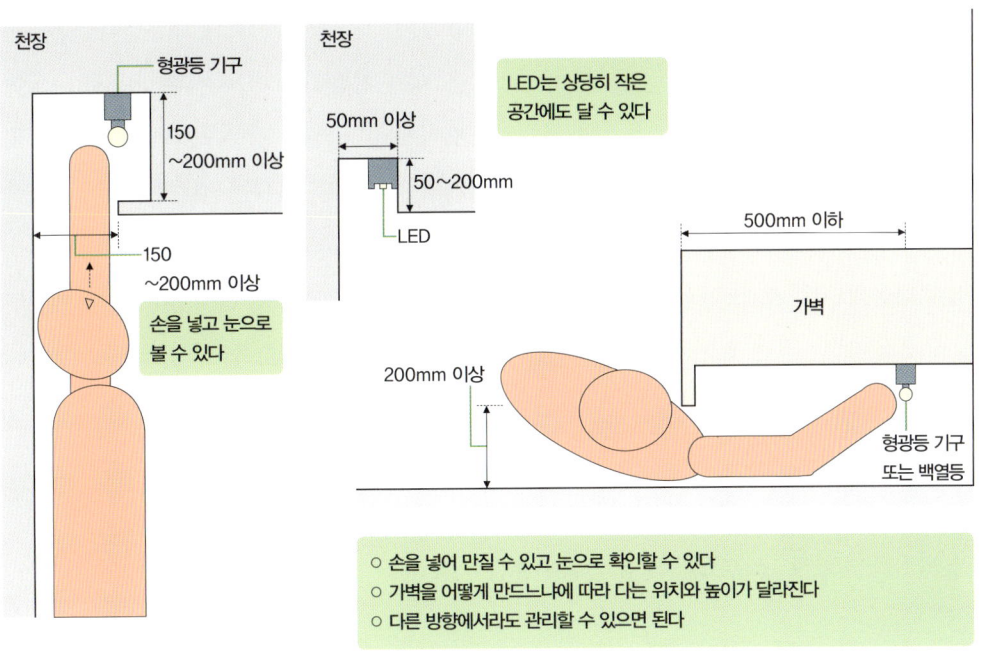

천장

형광등 기구

150 ~200mm 이상

150 ~200mm 이상

손을 넣고 눈으로 볼 수 있다

천장

50mm 이상

50~200mm

LED

LED는 상당히 작은 공간에도 달 수 있다

500mm 이하

가벽

200mm 이상

형광등 기구 또는 백열등

○ 손을 넣어 만질 수 있고 눈으로 확인할 수 있다
○ 가벽을 어떻게 만드느냐에 따라 다는 위치와 높이가 달라진다
○ 다른 방향에서라도 관리할 수 있으면 된다

# 033

# 거실 조명

## Point

영역별로 회로를 나누어 '점등, 소등을 조합한 패턴'을 여러 개 만들고 조광 스위치도 활용한다

### 다양한 행위와 용도에 적합한 조명 계획

거실은 집 안 공간 중에서도 여러 역할과 쓰임이 교차하는 공간이다. 소파에서 편안히 쉬거나 책을 읽는다, 바닥에 누워 잔다, TV를 본다, 음악을 듣는다, 차를 마신다, 아이가 논다, 이야기를 나눈다, 술을 마신다, 사람들을 초대해 파티를 즐긴다, 요가를 한다, 청소나 빨래를 한다 등 사는 사람에 따라 다양하다.

따라서 여러 가지 다른 조명을 배치하여, 각각의 행위와 용도, 상황에 대응한다. 기구의 종류도 용도에 맞추어 다운라이트, 유니버설 다운라이트, 스포트라이트, 펜던트, 샹들리에, 브래킷, 스탠드 등을 다양하게 사용한다. 전부를 하나의 스위치로 껐다 켰다 하지 않고 영역별로 회로를 나누어 다양한 점등, 점멸 조합 패턴을 만드는 것이 좋다. 또한 밝기를 조절할 수 있도록 조광 스위치를 설치한다.

### 덧셈 조명 배치

거실처럼 넓고 용도가 다양한 방에서는 사람의 행위에 맞춘 덧셈 조명 배치 방법으로 조명을 계획한다. 가족 구성원이 성장하고 나이가 듦에 따라 변하는 사용 방법을 고려하여 잘 변하지 않는 장소와 요소에 대해서는 조명도 고정시키고, 변하는 장소에는 스탠드를 배치하는 등 유연하게 대응한다. 방이 좁을 때는 천장이나 벽을 비추어 공간이 넓어 보이게 한다. 넓은 방은 가구 배치에 따라 몇 개의 부분으로 나뉘는 것처럼 빛 덩어리를 나누어 아늑하고 안정된 느낌을 준다.

거실 조명은 조광 면에서나 색온도와 연색성 면에서 백열등을 메인 조명으로 하는 것이 좋다.

## 덧셈 조명 배치

### 1 중심부에 다운라이트 설치

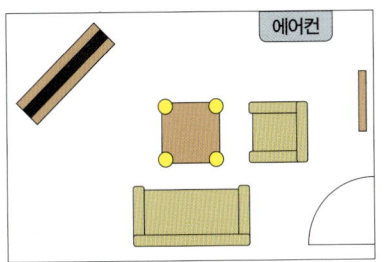

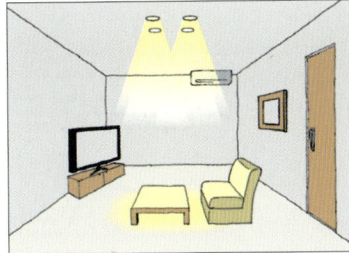

거실에는 가구가 중심에 배치되는 경우가 많기 때문에 메인 조명으로 좋다

### 2 레일조명 설치

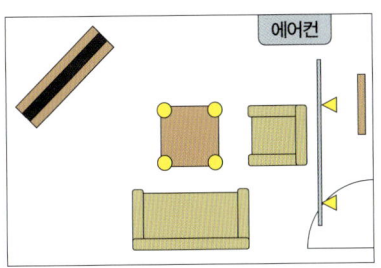

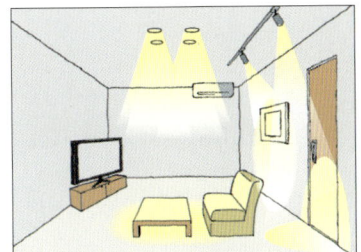

스포트라이트를 추가하거나 이동시킬 수 있다

### 3 TV 뒤에 미니스탠드 설치

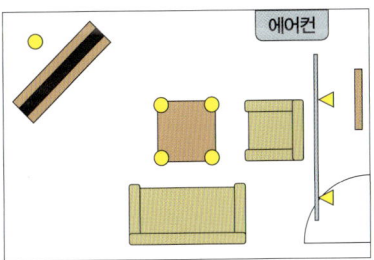

눈에 편한 간접조명이 된다

### 4 플로어 스탠드 설치

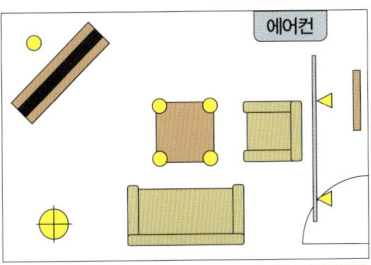

○ 고정 기구는 적게 하고 수를 조절할 수 있는 기구를 이용한다
○ 기구 배치에 따라 회로를 나누고 조광 스위치를 단다

코너가 어둡게 보일 때 스탠드를 설치한다

# 034

# 거실 보이드의 조명

## Point

보이드 공간은 천장과 벽의 상부에 빛을 배치하여 시선을 유도하고 공간의 크기를 강조한다

### 보이드 공간의 조명

거실 천장은 평평한 사각형이 아닐 수도 있다. 천장이 높고 기울어져 있거나 맞배지붕이거나(130, 132쪽 참조), 아치(볼트)형일 수도 있다. 또 보이드가 있어서 일부는 2층과 이어져 있을 수도 있다.

보이드가 있는 경우 보이드 공간의 천장과 벽 위쪽에 빛을 배치하여 시선을 유도하면 공간의 높이에 따라 기분 좋은 공간을 누릴 수 있다. 스포트라이트나 벽부 조명으로 위쪽으로 빛을 보내거나 스탠드를 사용할 수도 있다. 또는 펜던트나 샹들리에를 달아 인테리어 장식 효과를 내면서 천장과 공간 전체에 빛을 주는 방법도 있다.

### 밝기와 관리를 고려

보이드 공간은 생활의 중심이 되는 경우가 많다. 따라서 테이블이나 바닥 면에 필요한 밝기를 확보하도록 계획한다. 보이드 천장

에 다운라이트나 스포트라이트를 설치하면 관리가 어렵기 때문에 권장하지 않지만, 최근 일부 LED 다운라이트 제품 중에는 고장 시 교체가 편리하도록 유닛 방식으로 된 제품도 있으므로 참고한다. 일반적으로는 벽에 스포트라이트를 설치하거나 펜던트, 스탠드 조명을 활용하는 것이 좋다.

### 외관과 눈부심에도 주의

보이드가 2층 공간으로 이어지는 경우, 기구가 어떻게 보이는지도 신경 써야 한다. 특히 간접조명은 1층에서는 보기 괜찮아도 2층에서 봤을 때 램프나 배선이 눈에 띄는 경우가 많기 때문에 주의한다.

위쪽을 비추는 조명은 장소에 따라 불쾌한 눈부심이 발생할 수 있으니 각별히 주의한다.

## 거실 보이드에 알맞은 조명

### ○ 펜던트나 샹들리에

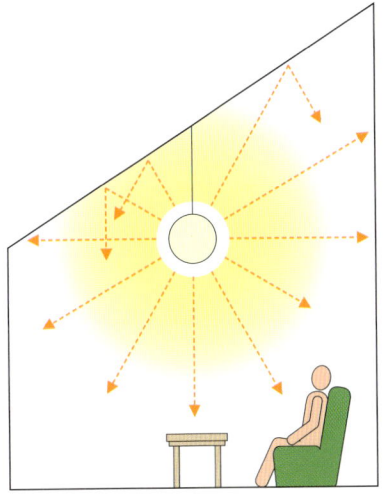

공간 전체를 밝게 한다. 천장 면과 벽 위쪽에도 어느 정도 빛이 닿는다

### ○ 간접조명으로 천장 면을 밝게

바닥이나 테이블을 비추는 별도의 스탠드를 사용한다

### ○ 브래킷으로 천장과 벽 위쪽을 비춘다

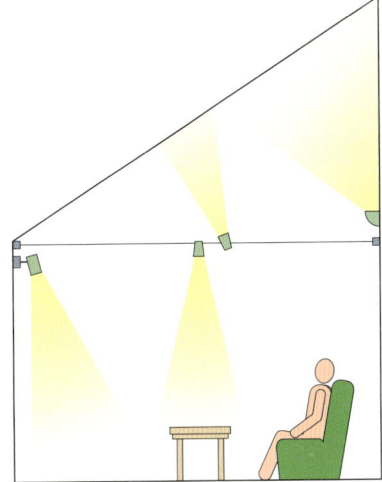

벽에 가까운 영역은 벽에 스포트라이트를 달아 밝게 한다. 보이드 중앙부의 바닥 면은 와이어 조명과 펜던트, 스탠드 등을 사용하여 비춘다

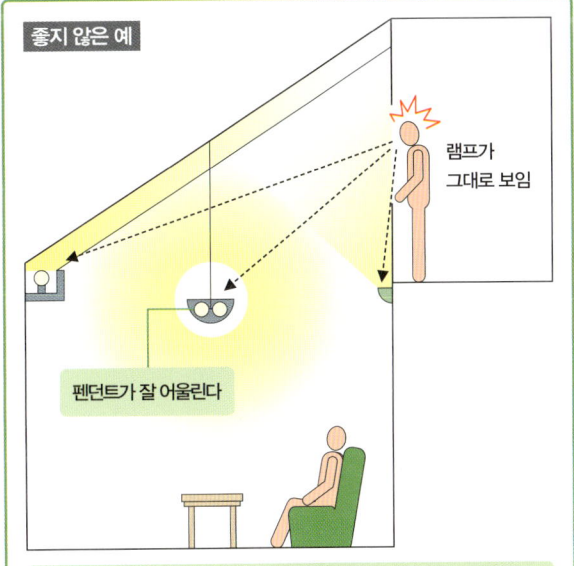

**좋지 않은 예**

램프가 그대로 보임

펜던트가 잘 어울린다

2층에서 내려다봤을 때 가구가 어떻게 보이는지, 눈부시지 않을지, 외관이 나쁘지 않은지 확인한다. 특히 간접조명은 전구가 보이면 볼품이 없기 때문에 주의한다

# 035

# 식당 조명

## Point

식탁의 위치, 크기와 조명과의 조화가 중요하다

### 음식과 사람의 얼굴이 잘 보이도록

식사 공간에는 음식이 맛있게 보이고 식탁에 둘러앉은 사람들의 얼굴이 잘 보이는 빛 환경을 계획한다.

간혹 식탁에서 신문이나 책을 읽거나 메모를 할 수도 있으니 기능적인 면과 분위기 연출을 모두 충족하려면 펜던트 조명을 다는 것이 좋다.

### 조광 스위치를 활용

식탁을 비추는 조명은 화려하고 밝은 분위기부터 친밀한 분위기까지 연출할 수 있도록 조광 스위치를 활용한다. 1~3대 정도의 펜던트를 식탁 크기에 맞추어 설치하는 방법과 다운라이트나 스포트라이트로 천장에서 식탁을 비추는 방법이 있다.

펜던트는 방 크기에 따라 좁고 답답한 느낌이 들 수도 있다. 그런 경우에는 공간이 확장되는 느낌을 주는 다운라이트나 스포트라이트를 사용한다. 식당 공간이 그리 넓지 않은 경우는 식탁을 비추는 조명만으로 충분하다.

### 식탁과의 관계도 생각

식당 조명에서 가장 중요한 점은 식탁의 위치이다. 건축 설계 단계에서 식탁의 위치를 어느 정도 정해둬야 한다. 또한 식탁과 전등갓 크기의 균형, 펜던트와 식탁의 거리에도 주의한다.

식당은 거실이나 주방과 하나의 공간으로 이어지는 경우가 많기 때문에 다른 영역의 빛이 들어오는 것도 감안해 공간 전체에 통일감과 균형을 줄 수 있도록 조명을 계획한다.

## 조명과 식탁의 관계

### ○ 4인용 식탁일 때

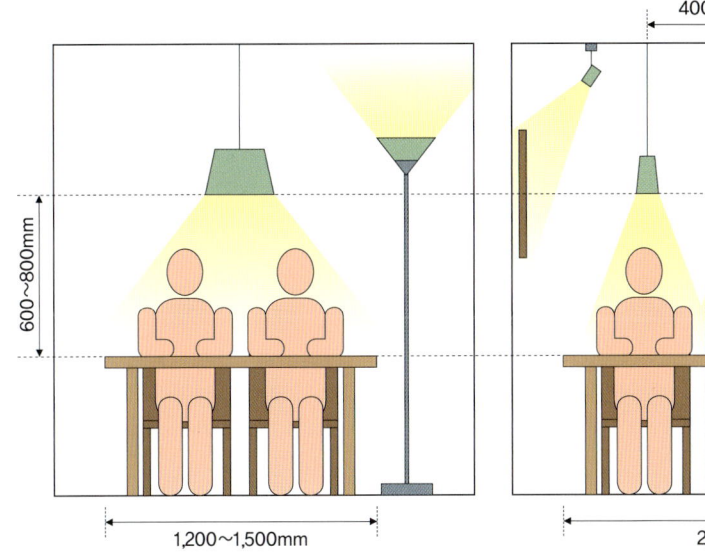

식탁 위에 펜던트를 단다. 앉은 상태에서 서로 얼굴이 잘 보이는 높이는 600~800mm 정도. 높이가 어중간하면 조명도 거슬린다

### ○ 식탁이 클 때

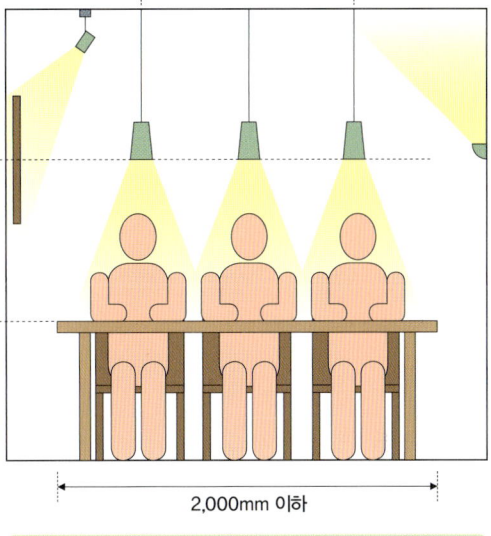

식탁과 기구의 크기에 맞추어 대수를 달리하거나 스포트라이트나 브래킷, 스탠드를 혼용한다. 밝은 느낌을 주기 위해 스탠드나 다운라이트를 함께 사용해도 좋다

### ○ 천장이 낮고 방이 좁을 때

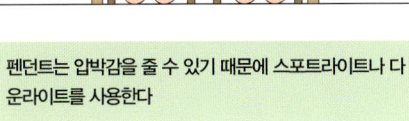

펜던트는 압박감을 줄 수 있기 때문에 스포트라이트나 다운라이트를 사용한다

### ○ 식탁의 위치가 정해져 있지 않을 때

펜던트를 고정하면 식탁 위치가 바뀌었을 때 곤란하기 때문에 레일조명으로 된 스포트라이트를 사용한다

# 036

# 주방 조명

## Point

전반조명과 작업등을 사용하여 '충분한 밝기'와 '선명한 색'이 나올 수 있도록 한다

### 작업하기에 충분한 빛이 필요

주방은 위험하고 복잡한 동작이 계속되는 공간이다. 때문에 충분히 밝아야 하고 식재료와 식기의 색이 선명하게 보여야(연색성이 좋아야)한다.

공간 전체는 물론 싱크대 상부장 속 물건을 확인할 수 있도록 천장이나 그 부근에 전반조명을 설치한다. 기구는 다운라이트나 전반조명용 형광등을 사용한다. 싱크대, 가스레인지, 조리대에는 그림자가 생기지 않도록 다운라이트나 형광등으로 작업등(주방등)을 설치한다. 전반조명과 작업등 등 밝은 광원이 직접 시야에 들어오면 눈부심 때문에 불쾌감을 주므로 주의한다.

### 거실, 식당과의 통일감

주방은 식당 혹은 거실 등 편안하고 안락한 공간과 이어지거나 하나의 공간으로 계획되어, 이 공간들의 디자인과 통일되는 경우가

많다. 따라서 조명도 식당 및 거실과 어느 정도 광원과 색온도를 맞추는 것이 좋다. 식당과 거실 빛이 전구색이라면 주방도 전구색으로 통일하여 공간적인 일체감을 준다.

개방형 주방(open kitchen)의 경우 주방 주변의 조명도 공간 분위기에 영향을 주기 때문에 기능성만 체크하지 말고 디자인으로서의 빛도 계획한다. 주방에 설치한 조명 기구가 식당이나 거실에서도 보인다면 기구 디자인도 신경 쓴다.

주방과 식당 사이에 아일랜드 테이블을 설치하는 경우는 테이블 위가 밝도록 가급적 상부에 다운라이트를 설치한다. 주방 조명은 식당 조명과는 별도로 스위치를 설치한다.

# 주방 조명의 배치 예

## ○ 기본적인 배치

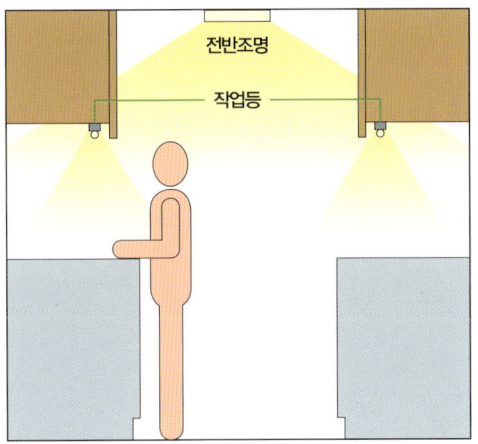

전반조명

작업등

주방 중앙의 천장에는 전반조명, 싱크대 및 조리대 가까이에는 작업등을 배치한다

## ○ 개방형 주방의 경우

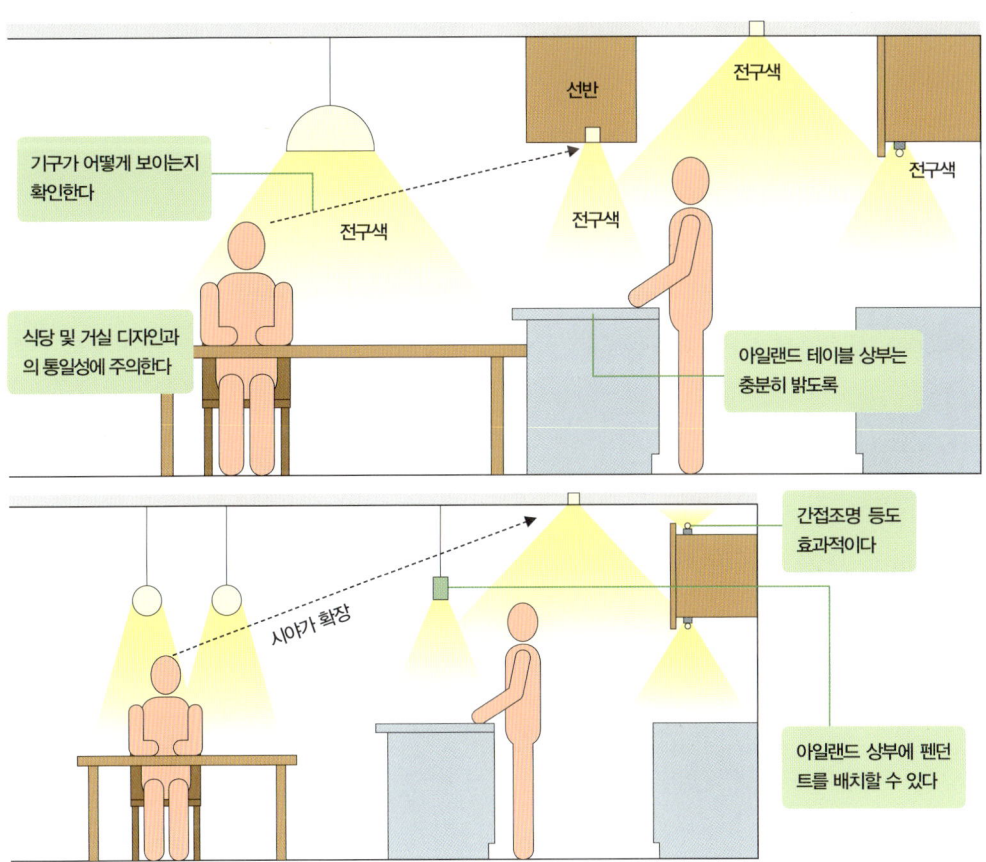

선반

전구색

전구색

기구가 어떻게 보이는지 확인한다

전구색

전구색

식당 및 거실 디자인과의 통일성에 주의한다

아일랜드 테이블 상부는 충분히 밝도록

간접조명 등도 효과적이다

시야가 확장

아일랜드 상부에 펜던트를 배치할 수 있다

# 037

# 침실 조명

## Point

**광원이 시야에 직접 들어오지 않도록 주의한다**

### 쾌적한 수면을 위한 배려

침실은 누워서 쉬는 공간이기 때문에 조명으로 긴장을 풀 수 있는 분위기를 만들어야 한다. 누웠을 때나 상체를 일으켰을 때 눈부신 광원이 시야에 직접 들어오지 않도록 주의해 조명 기구와 설치 방식을 선택한다.

또한 어둠이 걷히지 않은 이른 새벽에도 상쾌하게 깰 수 있도록 밝은 빛을 준비한다. 특히 창문을 통해 드는 빛을 기대할 수 없는 경우 빛이 부족하지 않은지 체크한다.

### 조광이 가능하도록

침실에서는 모든 빛을 조절할 수 있도록 한다. 전반조명으로 설치한 다운라이트나 실링라이트(ceiling light) 외에 벽에 붙이는 브래킷 조명 등을 이용한 간접조명을 보충해도 좋다. 천장이나 벽에 고정용 조명 기구를 다는 대신 여러 대의 스탠드를 두어 충분한 밝기를 낼 수도 있다.

밤중에 일어나서 화장실에 가는 등 움직일 때를 대비해 아랫부분을 비추는 풋라이트를 설치해두면 갑자기 눈부신 빛에 노출되는 것을 막을 수 있다. LED 조명은 소비전력이 적고 밝기를 조절할 수 있기 때문에 센서를 사용한 풋라이트에 적합하며 취침등으로 사용할 수 있다.

### 가까운 곳에 스위치를 설치

자기 전에 책을 읽거나 침대 옆에 시계나 소품을 두고 자는 경우도 있다. 이를 위해 천장에 달린 전반조명 외에 침대 옆 조명을 설치하면 편리하다.

침대 옆에는 스탠드를 놓고 손이 닿는 가까운 위치에 스위치를 둔다. 침대에 있으면서 모든 조명을 켜고 끌 수 있도록 방문 옆 외에도 침대 옆에 3로 스위치를 달면 좋다.

## 침실 조명의 배치

**나쁜 예** 누웠을 때 전구나 밝은 광원이 시야에 들어오면 눈부심이 수면을 방해한다

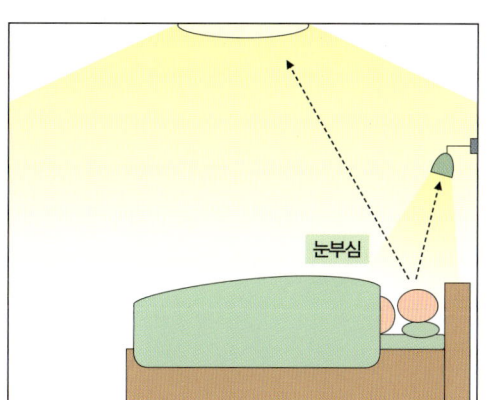

**좋은 예** 전구나 광원이 시야에 들어오지 않는다. 침대에서 빛을 조절할 수 있다

다운라이트

천장 쪽만 비추는 브래킷

가까이에 있는 스탠드

LED 취침등

눈부시지 않음

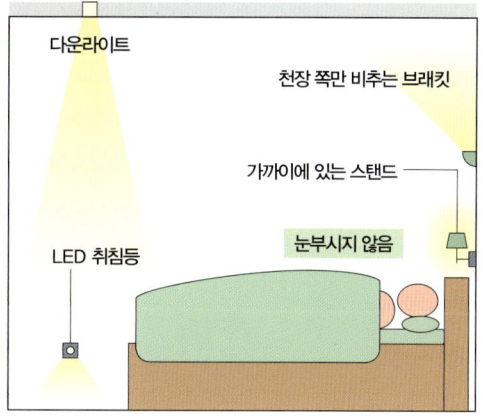

**좋은 예**

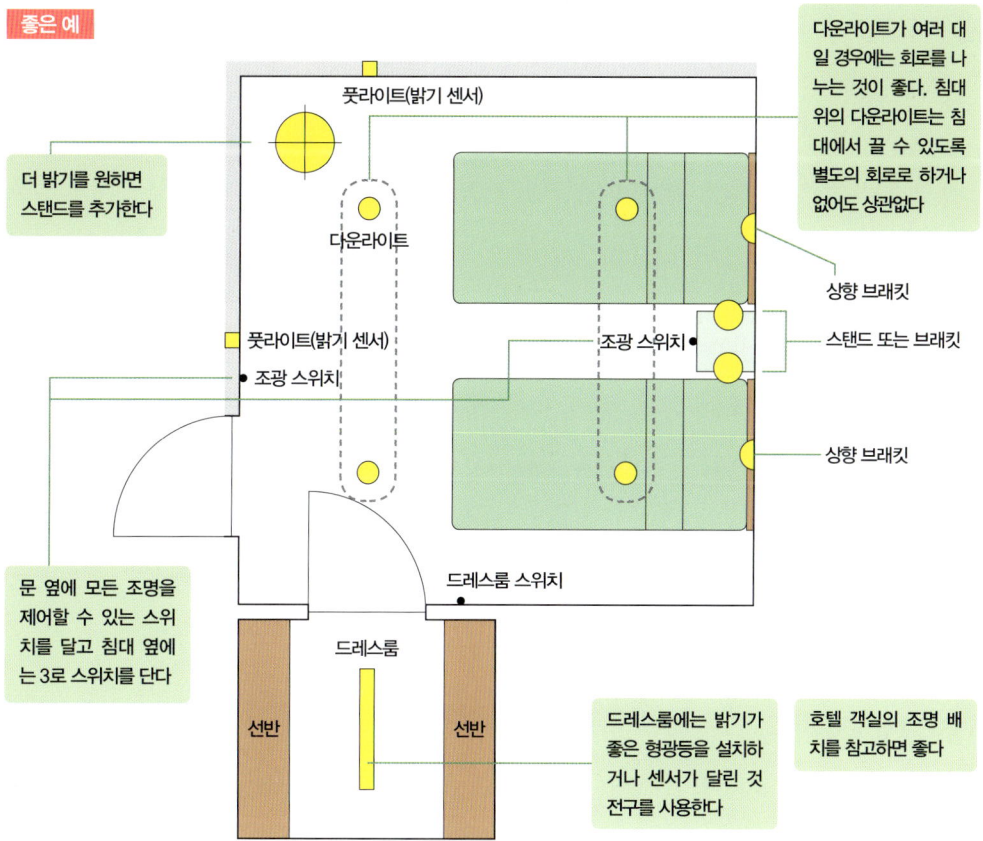

풋라이트(밝기 센서)

더 밝기를 원하면 스탠드를 추가한다

다운라이트

풋라이트(밝기 센서)

조광 스위치

조광 스위치

문 옆에 모든 조명을 제어할 수 있는 스위치를 달고 침대 옆에는 3로 스위치를 단다

드레스룸 스위치

드레스룸

선반

선반

다운라이트가 여러 대일 경우에는 회로를 나누는 것이 좋다. 침대 위의 다운라이트는 침대에서 끌 수 있도록 별도의 회로로 하거나 없어도 상관없다

상향 브래킷

스탠드 또는 브래킷

상향 브래킷

드레스룸에는 밝기가 좋은 형광등을 설치하거나 센서가 달린 것 전구를 사용한다

호텔 객실의 조명 배치를 참고하면 좋다

# 038

## 다다미방 조명

### Point

전통적인 분위기가 나는 조명 기구에만 집착하지 말고 다운라이트나 스포트라이트로 연출해보자

### 방의 용도를 확인

다다미방의 용도는 다양하다. 거실 한쪽에 있는 가족을 위한 공간, 독립된 손님방, 고령자가 주로 생활하는 공간이 될 수도 있다. 따라서 어떤 목적으로 사용할지에 따라 개념을 달리하여 조명 계획을 수립한다.

보통 거실 한쪽에 있는 다다미방은 거실 조명 계획과 함께 생각하고 일체감이 들도록 한다.

### 한지 조명에 집착하지 말기

다다미방에는 형광등이 들어간 한지로 만든 펜던트나 실링라이트를 다는 경우가 많다. 하지만 다다미방에는 조명과 잘 어울리는 인테리어 소재가 많이 사용되기 때문에 다운라이트나 스포트라이트를 사용하여 연출하는 것도 방법이다.

다운라이트나 스포트라이트로는 천장 면을 충분히 비출 수 없기 때문에 천장 면의

결을 아름답게 비추고 싶다면 낮은 스탠드 등을 병용하면 좋다. 방 한쪽에 있는 장식 공간에는 백열등이나 전구색 형광등을 사용해 간접조명으로 위에서부터 부드럽게 빛의 그러데이션을 준다. 꽃꽂이 같은 장식을 놓는 경우에는 다이크로익 할로겐램프 협각 타입을 사용한 스포트라이트를 달아 장식물에만 빛을 준다.

### 고령자의 생활공간

고령자가 주로 사용하는 경우는 시력을 고려하여 방 전체를 밝히는 메인 조명을 설치한다. 다다미방의 천장과 벽은 흰색이 아닌 경우가 많기 때문에 반사 효율이 떨어질 수 있으므로 감안해서 계획한다.

# 다다미방 조명의 배치

## ○ 평천장 + 실링라이트

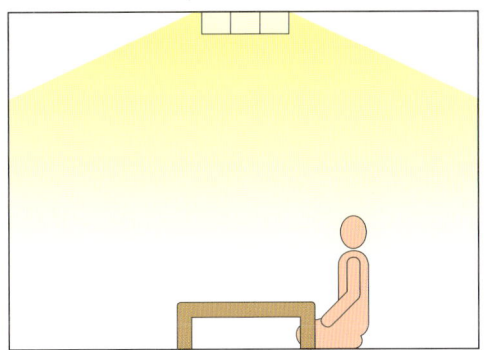

## ○ 격자천장 + 펜던트

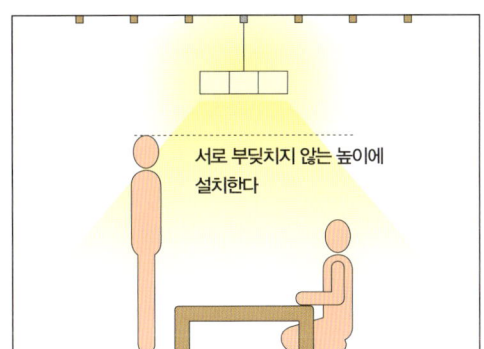

서로 부딪치지 않는 높이에 설치한다

## ○ 서양식 기구를 사용한 경우

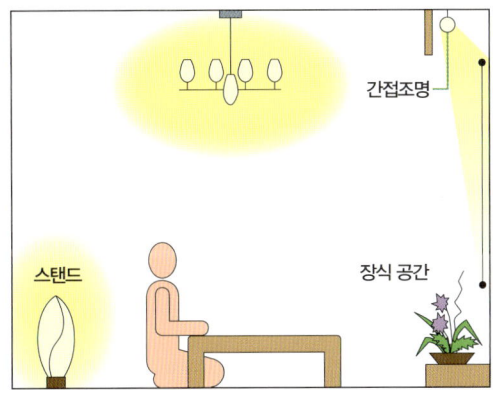

간접조명

스탠드

장식 공간

## ○ 다운라이트나 스포트라이트

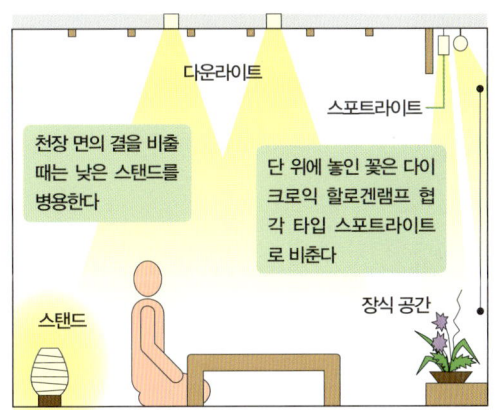

다운라이트

스포트라이트

천장 면의 결을 비출 때는 낮은 스탠드를 병용한다

단 위에 놓인 꽃은 다이크로익 할로겐램프 협각 타입 스포트라이트로 비춘다

스탠드

장식 공간

## ○ 고령자의 생활공간일 경우

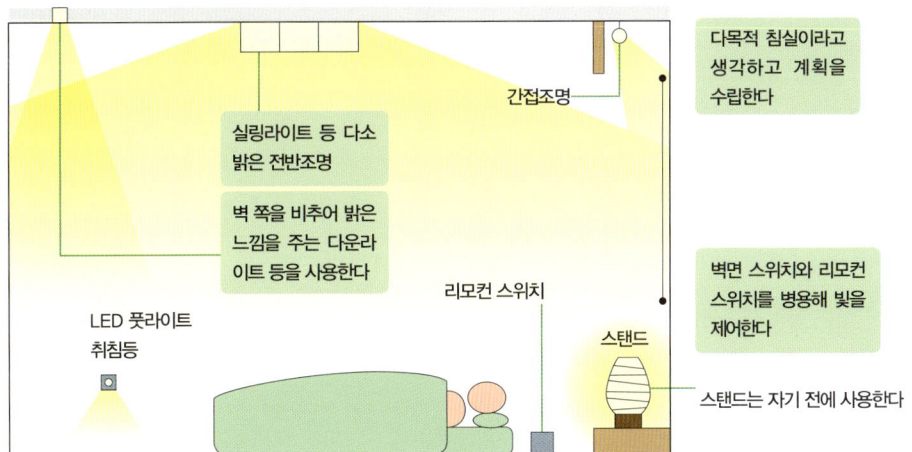

실링라이트 등 다소 밝은 전반조명

벽 쪽을 비추어 밝은 느낌을 주는 다운라이트 등을 사용한다

간접조명

다목적 침실이라고 생각하고 계획을 수립한다

벽면 스위치와 리모컨 스위치를 병용해 빛을 제어한다

LED 풋라이트 취침등

리모컨 스위치

스탠드

스탠드는 자기 전에 사용한다

**039**

# 공부방, 아이방, 드레스룸의 조명

**Point**

아이방은 방 전체를 그늘 없이 밝게 하고 드레스룸이나 수납공간은 물건이 잘 보일 정도의 밝기로 한다

### 공부방 조명

서재에는 천장에 전반조명을 설치하고 책상에 태스크 조명(국부조명)을 설치한다. 태스크 조명으로는 책상 위에 스탠드를 놓거나 독서실 책상이라면 선반 밑에 형광등 조명을 설치한다. 설치할 때는 가까운 스위치로 껐다 켰다 할 수 있도록 하고 시야에 광원이 들어오지 않도록 신경 쓴다. 컴퓨터를 사용할 때 전반조명과 태스크 조명의 광원이 모니터에 반사되어 모니터가 잘 안 보일 수 있으므로 기구의 형태와 설치 위치에 주의한다.

### 아이방 조명

아이는 움직임이 많고 행동을 예측할 수 없기 때문에 다운라이트나 실링라이트를 메인 조명으로 하여 방 전체를 그늘 없이 밝게 한다. 전반조명은 따뜻한 색, 국부조명은 서늘한 색이 좋다.

램프 타입은 형광등이든 백열등이든 상관없지만 최근에는 색온도 조절이 가능한 LED가 선호되는 추세다.

### 드레스룸, 수납공간의 조명

드레스룸이나 수납공간에서는 수납된 물건을 정확히 확인할 수 있어야 한다. 따라서 다소 어두운 옷장 속에서도 잘 보이는 백색 형광등을 추천한다. 백색 형광등을 설치하면 검은 색 옷과 남색 옷도 한눈에 구분할 수 있다.

기본적으로 방 크기에 맞춰 조명의 대수를 정하고 중앙에 설치한다. 형광등 다운라이트로는 배광(빛의 넓이)이 넓은 타입을 선택한다. 수납장 깊이가 깊은 경우에는 안쪽에 부분적으로 형광등을 단다. 센서등을 사용하면 편리하다.

## 공부방 조명의 배치

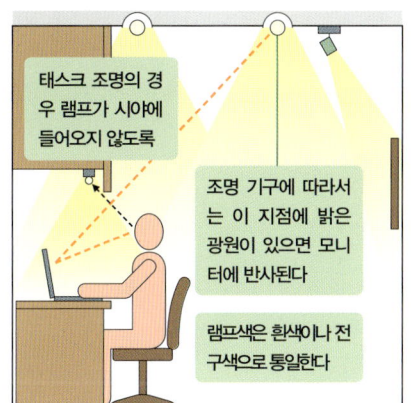

태스크 조명의 경우 램프가 시야에 들어오지 않도록

조명 기구에 따라서는 이 지점에 밝은 광원이 있으면 모니터에 반사된다

램프색은 환색이나 전구색으로 통일한다

## 아이방 조명의 배치

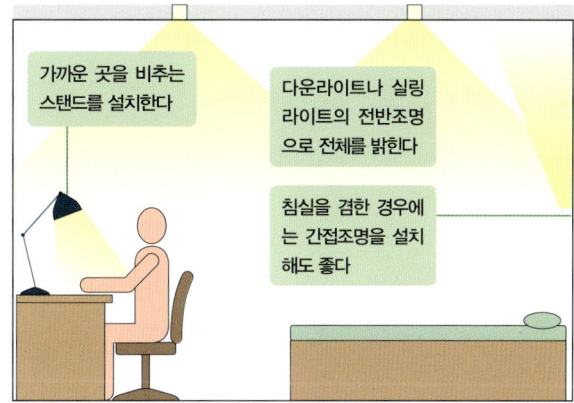

가까운 곳을 비추는 스탠드를 설치한다

다운라이트나 실링 라이트의 전반조명으로 전체를 밝힌다

침실을 겸한 경우에는 간접조명을 설치해도 좋다

## 드레스룸, 수납공간의 조명 배치

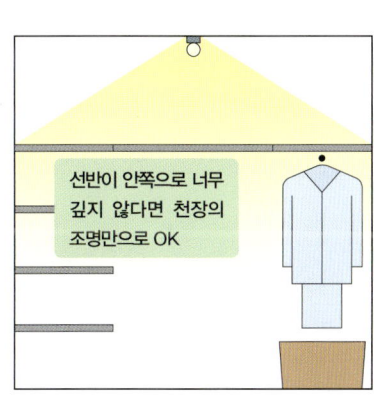

선반이 안쪽으로 너무 깊지 않다면 천장의 조명만으로 OK

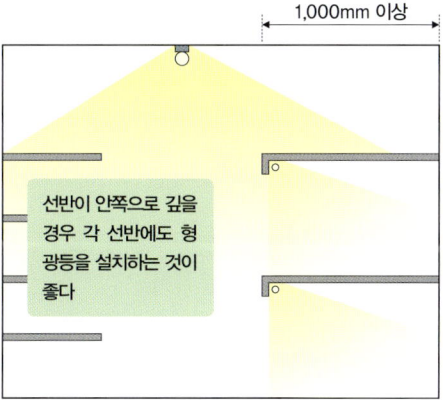

1,000mm 이상

선반이 안쪽으로 깊을 경우 각 선반에도 형광등을 설치하는 것이 좋다

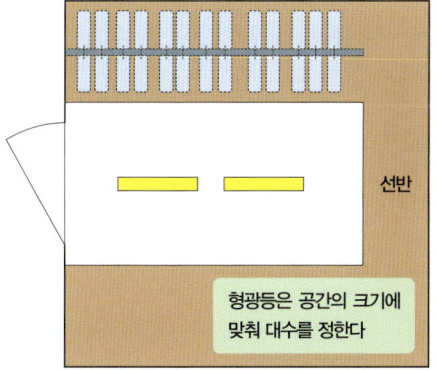

선반

형광등은 공간의 크기에 맞춰 대수를 정한다

# 040

# 화장실, 욕실, 세면실의 조명

### Point

화장실 조명은 사람이 드나들 때마다 껐다 켜기 때문에 백열등 또는 LED,
세면실 조명은 연색성이 높은 램프가 적절하다

**화장실과 욕실의 조명**

화장실 조명은 사람이 드나들 때마다 껐다 켜기를 반복하기 때문에 백열등 또는 LED가 적절하다. 깜빡하고 끄는 것을 잊어버렸을 때를 대비하여 센서등으로 해도 좋다. 기구는 다운라이트, 미니실링라이트, 브래킷 조명 등을 사용한다. 보통 하나만 설치하면 충분하다.

가운데에 설치하여 방 전체를 밝게 한다. 세면대 위에 할로겐램프 다운라이트 등을 추가하면 연출 효과를 더욱 높일 수 있다.

욕실 조명은 전체를 밝고 청결하게 보이도록 한다. 기구는 반드시 방습형 이상의 방수 성능을 갖춘 제품으로 한다. 다운라이트, 실링라이트, 브래킷 조명이 일반적이다. 면도 등 세심한 활동을 고려하여 거울 주위를 밝게 한다.

욕실에도 간접조명이나 조광 스위치를 활용하면 분위기 있는 공간으로 만들 수 있다.

**세면실 조명**

세면실 조명은 세면대와 거울이 중심이다. 매일 세면실의 거울을 보며 건강 상태를 체크하거나 화장을 하므로 얼굴색이 잘 보이고 얼굴에 심하게 그늘이 지지 않도록 거울 위쪽이나 좌우에 얼굴을 비추는 벽부형 조명을 설치하면 좋다. 램프는 연색성이 높은 것을 고른다. 방 크기에 따라서는 벽부등만으로 충분히 밝을 수도 있다.

세면대 바로 위에 스포트라이트 또는 비슷한 성능의 LED 다운라이트를 설치하면 세면기에 반사되는 빛으로 인해 한층 분위기 있는 공간을 만들 수 있다. 세면실에 세탁기를 두는 경우 세탁조가 보이도록 천장에 다운라이트 등을 메인 조명으로 설치한다.

## 화장실 조명의 배치

화장실 중앙 또는 변기 끝에 다운라이트나 실 링라이트를 설치. 다소 넓은 배광으로 한다

액센트 다운라이트

세면기 바로 위에 협각 배광의 조명을 설치하면 분위 기가 한층 좋아진다. 화장실이 넓다면 간접조명도 효과 적이다

## 욕실 조명의 배치

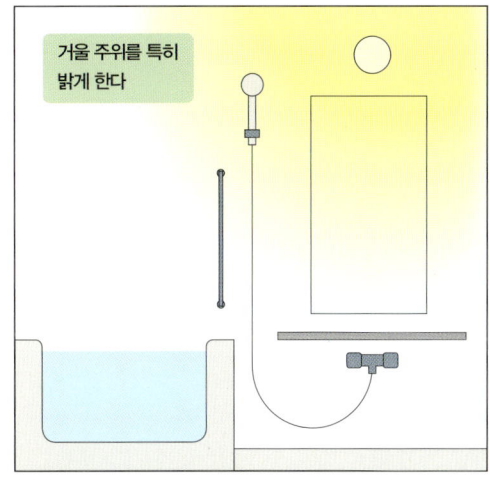

거울 주위를 특히 밝게 한다

방습형 이상의 방수 기능을 갖춘 기구를 사용한다

## 세면실 조명의 배치

거울 좌우의 벽부등과 상부의 간접조명으로 거울에 비 치는 얼굴이 부자연스럽거나 그늘지는 것을 막는다

메인 조명은 다운라이트를 사용

거울 좌우에 벽부등

세탁기

다운라이트는 통로부 가운데에

거울 뒤에 간접조명 설치

세면대 위에 액센트 다운 라이트를 설치해도 좋다

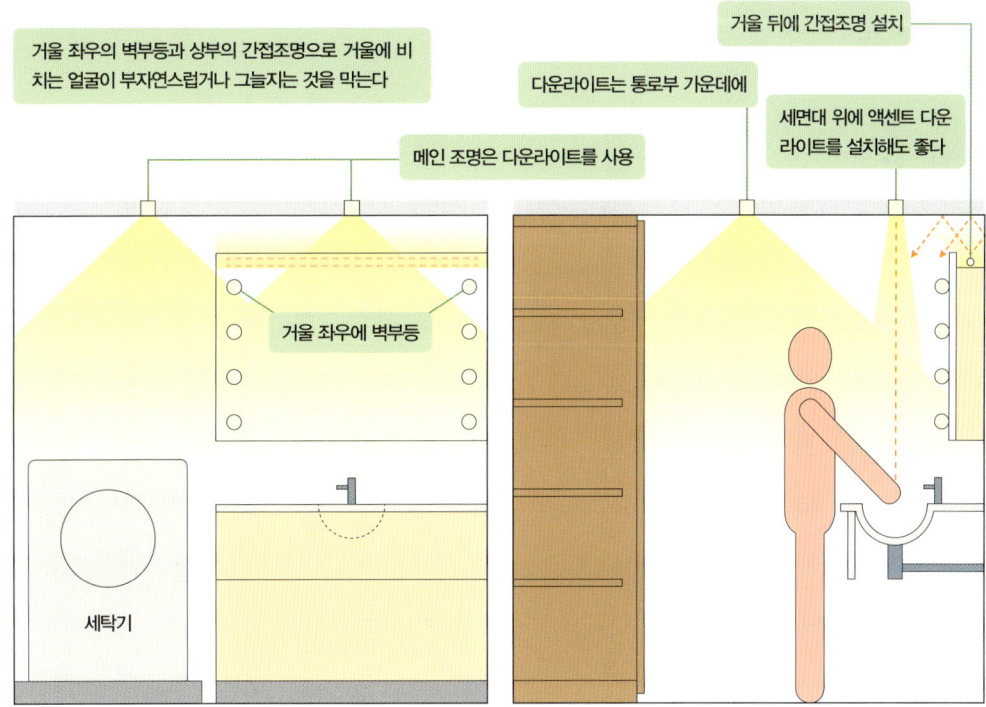

# 041

# 복도, 계단의 조명

## Point

위아래층을 이동할 때 '광원이 어떻게 보이는지' 고려하여 '설치 위치'에 신경 쓴다

## 복도 조명

복도 조명은 센서등을 설치하거나 스위치를 달아 에너지를 절약할 수 있도록 한다. 복도는 폭이 좁기 때문에 조명이 적어도 충분하다. 긴 복도의 경우 양쪽 끝에서 각각 껐다 켤 수 있도록 3로 스위치로 하고 센서등으로 사람이 있을 때만 켜지도록 한다.

복도에 책장이나 수납가구가 있는 경우에는 필요에 따라 빛을 추가한다. 스위치는 따로 두는 것이 편리하다. 브래킷 조명을 설치할 때는 복도 폭을 고려하여 작게 튀어나오는 제품을 선택하고 약간 위쪽에 달아 사람이 부딪치지 않도록 한다. 또한 밤중에 화장실이나 주방에 갈 때 위험하지 않도록 은은한 빛이 나오는 LED 풋라이트를 별도로 배치한다.

## 계단 조명

계단 조명은 계단 하나하나가 잘 보이도록 충분히 밝아야 한다. 또한 오르내림에 따라 시선 높이가 달라지기 때문에 위치에 따라 광원이 다르게 보인다. 시야 가까이에 광원이 있으면 발이 잘 안 보여 헛딛는 사고가 일어날 수 있으므로, 설치 위치에 따라 광원이 어떻게 보이는지 충분히 고민한다.

거실에 비해 유지·관리가 어렵다는 점을 고려해 수명이 긴 LED를 사용한다. 브래킷 조명은 비교적 낮은 위치에 설치해 관리는 편하지만 시야 방해, 눈부심 등이 없는지 체크해야 한다. 계단 천장에 펜던트를 설치한다면 위아래층에서 봤을 때 눈부심이 심하지 않은지 확인한다. 보이드 공간에는 다운라이트를 설치하지 않는 것이 좋다.

심야 보행용으로 LED 풋라이트를 별도로 설치한다. 연출에 중점을 둘 경우 풋라이트를 메인 조명으로 사용해도 좋다.

## 복도 조명의 배치

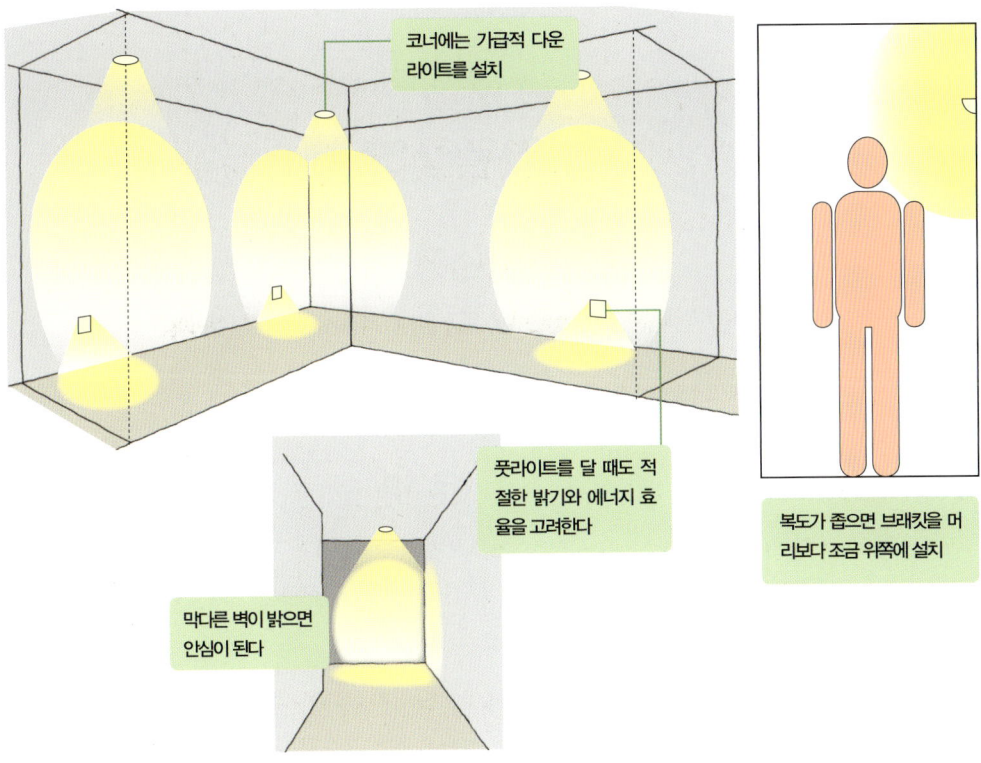

코너에는 가급적 다운라이트를 설치

풋라이트를 달 때도 적절한 밝기와 에너지 효율을 고려한다

막다른 벽이 밝으면 안심이 된다

복도가 좁으면 브래킷을 머리보다 조금 위쪽에 설치

## 계단 조명의 배치

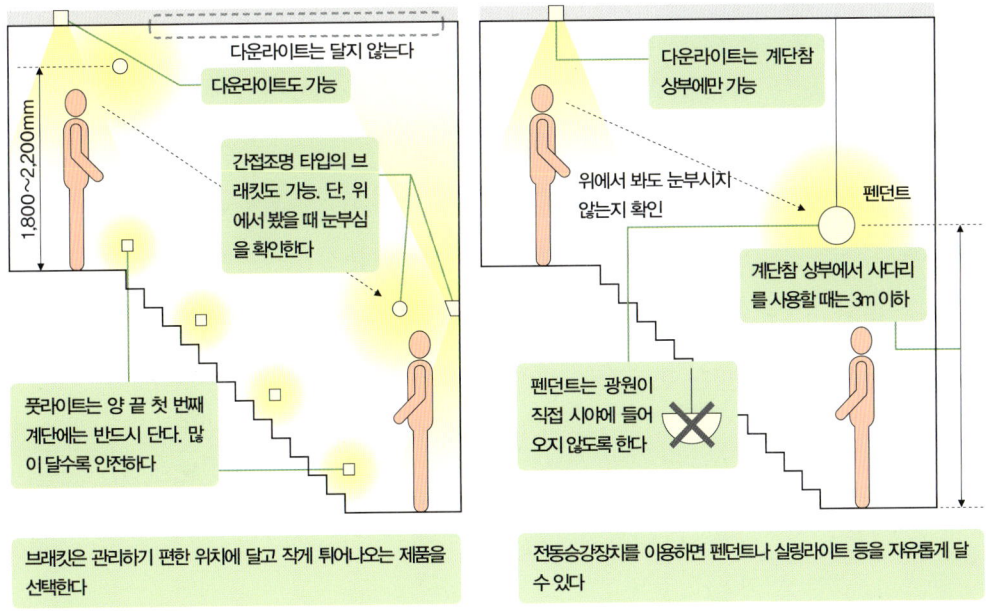

다운라이트는 달지 않는다
다운라이트도 가능

1,800~2,200mm

간접조명 타입의 브래킷도 가능. 단, 위에서 봤을 때 눈부심을 확인한다

풋라이트는 양 끝 첫 번째 계단에는 반드시 단다. 많이 달수록 안전하다

브래킷은 관리하기 편한 위치에 달고 작게 튀어나오는 제품을 선택한다

다운라이트는 계단참 상부에만 가능

위에서 봐도 눈부시지 않는지 확인

펜던트

계단참 상부에서 사다리를 사용할 때는 3m 이하

펜던트는 광원이 직접 시야에 들어오지 않도록 한다

전동승강장치를 이용하면 펜던트나 실링라이트 등을 자유롭게 달 수 있다

# 042

# 현관, 입구의 조명

### Point

현관 조명은 사람의 얼굴을 확인할 수 있는 위치에 단다. 입구 조명은 방습형이나 방우형 이상의 기구를 고른다

### 현관 조명

현관은 집에 돌아왔을 때 안도감을 주고 방문객을 맞는 장소이다. 따라서 조명은 일정 정도 이상의 밝기를 확보해야 하고, 들어오는 사람과 맞이하는 사람이 서로의 얼굴을 확인할 수 있는 위치에 다운라이트나 실링라이트, 브래킷 등을 설치한다.

들어왔을 때 현관에서 벽이 마주 보이는 경우, 벽이 어두우면 현관이 아무리 밝아도 어두운 인상을 준다. 이런 구조의 집에서는 정면의 벽도 밝게 비추어 편안한 공간으로 느껴지도록 한다.

램프는 형광등이든 백열등이든 상관없지만, 따뜻한 분위기를 연출하고 싶다면 전구색을 선택한다. 스위치는 출입하며 조작하기 쉽도록 가급적 문 옆에 단다. 실내에도 스위치를 하나 더 두는 3로 스위치를 설치하면 더욱 편리하다.

### 입구 조명

입구는 방문객에게 그 집의 첫인상이다. 입구에 알맞은 조명은 문 옆에 다는 브래킷, 스포트라이트, 처마 밑에 다는 다운라이트나 실링라이트 등이 있으며, 반드시 방습형이나 방우형 이상의 성능을 가진 기구를 선택한다. 입구의 디자인이나 넓이에 따라서 낮은 폴 형태의 조명이나 바닥에 매입하는 상향 조명으로 연출 효과를 높일 수 있다.

브래킷이나 스포트라이트를 1대만 설치할 경우는 반드시 문이 열리는 쪽에 단다. 경첩 쪽에 달면 문을 열었을 때 방문객이 어두운 쪽에 있게 된다. 또한 방범성과 에너지 효율을 함께 고려하여 동작 센서나 밝기 센서, 타이머 등의 기능이 있는 제품을 설치한다. 대문이 있는 경우에는 대지 전체의 넓이를 고려하여 방범성과 보행성을 높이는 조명을 설치한다.

## 현관 조명의 배치

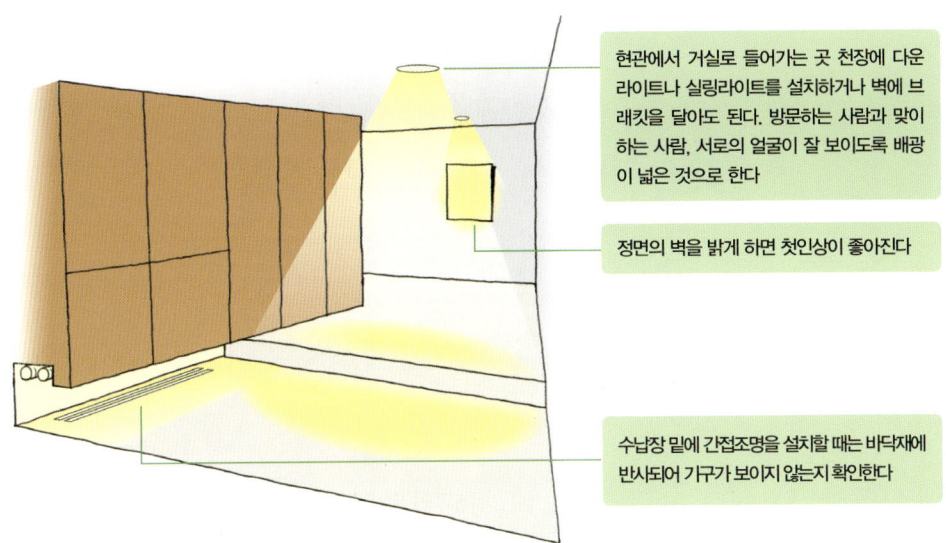

현관에서 거실로 들어가는 곳 천장에 다운
라이트나 실링라이트를 설치하거나 벽에 브
래킷을 달아도 된다. 방문하는 사람과 맞이
하는 사람, 서로의 얼굴이 잘 보이도록 배광
이 넓은 것으로 한다

정면의 벽을 밝게 하면 첫인상이 좋아진다

수납장 밑에 간접조명을 설치할 때는 바닥재에
반사되어 가구가 보이지 않는지 확인한다

## 입구 조명의 배치

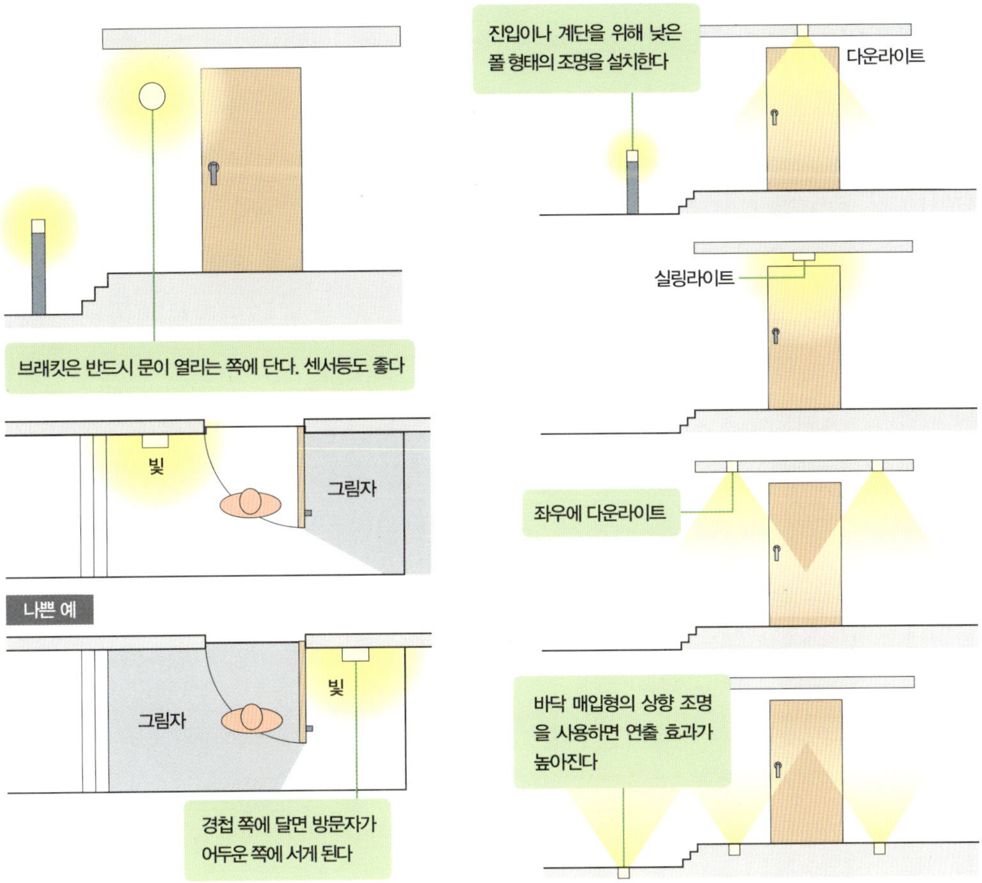

브래킷은 반드시 문이 열리는 쪽에 단다. 센서등도 좋다

빛 / 그림자

**나쁜 예**

그림자 / 빛

경첩 쪽에 달면 방문자가
어두운 쪽에 서게 된다

진입이나 계단을 위해 낮은
폴 형태의 조명을 설치한다

다운라이트

실링라이트

좌우에 다운라이트

바닥 매입형의 상향 조명
을 사용하면 연출 효과가
높아진다

· 099 ·

# 043

# 정원, 테라스, 발코니의 조명

## Point

배선은 땅 밑에 설치하여 실내에서 조절한다

### 옥외에서 사용하는 조명

정원, 테라스, 발코니 등의 옥외조명에는 식재나 수목을 아래에서 비추는 방법, 펜스나 벽에 빛을 비추어 깊이감을 주는 방법, 바닥면을 비추어 보행을 돕고 넓이를 강조하는 방법이 있다. 이런 방법으로 부분별 연출을 할 수 있다. 한 군데를 집중적으로 밝히기보다는 작은 빛을 여러 개 사용하여 깊이나 넓이를 보여주는 것이 중요하다.

기구는 방우형이나 방수형 중에서 센서나 타이머 장착된 제품을 선택하고, 특히 방범 포인트에는 동작 센서가 달린 조명 기구를 사용한다. 광원은 에너지 효율이 높은 형광등이나 LED가 좋다. 설치할 때는 이웃 주민이나 통행자가 눈부심으로 불쾌감이 들지 않도록 빛을 비추는 방향에 주의한다. 불필요하게 너무 밝게 하지 않는다.

### 내부와 외부의 연속성을 만든다

실내에서 보이는 정원이나 테라스에 적절히 조명을 배치하면 야간에도 실내와 연속되는 느낌을 주어 생활공간을 풍요롭게 연출할 수 있다. 내부와 외부 간의 연속성을 만들려면 밝기의 균형을 잡는 것이 첫 번째이다.

창문을 완전히 열어 공간을 연결시킬 수 있는 기간은 1년 중 얼마 되지 않는다. 창문을 닫고 생활할 때, 외부보다 실내가 밝으면 유리면이 거울처럼 실내의 빛을 반사하여 시각적으로 닫힌 느낌을 강하게 받게 된다.

밖으로 확장되는 느낌이 들게 하려면 조광 스위치 등을 사용하여 내부보다 외부가 다소 밝아지도록 밝기의 균형을 맞춘다(138쪽 참조). 이를 위해서 외부 바닥에 창과 가깝게 빛 웅덩이를 만드는 방법이 있다. 너무 넓지 않은 베란다나 발코니에서는 난간 아랫부분, 화분, 가든의 오브제 등에 빛을 비추면 좋다.

## 정원, 테라스, 발코니 조명의 배치

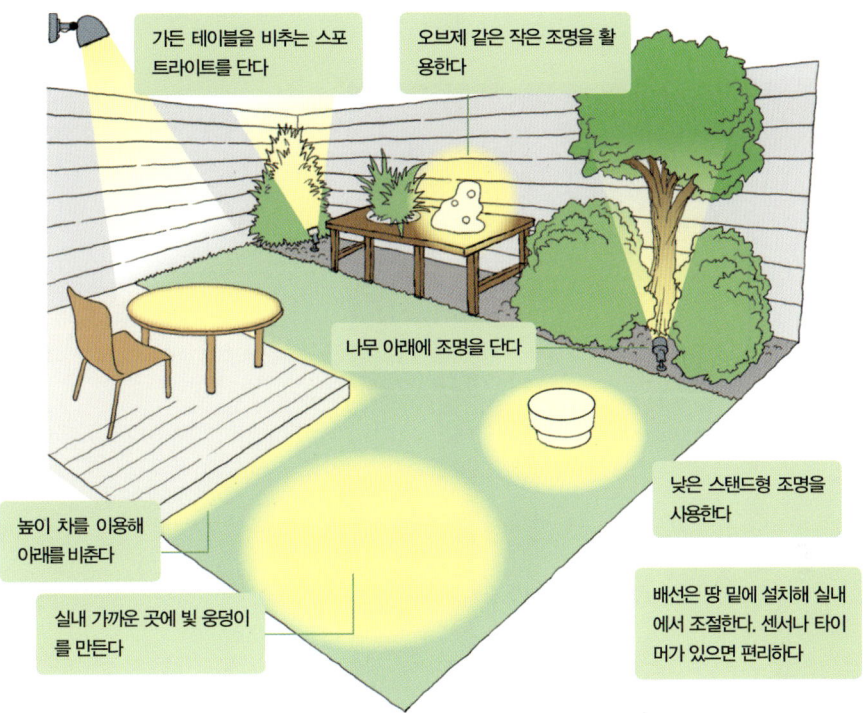

가든 테이블을 비추는 스포트라이트를 단다

오브제 같은 작은 조명을 활용한다

나무 아래에 조명을 단다

높이 차를 이용해 아래를 비춘다

실내 가까운 곳에 빛 웅덩이를 만든다

낮은 스탠드형 조명을 사용한다

배선은 땅 밑에 설치해 실내에서 조절한다. 센서나 타이머가 있으면 편리하다

## 옥외조명의 종류

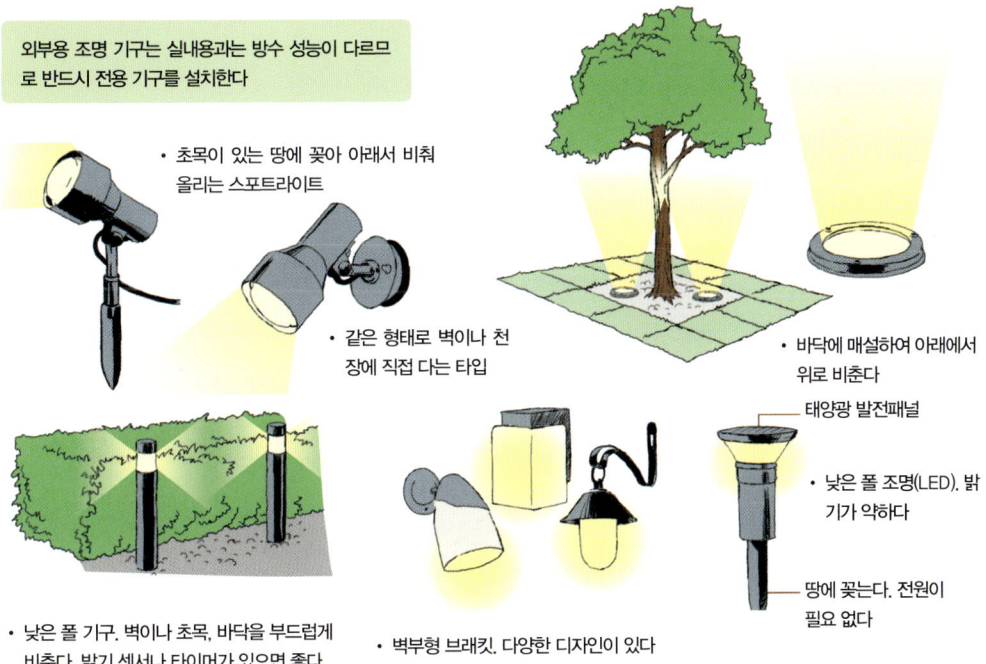

외부용 조명 기구는 실내용과는 방수 성능이 다르므로 반드시 전용 기구를 설치한다

• 초목이 있는 땅에 꽂아 아래서 비춰 올리는 스포트라이트

• 같은 형태로 벽이나 천장에 직접 다는 타입

• 바닥에 매설하여 아래에서 위로 비춘다

태양광 발전패널

• 낮은 폴 조명(LED). 밝기가 약하다

땅에 꽂는다. 전원이 필요 없다

• 낮은 폴 기구. 벽이나 초목, 바닥을 부드럽게 비춘다. 밝기 센서나 타이머가 있으면 좋다

• 벽부형 브래킷. 다양한 디자인이 있다

## ·현관 조명·

**1**
안쪽의 벽을 밝게 비추면 안정감이 생기고 분위기도 좋아진다. 바닥의 높이 차를 인식시켜 걸려 넘어지지 않도록 한다.

### ○ 하부 간접조명

**2, 3**
수납장 아래쪽에 간접조명을 설치할 경우 빛의 확산이나 바닥 재질을 고려한다. 바닥재에 광택이 있으면 램프가 반사되어 부자연스럽게 보이므로 주의한다.

─사진1~5 = 다이코 전기
─사진6, 7 = 호텔 뉴 오타니 구마모토

**4**

실내 전체를 골고루 밝게 할 필요 없이 침대 쪽에 스탠드를 두어 필요한 빛만 최소로 배치한다. 천장에 조명을 설치하는 경우 올려다보았을 때 시야에 들어오지 않는 위치에 설치한다.

○ **야간 보행을 위한 조명**

**5**

안전한 보행을 위해 설치하는 취침등은 눈부시지 않고 수면을 방해하지 않는 소형 제품으로 한다.

· 다다미방 조명 ·

**6, 7** 거실, 식당과 마찬가지로 가구가 놓인 위치나 연출 포인트에 조명을 배치한다. 사진은 음식점이기 때문에 중앙에 테이블이 있다는 것을 전제로 빛도 중앙에 집중되어 있다. 장식 공간은 간접조명으로 연출했다.

## · 거실 및 식당 조명 ·

**8**

가구 배치에 맞게 필요한 빛을 여러 군데 배치한다. 천장조명과 스탠드 조명을 적절히 조화시켜 기능성과 공간의 시각적 쾌적함을 모두 고려하여 가구를 선정하고 배치한다. 공간의 구석에 빛이 있으면 공간의 깊이와 벽면의 질감을 강조할 수 있다.

**9**

바닥에 가까운 빛과 천장을 비추는 빛에 의해 공간의 높이가 충분히 살아나 넓게 느껴진다.

## · 세면실 조명 ·

**10, 11**

세면대 거울 주변에는 얼굴을 제대로 비출 수 있는 브래킷 조명을 단다. 다운라이트와 병용하면 더욱 화려해진다.

―사진 8, 9 = 지은이
―사진 10, 11 = 다이코 전기

· CHAPTER 4 ·

# 조명 기구의 배치와 빛의 효과

# 044

# 전반조명과 국부조명

## Point

조명 기구를 어떻게 배치하는지에 따라 '전반조명'과 '국부조명', '국부전반조명'으로 나눌 수 있다

### 전반조명이란

전반조명은 원하는 범위 전체를 거의 균일하게 비추는 방식이다. 베이스 조명이라고도 한다. 사무실, 학교, 대규모 상업시설 등에서는 작업하기 좋은 환경을 조성하기 위해 우선 고려하는 사항이다. 특수한 작업이 이루어지는 공간 외에는 동일한 빛 환경을 만들어야 하므로, 이들 시설에서는 전반조명을 조명 계획의 기본으로 삼는다. 한편 소규모 상점 등은 상품을 비추거나 빛의 연출이 우선되기 때문에 전반조명이라는 개념 없이 설계된다.

주택에서는 보통 거실, 식당, 주방 등에 사용하지만 거주자의 라이프스타일과 필요에 맞게 조명을 배치하는 것도 중요하므로 반드시 전반조명으로 계획할 필요는 없다.

### 국부조명이란

국부조명은 활동이나 목적에 따라 특정한 좁은 범위와 그 주변만 비추는 방식이다. 부분적으로 높은 조도가 필요한 경우에 사용되며, 책상 스탠드, 독서등, 스포트라이트, 주방 작업등 등이 해당된다. 벽에 걸린 그림을 비추는 조명도 국부조명에 속한다.

### 국부전반조명이란

국부전반조명은 책상이나 주방 조리대 같은 작업대만 국부조명으로 비추고 그 외 공간은 더 낮은 조도로 전체를 비추는 방식이다.

태스크 앰비언트 조명(Task ambient lighting)이 대표적인데, 태스크는 작업등, 앰비언트는 주변을 밝히는 조명을 의미한다. 주로 사무실이나 도서관 열람실에서 많이 사용한다. 단, 태스크 조명은 작업대의 위치나 높이 변경을 생각한다면 작업대 위에 올려놓고 쓸 수 있는 스탠드가 편리하다.

# 조명 방식 분류

## ○ 사무실의 경우

**전반조명**

• 원하는 범위 전체를 거의 균일하게 비춘다

**국부조명**

• 한정된 좁은 범위와 일부 주변만 비춘다

**국부전반조명**

• 작업 장소를 효율적으로 비추고 그 외의 장소는 낮은 조도로 전체를 비춘다
• 왼쪽 그림에선 높이나 위치 변경이 어렵다. 오른쪽 그림에서는 책상 위 스탠드를 활용, 배치 변화에 대응하기 쉽다

## ○ 다운라이트의 경우

**전반조명**

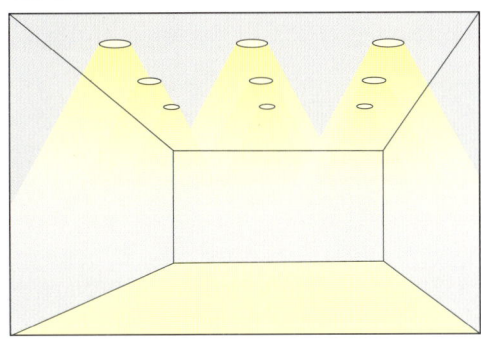

**국부조명**

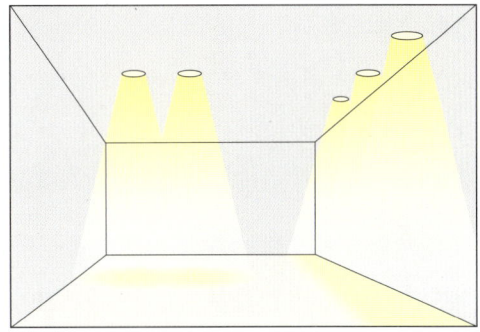

# 045

# 투광조명과 건축화조명

## Point

독특한 분위기를 원한다면 '투광조명',
깔끔한 공간 연출이 필요할 땐 건축물의 일부를 광원화하는 '건축화조명'이 좋다

**투광조명이란**

투광조명은 원래 야구장과 같은 야외 경기장 등을 비추는 옥외조명 방식의 하나였지만 지금은 실내의 다양한 공간에 적용되고 있다. 스포트라이트나 다운라이트를 사용한 디스플레이 조명으로 주로 쓰이며, 기능적이면서 분위기 연출에도 좋아 폭넓게 사용된다. 기구는 너무 눈에 띄지 않는 제품을 선택한다.

천장을 향해 스포트라이트를 비추고 반사광을 이용하는 간접조명 방식의 투광조명도 있다.

**건축화조명이란**

건축화조명은 완공된 건물의 천장이나 벽에 조명을 부착하는 방식에서 벗어나 건축 단계에서 천장, 벽, 기둥 등에 조명을 삽입해 그 자체를 광원화해 실내를 비추는 조명방식이다. 대부분의 간접조명은 건축화조명이

라고 할 수 있다. 대표적으로 코브 조명, 코니스 조명, 밸런스 조명, 광천장, 광벽 등을 들 수 있다(110~119쪽 참조).

건축화조명은 조명 기구가 인테리어를 해치는 것을 막기 위해 천장이나 벽에서 빛만 노출시키는 것이다. 따라서 건축화조명의 기구나 램프가 벽이나 바닥에 반사되어 보이거나, 반투과 마감재 뒤로 보이는 상태는 마술의 트릭이 들통난 것과 마찬가지다.

충분한 빛을 얻으면서도 깔끔한 공간으로 꾸미려면 기구의 디자인을 통일시켜 규칙적으로 배치하고 기구가 노출되지 않아야 하는데, 이때 건축화조명이 효과적이다. 그래서 건축화조명은 특히 모던하고 심플한 디자인의 건축, 인테리어와 잘 어울린다.

## 투광조명

• 스포트라이트나 다운라이트를 사용한 디스플레이 조명 등 분위기를 연출할 때 폭넓게 사용된다

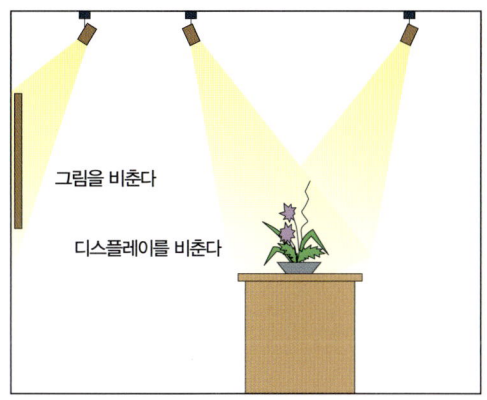

그림을 비춘다

디스플레이를 비춘다

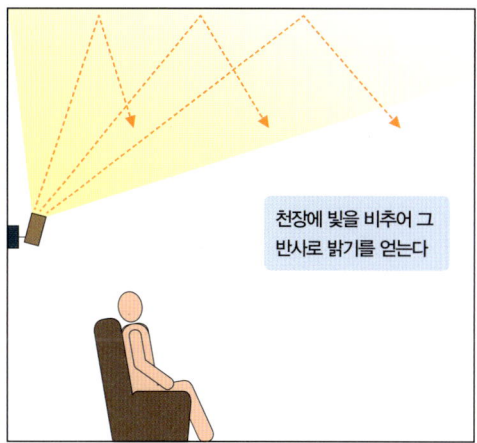

천장에 빛을 비추어 그 반사로 밝기를 얻는다

## 건축화조명

• 건축과 인테리어의 디자인을 살리기 위해 천장이나 벽에 조명을 삽입하여 기구나 램프가 보이지 않도록 한다

○ **코브 조명**

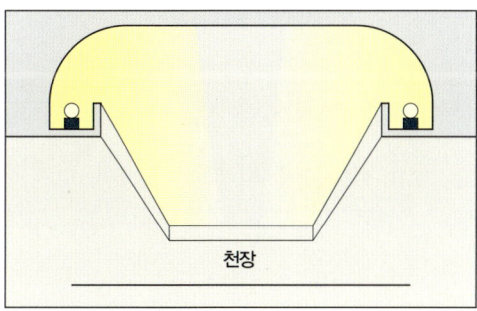

천장

○ **코니스 조명**

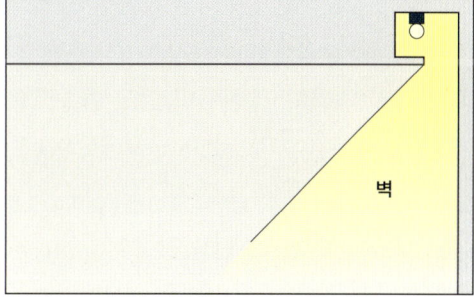

벽

○ **밸런스 조명**

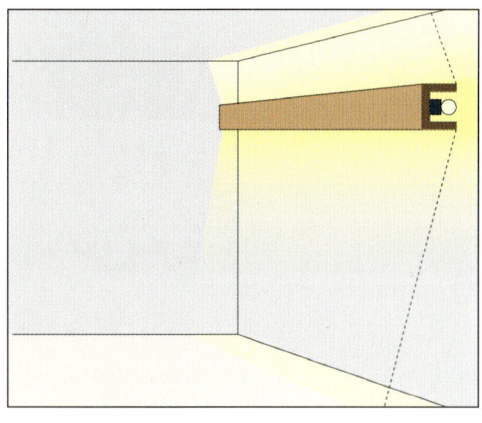

○ **광천장**

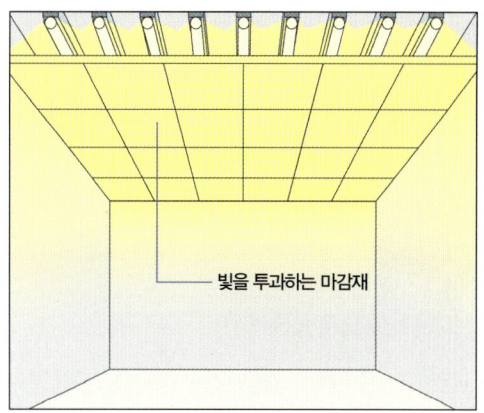

빛을 투과하는 마감재

# 046

# 코브 조명

## Point

천장을 비추면 반사광으로 밝기를 얻을 수 있고 '위쪽으로 개방되고 확장된 공간감'을 강조할 수 있다

### 코브 조명이란

코브 조명(cove lighting)은 건축화조명의 대표적인 방식이다. 천장을 밝게 비추어 그 반사광으로 공간은 밝게 하고 천장으로 시선을 유도하여 위쪽으로 확장되는 공간감을 강조한다.

빛이 잘 퍼지고, 끊어지지 않고 연속적으로 보이도록 설계 단계에서 조명 기구 배치를 고민한다. 배치할 때 기구와 기구 사이에 틈이 생기면 그림자가 생기기 때문에 형광등의 발광부가 겹치도록 기구를 사선으로 배치한다. 기구의 끝에서 끝까지 발광하는 심레스라인램프(114쪽 참조)는 끝부분이 맞닿게 배치하여 빛을 연속시킨다. 코브 조명에서 빛이 확장되는 정도는 기구를 숨기는 공간의 크기와 천장과의 거리에 따라 달라진다.

### 천장이 높고 넓은 방에 적합

코브 조명은 다소 넓은 방이나 좁고 긴 방, 천장고가 높은 방 등 거리감을 강조할 수 있는 데 사용하면 효과적이다. 천장이 낮고 좁은 방은 사람의 시선이 자연스럽게 천장보다는 벽으로 향하기 때문에 코브 조명을 달면 오히려 정신없는 인상을 준다.

코브 조명을 계획할 때는 다른 요소는 아무것도 설치하지 않을 정도의 과감한 설계를 해야 한다. 그래야 더 아름다운 연출을 할 수 있다.

### 코브 조명의 램프

코브 조명에 사용되는 램프는 다양하다. 백열등을 연속으로 설치하거나 조광형 형광등을 사용하는 경우도 많지만 최근에는 기구가 작고 수명이 긴 LED도 종종 사용된다.

빛 조절이 중요하기 때문에 조광이 가능한 램프를 사용하면 좋다. 조광이 불가능한 경우에는 광원 부근이 너무 밝거나 빛의 얼룩이 심해지지 않도록 설치 치수에 주의한다.

## 코브 조명 기구의 배치

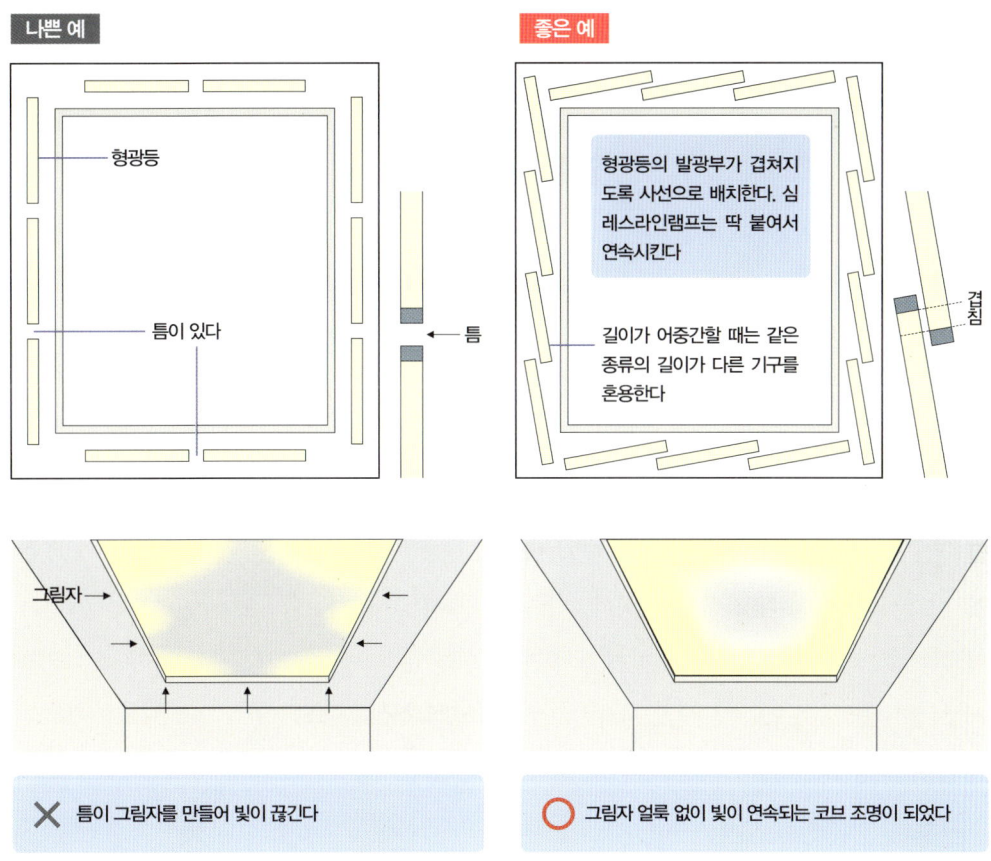

**나쁜 예**

형광등

틈이 있다

틈

그림자

✕ 틈이 그림자를 만들어 빛이 끊긴다

**좋은 예**

형광등의 발광부가 겹쳐지도록 사선으로 배치한다. 심레스라인램프는 딱 붙여서 연속시킨다

길이가 어중간할 때는 같은 종류의 길이가 다른 기구를 혼용한다

겹침

⭕ 그림자 얼룩 없이 빛이 연속되는 코브 조명이 되었다

## 설치 치수에 따라 달라지는 빛의 확장 방식

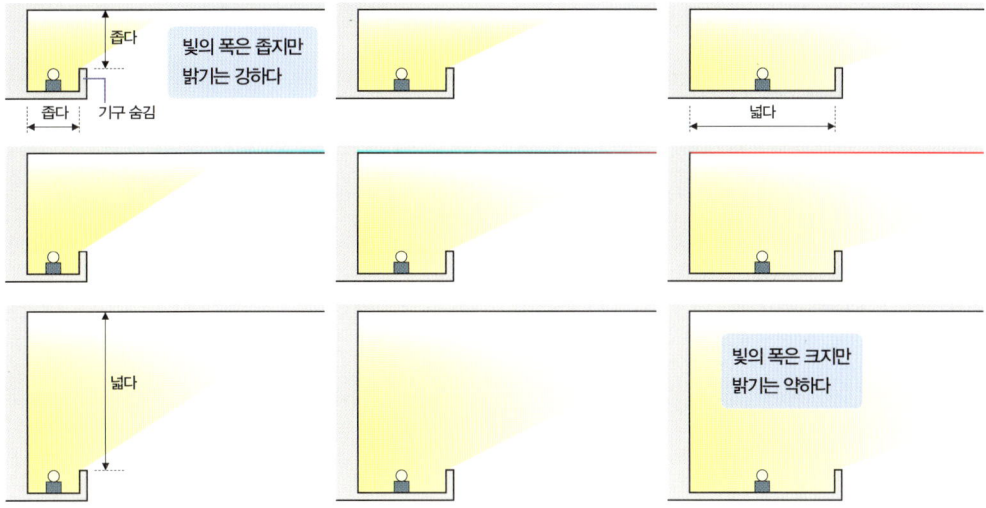

좁다

빛의 폭은 좁지만 밝기는 강하다

좁다  기구 숨김

넓다

넓다

빛의 폭은 크지만 밝기는 약하다

• 코브 조명의 형태나 치수에 따라서도 빛의 확산 방식과 밝기의 인상이 달라진다

# 047

# 코니스 조명

**벽면을 비추어 반사광으로 공간을 밝히고 '수평 방향으로 확장된 공간'을 강조한다**

### 코니스 조명이란

코니스 조명(cornice lighting)은 코브 조명과 함께 건축화조명의 대표적인 방식이다. 벽면을 밝혀 그 반사광으로 공간에 밝기를 주면서 시선을 벽면 쪽으로 모은다. 시각적으로 밝고 확장된 공간을 강조하게 된다.

조명 기구는 벽과 천장이 접하는 부분에 기구나 램프를 설치하여 감춘다. 비추는 벽쪽으로 사람이 가까이 가더라도 기구나 램프가 안 보이도록 해야 한다.

코니스 조명은 광원과 벽면의 거리, 광원 설치 장소의 크기에 따라 빛의 확산 방식과 그에 따른 인상이 달라진다. 설치 방법에 따라 직접광으로 빛을 멀리까지 보낼 수도 있고, 빛이 확산되지는 않지만 기구나 램프를 완전히 숨기는 간접조명으로 사용할 수도 있다. 특히 직접광은 컷오프라인 위치에 따라서 빛의 그러데이션이 끊어져 벽이나 바닥에 선이 생기거나 반대로 램프가 그대로 노출되는 경우가 있다. 가장 보기 좋은 빛이 되도록 충분히 검토하여 구체적인 치수를 정하도록 한다.

### 소재의 특징을 강조

평범하고 심플한 소재의 벽면보다는 요철이 있거나 거친 질감을 가진 벽면에 코니스 조명을 비추면 그 효과가 배가된다.

커튼박스에 코니스 조명을 넣어 커튼을 비추는 방법도 있는데, 기구나 램프의 열로 천이 타거나 상하지 않도록 형광등이나 LED 등 발열이 없는 램프를 선택한다.

주의할 점은 코니스 조명을 비추는 벽면에 시각적으로 방해되는 요소를 설치하지 않는 것이다. 코니스 조명은 사람의 시선이 가장 자연스럽게 머무는 수직면 연출이기 때문에 설치 장소나 방법을 충분히 감안해야 한다.

## 코니스 조명의 이미지

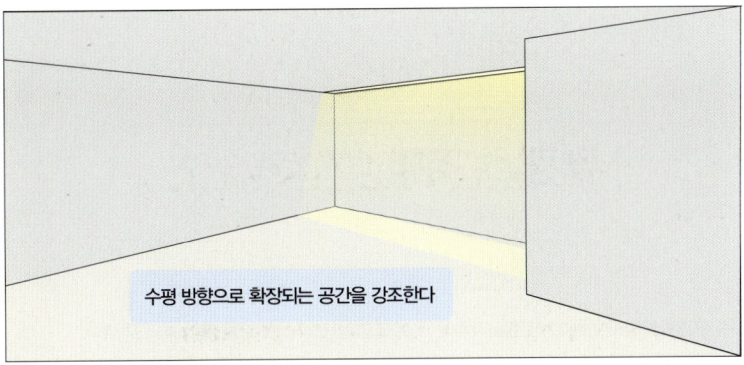

수평 방향으로 확장되는 공간을 강조한다

## 다양한 기구 설치

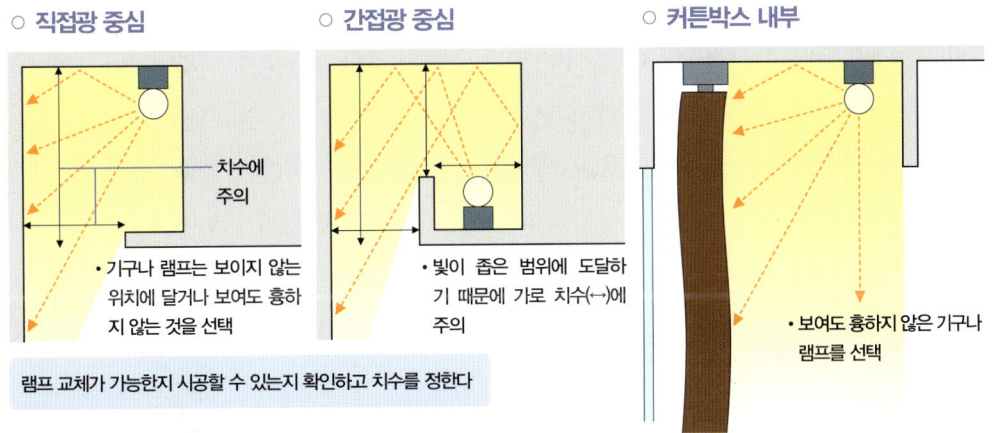

○ **직접광 중심**

치수에 주의

• 기구나 램프는 보이지 않는 위치에 달거나 보여도 흉하지 않는 것을 선택

○ **간접광 중심**

• 빛이 좁은 범위에 도달하기 때문에 가로 치수(↔)에 주의

○ **커튼박스 내부**

• 보여도 흉하지 않은 기구나 램프를 선택

램프 교체가 가능한지 시공할 수 있는지 확인하고 치수를 정한다

## 컷오프라인

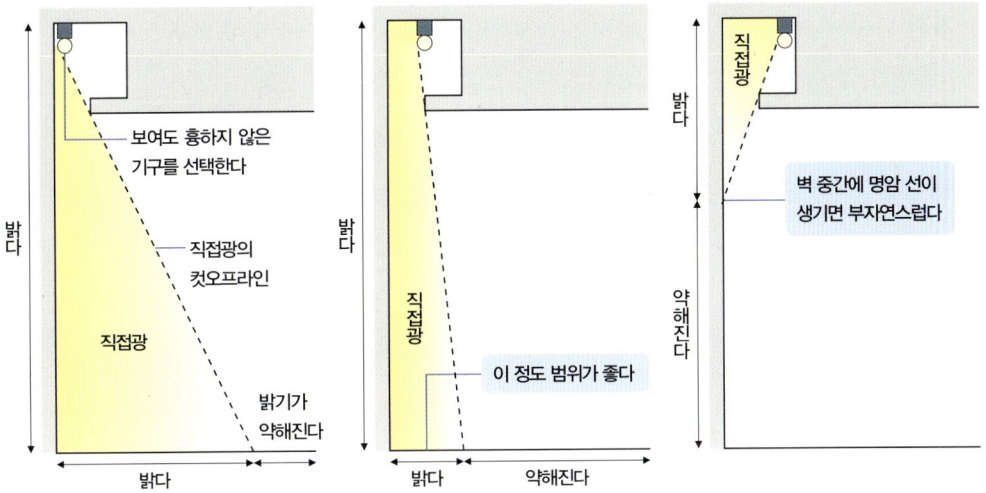

보여도 흉하지 않은 기구를 선택한다

직접광의 컷오프라인

밝다

직접광

밝다

밝기가 약해진다

밝다

밝다

직접광

이 정도 범위가 좋다

밝다  약해진다

밝다

직접광

벽 중간에 명암 선이 생기면 부자연스럽다

약해진다

# 밸런스 조명

**Point**

벽을 비추어 반사광으로 공간을 밝힘과 동시에 천장을 비추어 '코브 조명과 코니스 조명을 합친 효과'를 낸다

### 밸런스 조명이란

밸런스 조명(balance lighting)은 벽을 비추어 반사광으로 공간을 밝히고 동시에 천장도 비추어 코브 조명과 코니스 조명을 합친 효과를 내는 조명 방식이다. 위아래로 빛이 분산되어 코브 조명이나 코니스 조명보다 밝다.

광원을 숨기기 위해 벽면에 가림판을 설치하고, 조명 기구는 사람이 섰을 때의 시선보다 약간 위쪽에 단다. 빛이 위아래로 퍼져 나오도록 가림판과 광원 위치에 신경 쓴다.

또한 다른 건축화조명과 마찬가지로 기구나 램프가 보이지 않도록 주의한다. 천장을 향해 열린 부분은 코브 조명과 마찬가지로 생각하면 되지만(110쪽 참조), 아래로 향해 열린 부분은 시선에 따라서는 기구나 램프가 보일 가능성이 있으므로 유백색 아크릴판이나 루버 등으로 커버한다.

### 건축 디자인 및 인테리어와의 관계

밸런스 조명으로 비추는 벽면이나 천장 면은 코브 조명이나 코니스 조명과 마찬가지로 무광택이나 질감이 있는 소재로 마감하는 것이 효과적이다.

또한 조명이 건축 디자인이나 인테리어와 어울리면서 자연스럽게 보이지 않으면 간접조명답지 않게 눈에 띄어 거슬릴 수 있다. 따라서 커튼박스 활용 등 설치 방법을 고민해야 한다.

### 심레스라인램프를 이용

광원은 형광등, 백열등, LED 등이 있지만 열, 비용, 관리 등을 고려하면 형광등이 가장 편리하다. 그중에서도 조광이 가능한 심레스라인램프는 빛을 연속시키기 편리하다. 또한 가림판이 달린 밸런스 조명용제품도 있어 밸런스 조명을 간단히 실현할 수 있다.

## 밸런스 조명

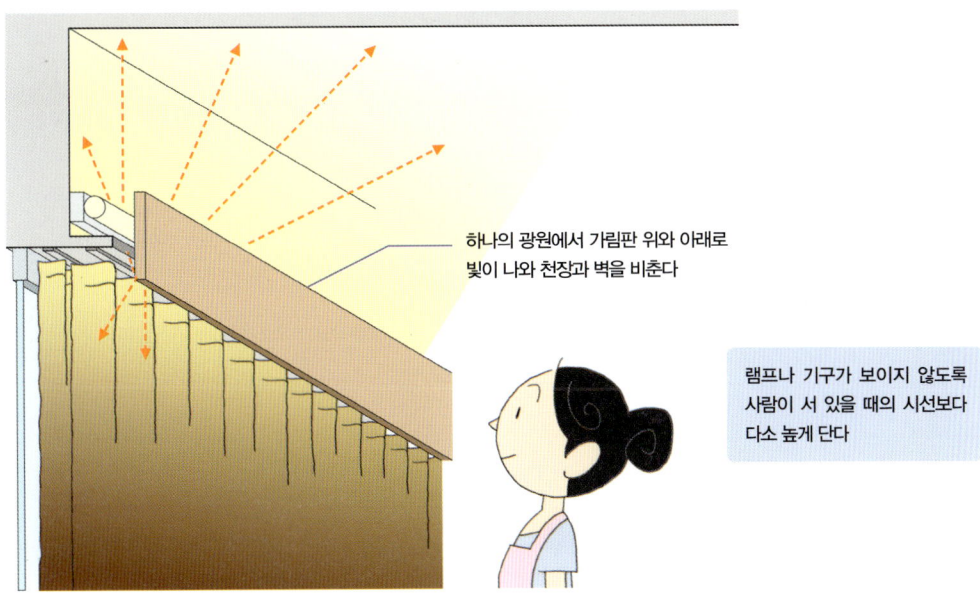

하나의 광원에서 가림판 위와 아래로
빛이 나와 천장과 벽을 비춘다

램프나 기구가 보이지 않도록
사람이 서 있을 때의 시선보다
다소 높게 단다

## 광원을 숨기는 방법

아랫면은 아크릴판 등을 달아
광원이 보이지 않게 한다

## 심레스라인램프

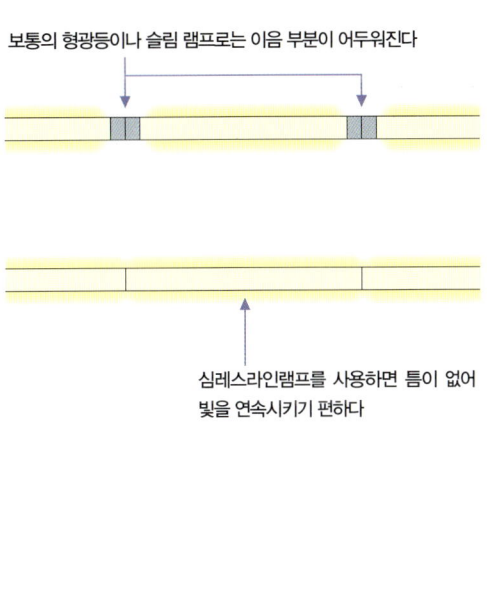

보통의 형광등이나 슬림 램프로는 이음 부분이 어두워진다

심레스라인램프를 사용하면 틈이 없어
빛을 연속시키기 편하다

# 049

# 간접조명의 주의점

## Point

조명 기구나 램프가 그대로 보이지 않게 한다. 조명으로 불필요하게 부각되는 요소가 있는지 확인한다

### 기구나 램프를 보이지 않게

코브 조명이나 코니스 조명 등의 간접조명을 사용한 집이나 상점이 꽤 많다. 하지만 빛이 아름답고 완성도 있게 연출된 사례는 의외로 찾기 어렵다.

흔하게 볼 수 있는 나쁜 예는 조명 기구나 램프가 그대로 보이는 경우이다. 간접조명 설치에서 가장 중요한 점은 기구나 램프가 보이지 않게 하는 것이다. 특히 2층 건물에서는 1층에서는 안 보이더라도 계단 중간 높이에서 기구나 램프가 보이는 경우가 흔한데, 설치 위치나 방법이 잘못된 것이다.

실내 구조와 디자인상 완벽하게 가려지기 어렵다면, 보여도 흉하지 않은 기구나 램프를 선택하고 설치 방법에 주의를 기울인다.

### 천장이나 벽 소재를 고려한다

천장이나 벽을 비출 때 기구나 램프가 잘 감춰져 있어도 그 모습이 천장 면이나 벽면에 비치는 경우가 있다. 특히 천장이나 벽이 광택이 나는 소재라면 광원의 모습이 그대로 반사되어 비친다. 이래서는 숨긴 의미가 없기 때문에 천장 면이나 벽면은 무광 또는 질감이 있는 소재로 마감한다.

### 비추는 범위에도 주의한다

코브 조명이나 코니스 조명, 밸런스 조명 등으로 천장이나 벽을 비출 때는 비추는 영역에 불필요한 요소가 없도록 한다.

예를 들어 천장에 매입형 에어컨이나 다운라이트 등의 조명 기구가 있거나, 벽에 문이나 창문, 환기구 등이 있으면 빛 때문에 더욱 눈에 띄게 된다. 이래서는 모처럼 설치한 간접조명이 엉망이 되어버린다. 조명을 비추는 영역에는 아무것도 없도록 간접조명을 중심으로 설계한다.

## 간접조명의 나쁜 예

○ 계단 중간에서 보인다

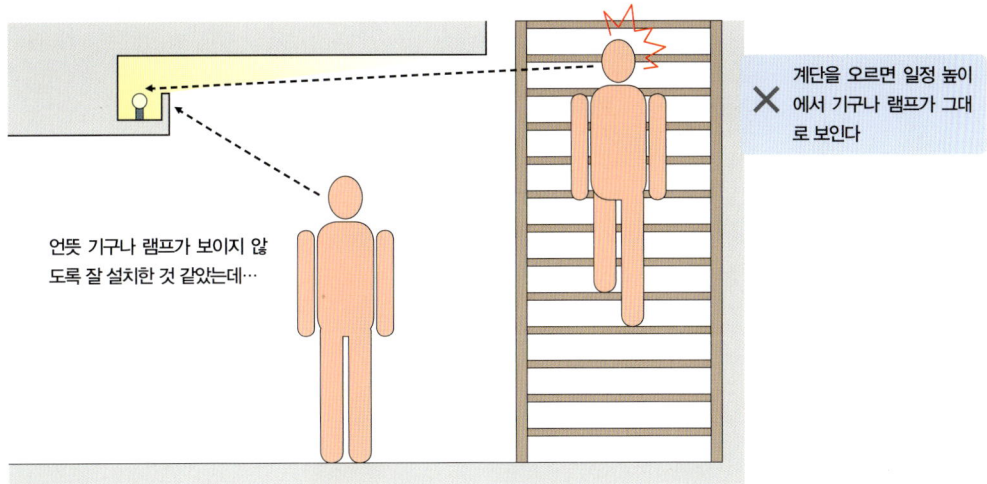

언뜻 기구나 램프가 보이지 않도록 잘 설치한 것 같았는데…

✕ 계단을 오르면 일정 높이에서 기구나 램프가 그대로 보인다

○ 광원의 모습이 비친다

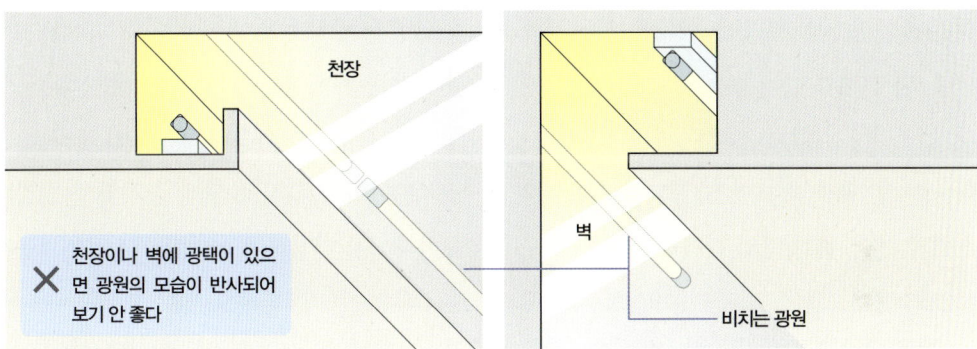

천장

✕ 천장이나 벽에 광택이 있으면 광원의 모습이 반사되어 보기 안 좋다

벽

비치는 광원

○ 에어컨 등이 눈에 띈다

✕ 모처럼 예쁘게 비춘 천장에 에어컨이나 조명 기구 등이 도드라져 보인다

# 050

# 광천장 · 광벽 · 광기둥 · 광바닥

## Point

반투과 소재와 조명을 이용하여 '천장, 벽, 기둥, 바닥의 면 자체를 빛나게' 하는 조명 기법이다

### 광천장이란

광천장은 반투과 유리나 아크릴판, 불연성 원단 등으로 마감한 천장 안쪽에 조명을 설치하여 천장 자체가 빛을 내도록 하는 기법이다. 면 전체가 그늘 없이 빛나고 광원의 존재가 드러나지 않으면 예쁘게 완성된 것이다. 설치할 때는 소재의 빛 투과율과 소재와 광원의 거리, 광원 간의 간격을 고려한다.

치수 관계는 램프와 주변 마감에 따라 달라진다. 일반적으로는 천장 마감에서 램프까지의 거리, 램프 간의 거리가 1:1이고 설치 면을 무광 흰색도장으로 마감하면 그늘 없이 빛나는 것처럼 보인다. 더 정확하게 계획하려면 시험용 부분 모형을 제작한다.

넓고 밝게 비춰야 하고 관리가 어렵기 때문에 광원은 수명이 긴 형광등을 많이 쓴다. LED는 공간의 구애를 받지 않고 색을 바꾸어 연출할 수 있어 좋다.

### 광벽, 광기둥, 광바닥이란

광벽, 광기둥은 광천장과 마찬가지로 반투과 소재로 마감한 벽이나 기둥의 마감 안쪽에 조명을 설치하여 벽이나 기둥 자체를 빛나게 하는 기법이다. 반투과 소재는 내구성이 뛰어난 유리를 사용하는 경우가 많다.

광원은 마감재 바로 뒤에 설치할 수도 있고 바닥이나 천장 가까이에만 설치하여 빛의 그러데이션을 만들 수도 있다. 램프는 형광등, 다이크로익 할로겐램프나 메탈핼라이드 램프, LED 등 다양하게 사용할 수 있다. 벽이나 기둥이 높은 경우 더 멀리까지 빛을 도달시키려면 램프에 반사판을 달아 사용한다.

광바닥도 광천장의 원리와 동일하다. 바닥 소재는 강화유리를 많이 사용하며, 액체를 흘렸을 때 틈새로 들어가는 사고가 일어날 수 있으니 예상하여 설치한다.

## 광천장

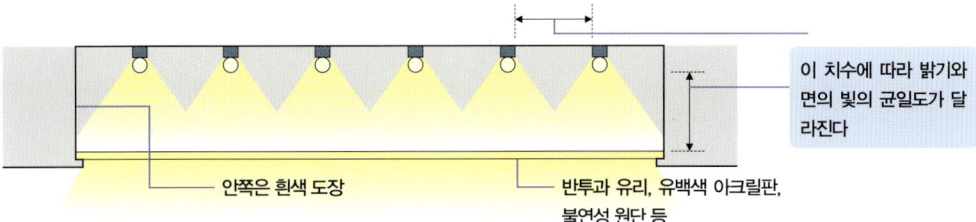

이 치수에 따라 밝기와 면의 빛의 균일도가 달라진다

안쪽은 흰색 도장

반투과 유리, 유백색 아크릴판, 불연성 원단 등

## 광벽

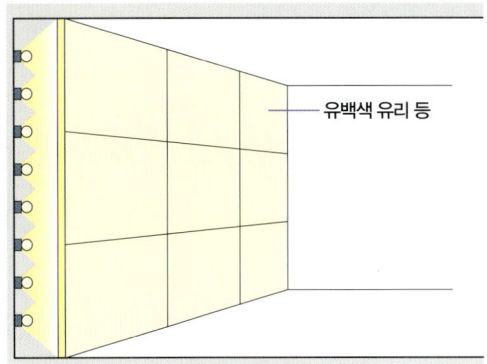

유백색 유리 등

- 디스플레이 벽이나 그래픽 등의 연출에도 사용한다
- 광원은 형광등, LED 등

- 바닥이나 천장 쪽에만 기구를 달아 빛의 그러데이션을 만들 수 있다
- 광원은 형광등, LED 등

## 광바닥

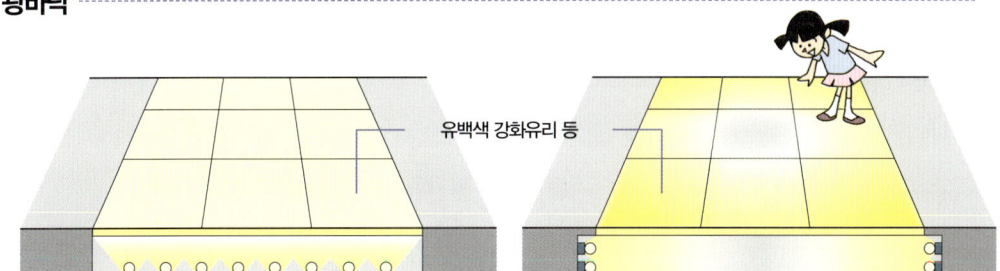

유백색 강화유리 등

## 램프의 설치 치수

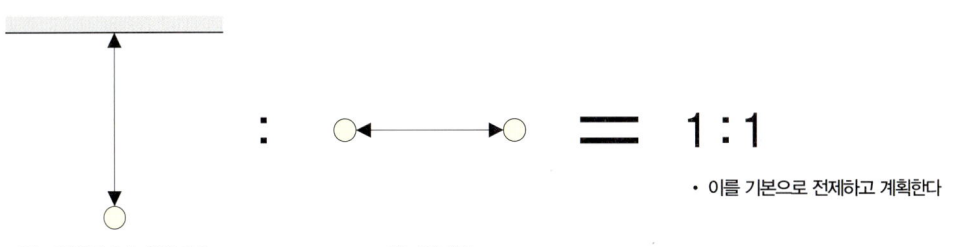

램프와 반투과 소재의 간격

램프의 간격

- 이를 기본으로 전제하고 계획한다

# 051

# 하부 간접조명

### Point

**하부 간접조명은 공간의 중심을 낮추어 '안정된 분위기'를 만든다**

### 안정감 있고 색다른 공간 연출

최근 자주 사용되는 건축화조명 방식 중에 하부 간접조명이 있다. 주택에서는 현관에 높이 차이가 나는 곳, 현관 바닥과 신발장 사이, TV장과 같이 낮은 가구를 놓은 곳이나 장식 공간에 사용되고, 상점에서는 계단이나 카운터 아래에 주로 사용된다. 특히 상점에서는 계단 수직면마다 스텝라이트를 설치하는 경우가 많다.

바닥 가까운 곳에 간접조명을 설치하면 공간의 중심이 낮아져 안정된 분위기를 만들 수 있다. 또한 바닥의 높이 차이가 나는 곳에 설치하면 보행 안전성도 향상된다.

### 바닥 면의 소재감도 중요

하부 간접조명은 다소 어두운 편이 분위기 있다. 따라서 기구는 조광이 가능한 것으로 하고 색온도도 전구색보다 낮은 따뜻한 느낌이 나는 것을 선택한다. 광원은 백열등,

형광등, LED 등을 사용한다.

설치할 때는 유지·관리를 고려하여 램프 교체가 편하도록 설치 치수와 위치를 검토한다. 바닥 면의 소재도 중요하다. 빛을 반사하는 소재는 램프가 그대로 보이기 때문에 빛이 예쁘게 확산되는 것을 보여줄 수 없다. 어쩔 수 없이 반사되는 바닥재를 사용했다면 램프가 보이지 않도록 유백색 아크릴판으로 커버하는 등 디테일을 연구한다.

### 밝기와 시간대를 의식

주택에서는 현관의 신발장 아래나 신을 벗고 올라가는 부분에 간접조명을 설치하는 예가 많다. 이 조명이 너무 밝거나 색온도가 높으면 어색하게 느껴진다. 현관 조명은 외부에서 빛이 들어올 때는 전반조명만 사용하고, 해가 저물 때부터 간접조명을 켜는 것이 좋다. 색온도나 조도가 약간 낮은 것이 바람직하다.

## 하부 간접조명

○ **거실**

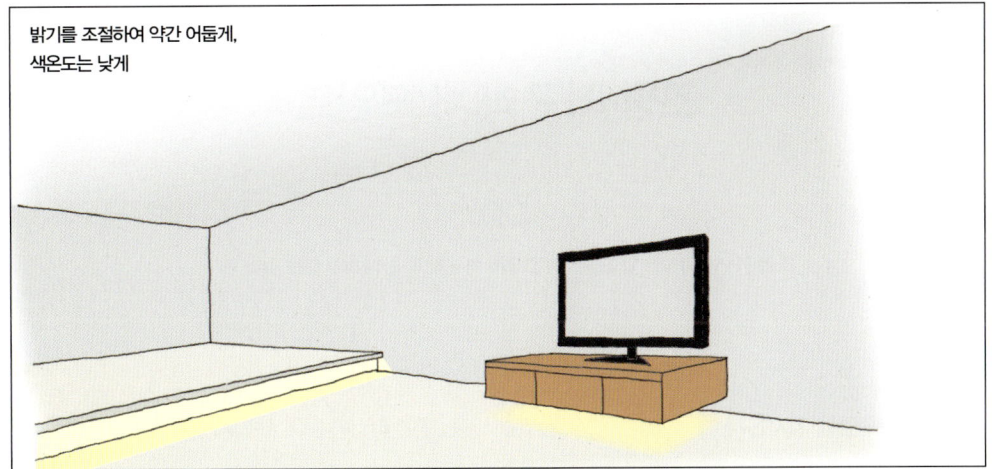

밝기를 조절하여 약간 어둡게,
색온도는 낮게

○ **계단**

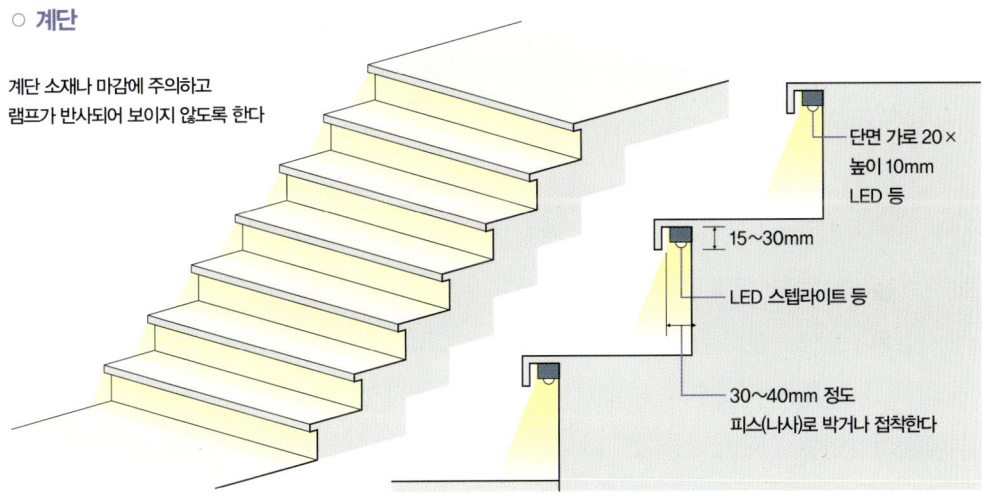

계단 소재나 마감에 주의하고
램프가 반사되어 보이지 않도록 한다

단면 가로 20 ×
높이 10mm
LED 등

15~30mm

LED 스텝라이트 등

30~40mm 정도
피스(나사)로 박거나 접착한다

○ **현관**

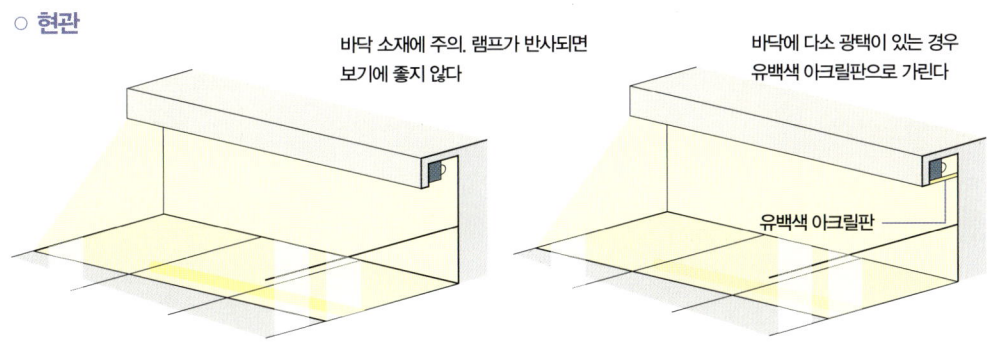

바닥 소재에 주의. 램프가 반사되면
보기에 좋지 않다

바닥에 다소 광택이 있는 경우
유백색 아크릴판으로 가린다

유백색 아크릴판

# 052

# 조명 기구 배치 포인트

## Point

**조명 기구는 가능한 한 '존재감이 없도록 배치'하고 눈에 띄지 않는 것이 좋다**

### 공간에는 통일감을 가져온다

어떤 공간에서는 디자인이 고려된 마감재 이외에 에어컨, 환기구, 화재감지기, 콘센트, 스위치 등 다양한 설비기기가 겉으로 드러나기 마련이다. 이것들은 공간의 인상을 어수선하게 만든다.

기기의 색, 모양, 소재의 느낌, 배치 방법 등에 통일감을 주거나 몇 가지로 정리하면 한층 산뜻한 인상을 줄 수 있다.

### 기구 배치의 포인트

펜던트나 스탠드 등 인테리어 요소가 되는 기구 외에는 가능한 한 존재감 없이 눈에 띄지 않게 배치한다. 구체적으로는 다음 5가지가 중요하다.

· 조명 기구가 천장이나 벽과 어울리고, 기구의 디자인이 너무 튀지 않는 제품으로 고른다. 다운라이트가 기본이며, 특히 눈부심을 방지하는 반사판 타입 또

는 핀홀 타입이 눈에 잘 띄지 않으니 참고한다.

· 한 공간에 2종류 이상의 기구를 설치하지 않는다. 한 업체의 같은 제품 시리즈를 이용한다.

· 깔끔하고 규칙성 있게 배치한다.

· 조명 이외의 설비 요소나 문, 창문, 가구와 어울리게 배치한다.

· 평면도나 천장면도에만 의존하지 말고 반드시 입체 공간에서 어떻게 보일지 상상한다.

일부러 눈에 띄는 기구를 이용해 밝기를 강조하는 것이 디자인 면에서 효과적인 공간도 있으므로 취향과 필요에 따라 여러 선택지를 검토한다. 또한 기구 배치가 공간의 인상을 크게 바꿀 수 있으니, 반드시 실제 공간 상황에 맞춰 검토하는 작업을 빠뜨리지 않도록 주의한다.

## 조명 기구의 배치

○ **평면배치도**

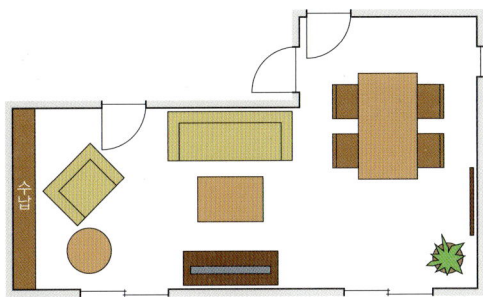

**PLAN 1** △

임대주택이나 분양주택에 흔한 패턴. 실내의 가구 배치와는 관계없이 천장평면도만 작성한다

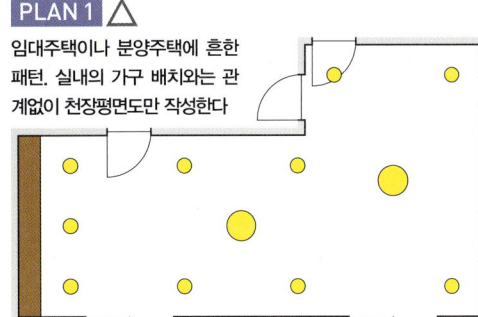

**PLAN 2** ○

가구 배치에 따른 편리성을 고려했지만 천장 배치가 제각각이라 산만하다

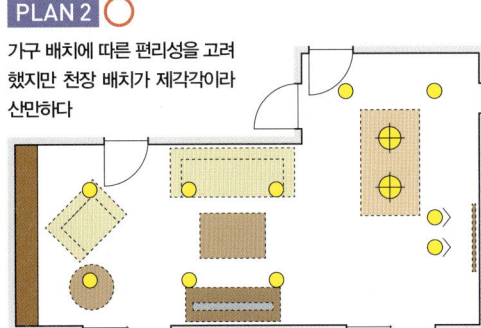

**PLAN 3** ◎

가구 배치를 중시하면서 천장조명에 규칙성을 준 배치. 밝기가 부족한 부분은 스탠드로 보완한다

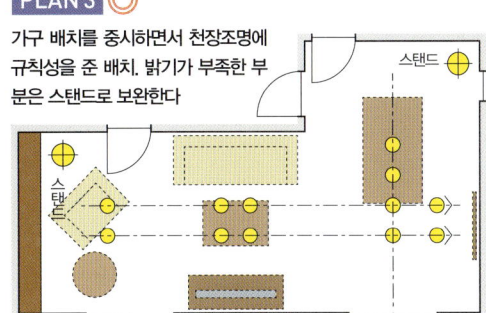

○ **입체도**

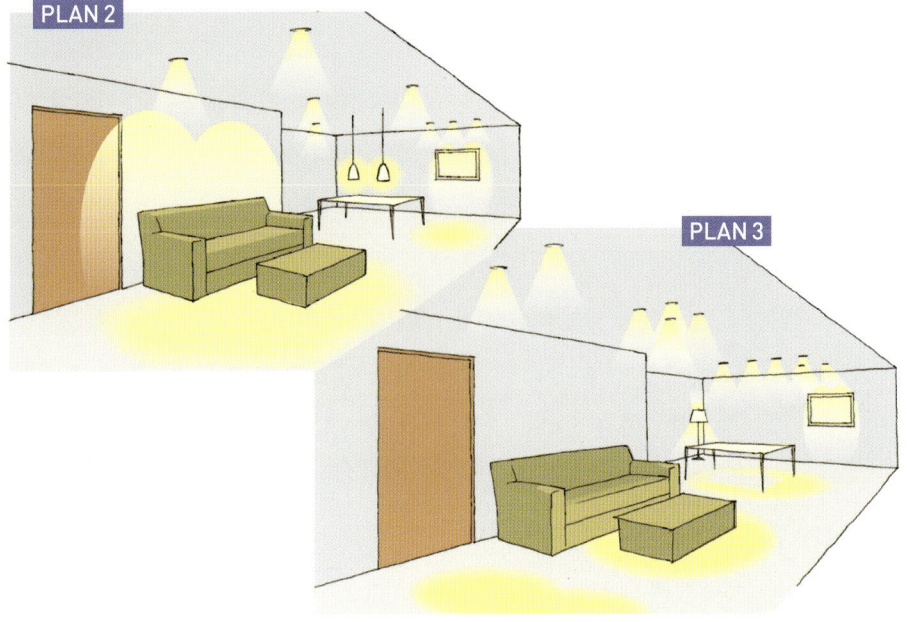

# 053

# 천장을 비춘다

## Point

천장을 비추어 시선을 유도하면 '널찍한 인상'을 준다

### 천장의 연출 방법

주택에서는 거실에, 대형시설에서는 라운지에 보이드 공간을 두어 천장이 높은 구조의 건물이 많다. 이런 공간을 조명을 어떻게 설치하느냐에 따라 위로 확장된 공간을 더 강조하고 쾌적하게 연출할 수 있다.

바닥에 가구나 장식품이 많은 어수선한 방이라도 천장에 빛을 비추어 시선을 유도하고 넓은 인상을 강조하면 방 전체가 깔끔해 보인다.

심플한 천장에는 코브 조명을 사용하고 기구가 눈에 띄지 않도록 한다. 브래킷이나 스포트라이트로 천장을 비추는 경우, 조명 기구의 다지인을 인테리어와 맞춘다. 펜던트나 샹들리에를 사용하여 천장 부근을 비출 수도 있다. 개성 있는 디자인이나 대형 기구를 사용하면 기구 자체가 눈에 띄므로 공간 전반의 디자인이나 분위기와의 조화에 신경 쓴다. 또한 심플하게 전구만으로 조명

을 연출하면 공간이 더욱 부각되어 보인다.

### 주택 이외의 천장 연출

사무실에서는 높은 천장에 태스크 앰비언트 조명(106쪽 참조)을 사용하기도 한다. 고속철도나 비행기 안에서는 깔끔하게 마감된 천장을 간접조명으로 비추고 바닥은 그 반사광과 아래를 향한 직접광으로 밝기를 확보한다.

천장이 높고 화려하게 장식되어 있는 교회 같은 건축물에서는 구조나 장식에 조명을 쏘면 빛과 그림자로 입체감을 연출하고 드라마틱한 인상을 만들 수 있다. 스포트라이트, 스탠드, 코브 조명 등의 간접조명 방식을 사용하고, 광원은 백열등, 형광등, 메탈핼라이드램프, LED 중에서 시설의 특징, 비용, 관리 등을 감안하여 정한다.

## 공간의 넓이와 천장 연출과의 관계

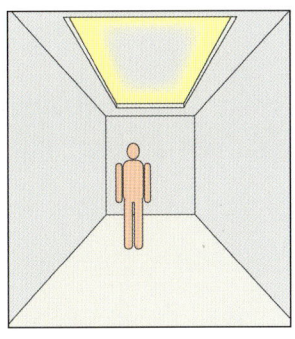

- 천장이 높은 공간은 조명으로 고급스러운 분위기를 연출할 수 있다

- 좁고 긴 공간에서는 길이감을 강조하면 확장되는 느낌을 줄 수 있다

- 천장이 낮고 좁은 공간에서는 시선이 위로 가기 어렵다

## 고속철도의 조명

- 천장 쪽의 깔끔한 인테리어를 강조하는 부드러운 간접조명을 이용한다
- 아래쪽은 물건이 많아 혼잡하지만, 간접조명을 활용하면 전체적으로 깔끔해 보인다

## 천장을 비추는 방법

○ **스포트라이트를 사용**

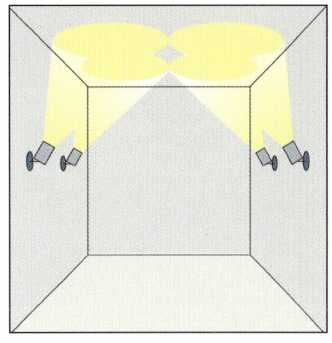

- 인테리어에 맞는 기구를 선택한다

○ **스탠드를 사용**

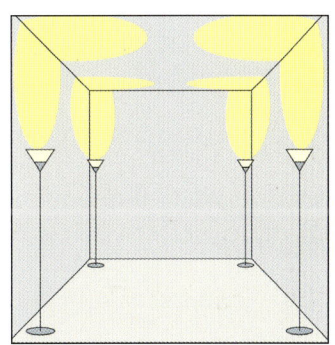

- 빛이 위쪽으로 나오는 스탠드로 비춘다

○ **펜던트를 사용**

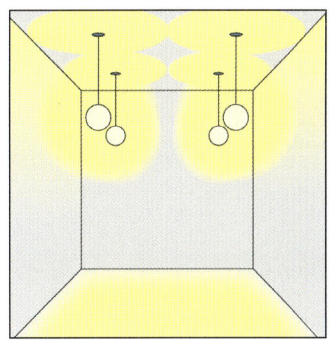

- 펜던트를 사용하여 위쪽을 중점적으로 비춘다

# 054

# 벽, 기둥을 비춘다

## Point

방 전체가 아닌 벽과 기둥을 효과적으로 비추면 '밝고 세련된 분위기'가 연출된다

### 수직면을 비추는 효과

사람은 누워 있을 때를 제외하고는 수평 방향인 바닥, 천장보다 수직 방향인 벽, 기둥, 가구가 시야에 잘 들어온다. 따라서 방 전체를 골고루 비추는 것보다 수직면을 잘 비추는 것이 더 밝고 세련된 공간을 연출하는 데 효과적이다.

좁은 공간에서는 벽면을 비추기만 해도 밝게 느껴지는데, 전반조명보다 인상적이고 밝은 느낌이 든다. 한편 넓거나 깊이가 있는 공간에서는 공간 안쪽 벽을 비추어 바닥 가운데를 어둡게 하거나 긴 벽면을 코니스 조명이나 월워셔 조명으로 연속적으로 비추어 넓이나 깊이를 강조할 수 있다.

벽 마감에 신경 썼거나 특별한 소재를 사용했다면 코니스 조명이나 월워셔 조명으로 특징을 돋보이게 한다. 벽에 그림을 장식했다면 스포트라이트로 시선을 집중시켜 공간의 중심으로 삼을 수 있다.

벽을 비추는 조명에는 코니스 조명, 월워셔 조명, 다운라이트, 스포트라이트, 브래킷, 스탠드 등이 있고 광원도 다양하다. 비추는 대상이 강조되는 것이 중요하기 때문에 기구는 깔끔한 디자인을 고른다.

### 커튼으로 연출하는 방법

창문에는 보통 커튼이나 블라인드가 달려 있다. 낮에는 커튼을 열어 유리창 너머의 바깥 풍경을 실내로 끌어들이고 공간이 확장된 듯한 느낌을 만들 수 있다. 반대로 밤에 커튼을 닫으면 방이 좁게 느껴지고 폐쇄감이 든다.

밤에 코브 조명이나 다운라이트 등으로 커튼을 비추면 공간이 넓어 보이고 답답한 느낌이 줄어든다. 또한 커튼의 색이나 무늬, 주름이 만들어내는 음영을 아름답게 보여준다.

## 벽을 비추는 방법

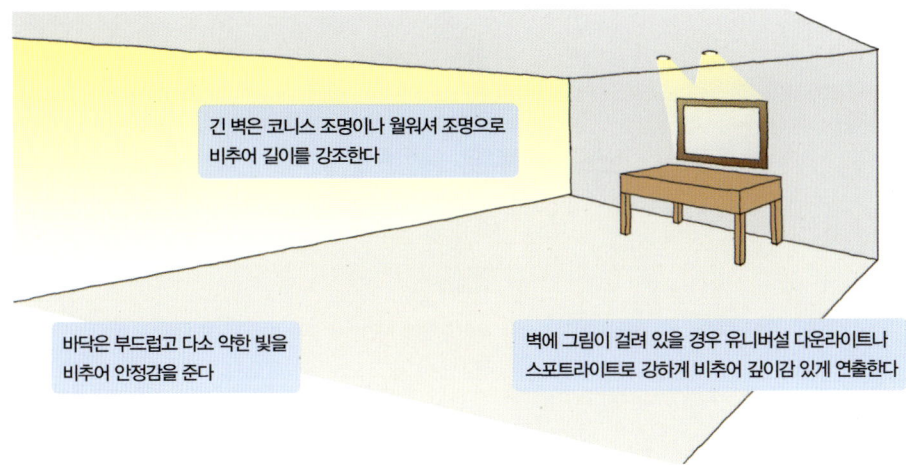

긴 벽은 코니스 조명이나 월워셔 조명으로 비추어 길이를 강조한다

바닥은 부드럽고 다소 약한 빛을 비추어 안정감을 준다

벽에 그림이 걸려 있을 경우 유니버설 다운라이트나 스포트라이트로 강하게 비추어 깊이감 있게 연출한다

## 커튼의 연출

낮에는 창문 너머로 공간이 확장되는 기분이 든다

밤에 커튼을 치면 좁고 답답해진다

커튼에 빛을 비추어 확장감과 안정감을 동시에 줄 수 있다

# 055

# 수평면을 비춘다

## Point

바닥, 책상, 벽, 천장을 '각각 따로' 비추어 동선과 시간대에 맞는 빛을 연출한다

### 따로따로 비추는 발상

방을 밝게 하려면 수평면을 밝히는 것이 기본이다. 일반적으로는 전반조명을 설치해 바닥과 공간 전체를 비춘다. 하지만 방 전체, 벽이나 천장이 아닌 바닥이나 테이블 면을 밝히는 방법도 있다. 바닥, 책상, 벽, 천장을 각각 따로 비추어 동선과 시간대에 맞는 빛의 장면을 연출할 수 있다.

### 수평면을 비추는 방법

보통 바닥이나 테이블 면은 다운라이트나 스포트라이트를 천장에 설치해 비춘다. 하지만 전반조명용 기구는 빛의 배광이 넓기 때문에 개별적으로 비출 때는 적절하지 않다. 바닥이나 테이블 면을 중점적으로 비추려면 빛을 한 방향으로 보내는 조명 기구나 램프를 선택하여 주변으로 빛이 새어나가지 않도록 한다.

다운라이트, 스포트라이트와 함께 빛의 확산 정도나 방향을 제어할 수 있는 기구에는 반사판 설계가 잘되어 있다. 광원으로는 할로겐램프, 소형 메탈핼라이드램프, LED 등이 있으며 발광 부분과 광원이 작을수록 반사판에 의한 빛의 확산 정도가 정밀해진다.

또한 다이크로익 할로겐램프, 알루미늄 미러 할로겐램프, 빔 램프 등은 램프 자체에 설계된 반사판이 있으며 빛이 확산되는 각도를 선택할 수 있어 편리하다.

### 전등갓이 달린 기구도 유효

바닥이나 테이블 면을 비추는 또 한 가지 방법은 빛이 새어나가지 않는 전등갓이 달린 기구를 사용하는 것이다. 책상 위 스탠드가 대표적이다. 펜던트나 간접조명으로도 같은 효과를 얻을 수 있다.

# 수평면을 비추는 방법

## ○ 백열등 또는 형광등 전반조명용 다운라이트

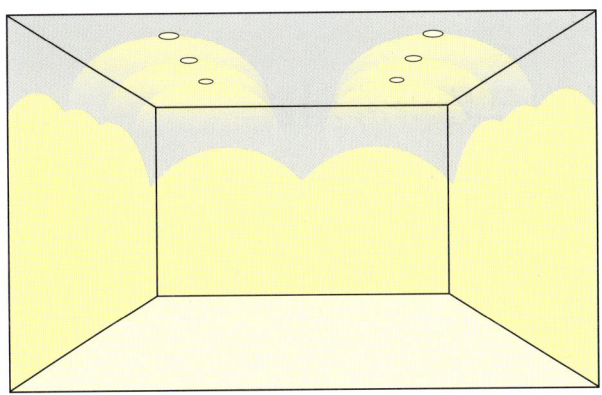

- 백열등 또는 형광등 다운라이트가 주택에서 가장 많이 쓰인다. 바닥뿐 아니라 벽면으로도 빛이 퍼져 방 전체를 밝게 한다

## ○ 다이크로익 할로겐램프 다운라이트

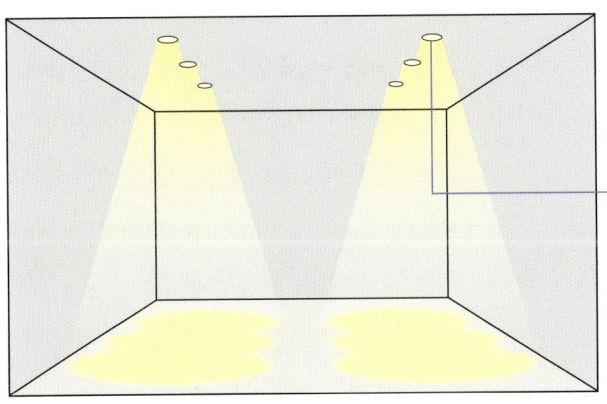

- 다이크로익 할로겐램프와 같이 빔각이 작은 다운라이트를 사용하면 빛이 좁은 범위를 비추어 다른 부분에 큰 영향을 주지 않는다

눈부심 방지용 캡이 깊을수록 기구가 눈에 띄지 않고 빛이 새어나가지 않는다

## ○ 펜던트

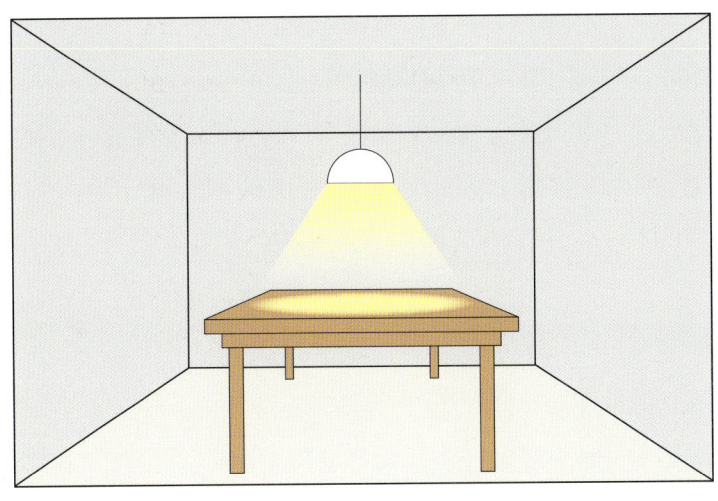

- 메탈 소재의 전등갓이 달린 기구는 아래 방향으로만 빛을 보내기 때문에 테이블 면만 비출 수 있다

# 056

# 경사천장의 조명과 주의점

## Point

'천장에 가급적 기구를 달지 않아야' 경사면이 아름답게 연출된다

### 천장의 방향성을 살린다

한쪽으로 기울어진 경사천장은 그 형태를 살려 조명 계획을 세운다. 가구 배치, 벽에 있는 창문과 문, 에어컨 등의 설비기기와의 관계도 고려해야 한다.

코브 조명 외에도 브래킷, 스포트라이트 등을 설치할 수 있으며, 디자인이 뛰어난 펜던트나 샹들리에를 천장의 경사 부분에 달면 장식성을 높일 수 있다.

하지만 경사면을 더 깔끔하게 살리려면 가급적 천장에 기구를 달지 않는 편이 좋다. 꼭 달아야 하면 관리가 용이하도록 낮은 위치에 설치하고 기구 수를 줄인다. 다운라이트나 스포트라이트도 경사천장의 높은 쪽에 설치하면 관리가 어려우니 주의한다.

### 브래킷이나 코브 조명으로 연출

경사천장의 낮은 쪽에 코브 조명을 설치하려면 창문이나 에어컨, 환기구 위치를 파악

하여 설치에 필요한 공간이 충분한지 검토한다. 경사천장의 높은 쪽에 코브 조명, 브래킷, 스포트라이트를 단다면 문이나 뚫린 부분, 2층과의 연결을 고려하여 최선의 배치 방법을 검토한다. 코브 조명을 사용할 때는 조명 내부가 그대로 보이는 위치가 있는지 확인하고 대책을 세운다.

경사면이 아닌 벽에 조명을 달면 빛의 확산이 불균일하고 기구도 불안정해 보이므로 설치를 삼간다.

### 밝기 시뮬레이션

경사가 낮은 쪽, 높은 쪽 모두에 조명을 설치할 때는 최종적으로 어느 정도 밝아지는지 예상해야 한다. 이를 위해 기구와 그 수량에 따른 밝기 정도를 시뮬레이션 해둔다.

# 경사천장의 조명 계획

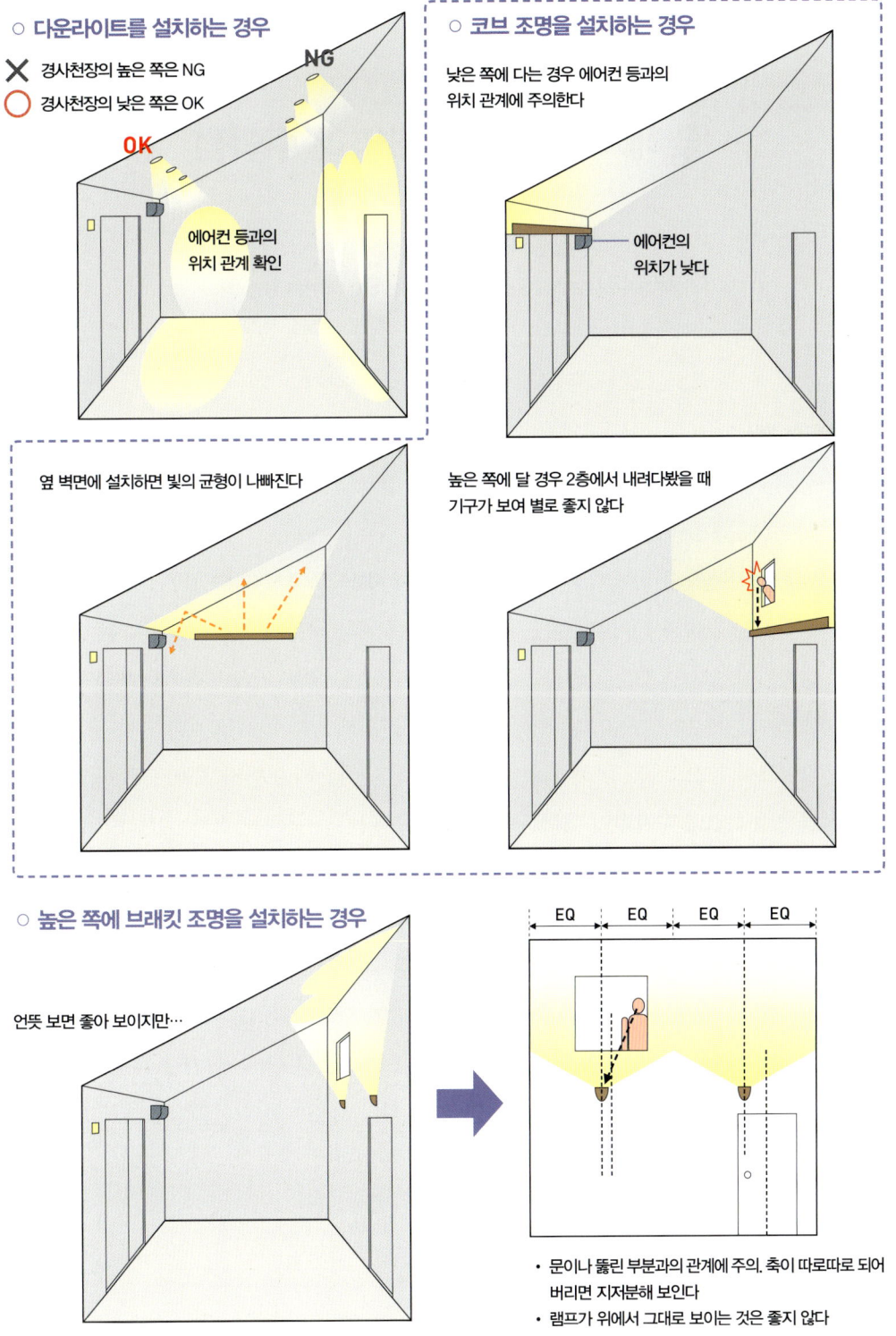

○ 다운라이트를 설치하는 경우

✕ 경사천장의 높은 쪽은 NG
○ 경사천장의 낮은 쪽은 OK

NG

OK

에어컨 등과의
위치 관계 확인

옆 벽면에 설치하면 빛의 균형이 나빠진다

○ 코브 조명을 설치하는 경우

낮은 쪽에 다는 경우 에어컨 등과의
위치 관계에 주의한다

에어컨의
위치가 낮다

높은 쪽에 달 경우 2층에서 내려다봤을 때
기구가 보여 별로 좋지 않다

○ 높은 쪽에 브래킷 조명을 설치하는 경우

언뜻 보면 좋아 보이지만…

EQ  EQ  EQ  EQ

• 문이나 뚫린 부분과의 관계에 주의. 축이 따로따로 되어
  버리면 지저분해 보인다
• 램프가 위에서 그대로 보이는 것은 좋지 않다

# 057

# 맞배지붕 천장의 조명과 주의점

## Point

'경사 아랫부분에 코브 조명이나 브래킷'을 설치하면 천장 디자인을 한층 살릴 수 있다

### 방향성을 살린다

맞배지붕의 경우 수직벽과 경사천장의 방향성이 다르기 때문에 이를 살려주는 조명 계획이 좋다. 경사천장과 마찬가지로 가구의 배치, 벽에 있는 창문과 문, 뚫린 부분, 에어컨 등 설비기기와의 관계를 고려하는 것도 중요하다.

다운라이트나 코브 조명, 브래킷, 스포트라이트를 사용하거나 디자인이 뛰어난 펜던트나 샹들리에를 천장의 중앙부에 다는 방법이 있다.

단, 천장 면을 더 깨끗하게 보이려면 천장에 가능한 한 기구를 달지 않는 편이 좋다. 꼭 달아야 하면 유지·관리가 쉽도록 낮은 위치에 적게 설치한다. 양쪽으로 경사진 천장 아래쪽에 코브 조명이나 브래킷을 설치하면 안정된 느낌이 들고 깔끔하게 정리되어 보인다.

설치할 때에는 창문, 에어컨, 환기구, 문, 뚫린 부분, 2층과의 연결 등을 고려하여 필요한 면적을 확보할 수 있는지 등을 검토한다.

### 보나 지붕 구조가 드러나는 경우

보나 지붕 구조가 드러나 있을 때는 각도를 조절할 수 있는 스포트라이트가 유용하다. 기구를 꽤 많이 달아도 보와 지붕 구조와 어우러져 산만해 보이지 않는다. 또한 지붕 구조는 다른 부분과 분리해 생각하면 더 상징적으로 연출할 수 있다.

삼각형 형태의 수직벽은 기구의 설치 위치를 정하기 어렵다. 특히 코브 조명은 자연스럽지 않다. 브래킷이나 스포트라이트는 비교적 간단히 달 수 있지만 개구부나 설비 등 기타 요소와의 위치관계와 그에 따른 빛의 확산 방식 등 검토사항은 많다.

## 맞배지붕 천장의 조명 계획

### ○ 다운라이트를 설치하는 경우

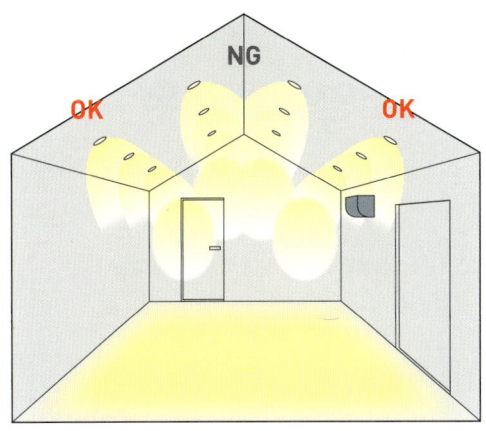

• 높은 쪽은 NG. 설치 대수를 최소한으로 해야 기구가 많다는 인상을 주지 않는다

### ○ 보나 지붕구조가 드러나는 경우

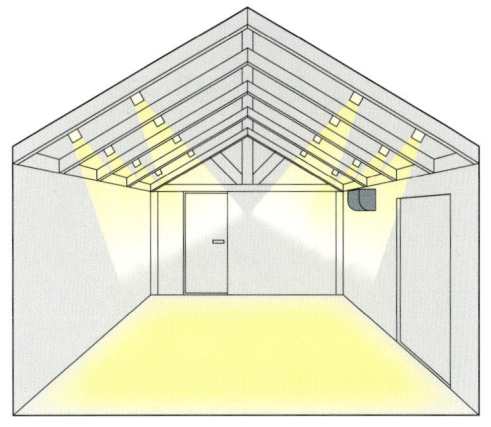

• 보나 지붕구조를 스포트라이트로 강조하는 연출이 가능하다

### ○ 경사 아래쪽에 코브 조명을 설치한 경우

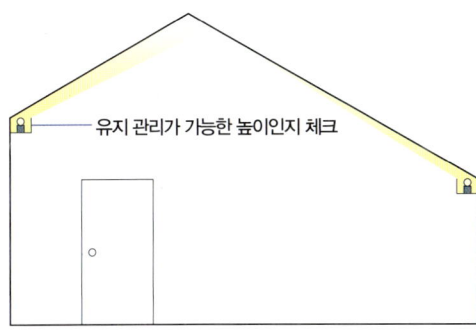

유지 관리가 가능한 높이인지 체크

• 경사진 천장 아랫부분 양쪽에 간접조명을 달면 깔끔해진다

### ○ 벽에 브래킷을 설치한 경우

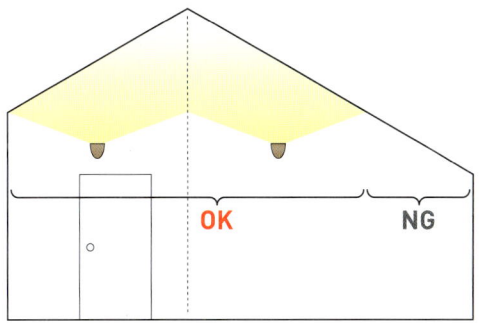

• 벽 부분은 기구의 설치 위치를 정하기 어렵다

### ○ 코브 조명을 설치할 경우

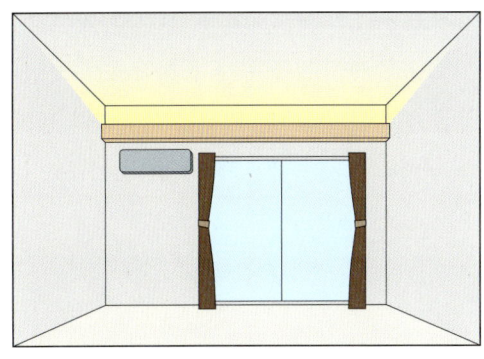

• 창문이나 에어컨이 방해되지 않는다면 경사 아랫부분에 코브 조명을 설치하면 경사를 아름답게 비출 수 있다

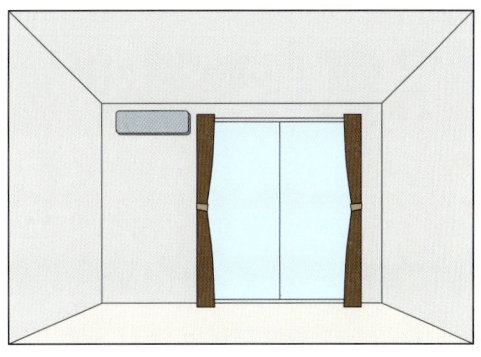

• 개구부가 높고 에어컨도 방해된다면 코브 조명은 달지 않는다

# 058

# 서로 다른 공간이 수평으로 연속될 경우

### Point

거실과 주방이 하나로 연결된 구조에서는 조명 기구 디자인은 2~3 종류로 줄이고 빛의 색온도를 통일한다

### 어디에나 있을 법한 LDK의 조명 패턴

거실과 주방이 하나로 연결된 구조에서 거실 중앙에 대형 형광등 실링라이트를 설치하고, 식탁 위에 펜던트를 2~3대 달고, 벽 가까이에는 다운라이트를 설치하는 예를 흔하게 볼 수 있다. 여기에 식당과 주방에 설치된 형광등과 벽부형 형광등, 수납가구 위에 놓인 스탠드까지 더해지면 공간의 특징은 가려지고 디자인의 통일감도 없어진다.

### 전체적인 통일감이 중요

서로 다른 공간이 하나로 연결되었을 때 조명 기구 종류가 너무 많으면 어수선하다. 조명 기구 디자인은 2~3 종류로 맞추고 빛의 종류도 줄이는 것이 좋다. 예를 들어, 전반 조명인 다운라이트에 월워셔 조명, 상향 조명, 식탁 위 펜던트에 바닥 간접조명… 이 모두를 동시에 켜서 하나의 빛 환경을 만들면 곤란하다.

LDK 각각의 용도와 활동에 맞추어 켜는 등과 켜지 않는 등을 구분하고, 빛의 색온도도 가급적 하나로 통일한다. 기구 배치에도 주의해야 하는데, 특히 다운라이트는 천장 가득히 무질서하게 배치하지 않도록 한다.

### 조명 수가 많을 때

여러 대의 조명이 필요할 때는 천장에 내는 기구 설치 구멍이 작은 것을 선택해 산만함을 최소화한다. 다운라이트를 2~4대 정도로 제한해서 설치하면 천장 면을 산뜻하게 하면서 충분히 밝은 공간을 만들 수 있다.

상점 등에서는 천장에 슬릿을 만들어 기구를 집약하거나 3등 기구를 사용하여 광원 수가 많아도 산뜻하게 보이도록 한다.

## 연속된 LDK의 조명

### 나쁜 예

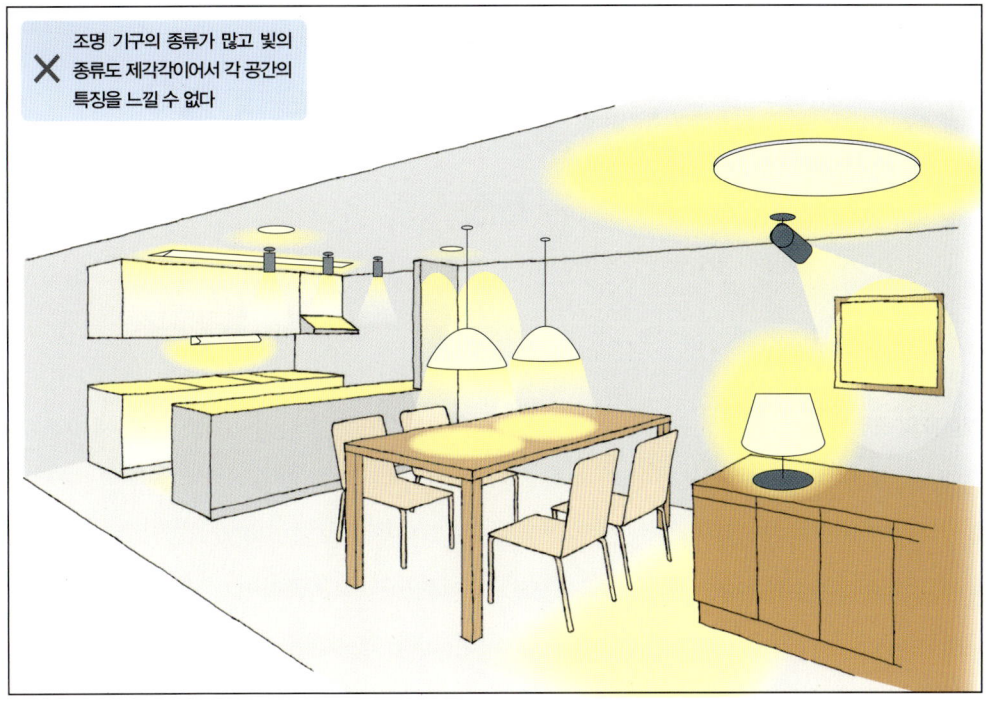

✕ 조명 기구의 종류가 많고 빛의 종류도 제각각이어서 각 공간의 특징을 느낄 수 없다

### 좋은 예

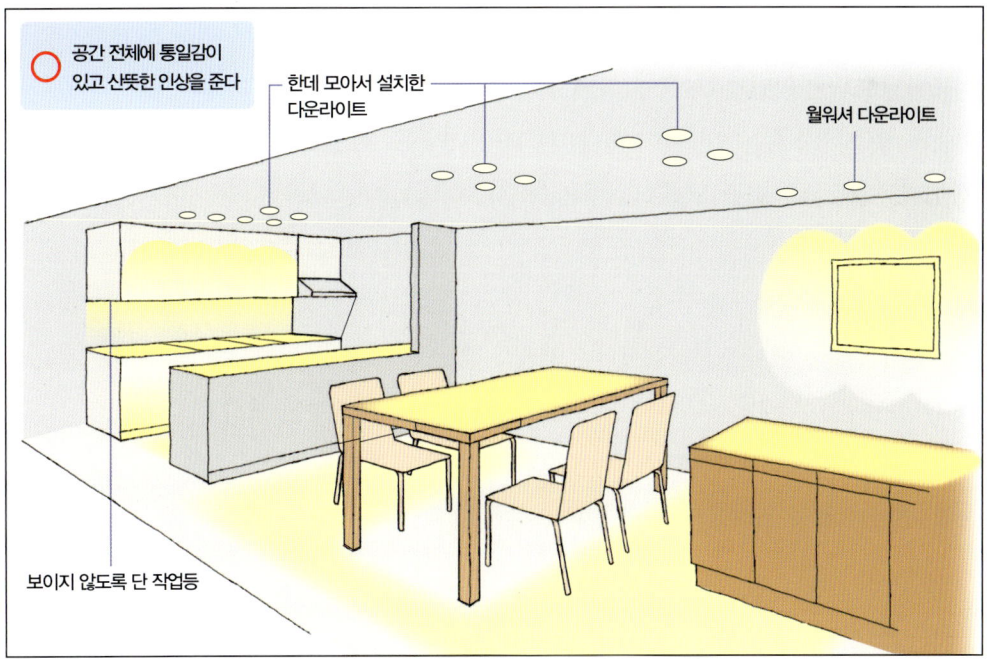

○ 공간 전체에 통일감이 있고 산뜻한 인상을 준다

한데 모아서 설치한 다운라이트

월워셔 다운라이트

보이지 않도록 단 작업등

# 059

# 서로 다른 공간이 수직으로 연속될 경우

## Point

보이드에서는 다양한 높이와 각도에서 '조명이 어떻게 보이는지', '눈부심', '안전성'을 확인한다

**보이드의 조명**

주택에도 보이드 공간이 늘고 있다. 보이드는 수직 방향의 공간감을 살려 공간을 역동적이고 특색 있게 만든다. 이런 특징을 강조하면서 필요한 부분을 적절히 비추는 조명 계획은 상당히 어렵다.

특히 계단이 있거나 위아래층에서 올려다보거나 내려다볼 수 있는 경우 다양한 높이와 각도에서 조명이 어떻게 보이는지, 눈부심이 있는지, 안전한지 등을 검토해야 한다. 관리가 어려운 장소에는 기구를 달지 않는다.

**위아래의 연속성을 의식**

보이드의 보 부분에 스포트라이트나 브래킷을 달 경우에는 광원이 눈부시지 않은지, 기구의 내부가 어떻게 보이는지 신경 쓴다. 이것은 펜던트나 샹들리에를 달 때도 마찬가지이다.

코브 조명, 코니스 조명, 밸런스 조명 등

은 기구 안쪽이 보일 듯하면 사용하지 않는 것이 낫다. 안쪽을 숨기기 어려우면 아예 기구를 노출하는 조명이 효과적일 수 있다.

계단이 있다면 적어도 안전한 보행을 위한 빛을 확보한다. 하지만 기능적인 면만을 고려하여 보이드의 특징을 살리지 못하면 소용없다. 보이드 공간의 아래층에 있을 때는 위층과의 연결성을, 반대로 위층에 있을 때는 아래층과의 연결성을 느낄 수 있도록 코너 등 요소요소에 빛을 배치한다. 설령 작은 빛이라도 빛의 존재에 따라 공간의 연속성을 연출할 수 있다.

또한 2층 천장을 비추어 높이와 거리감을 강조하거나 코니스 조명이나 스탠드 등으로 벽을 비추어 수평 방향의 넓이를 강조하는 방법도 효과적이다.

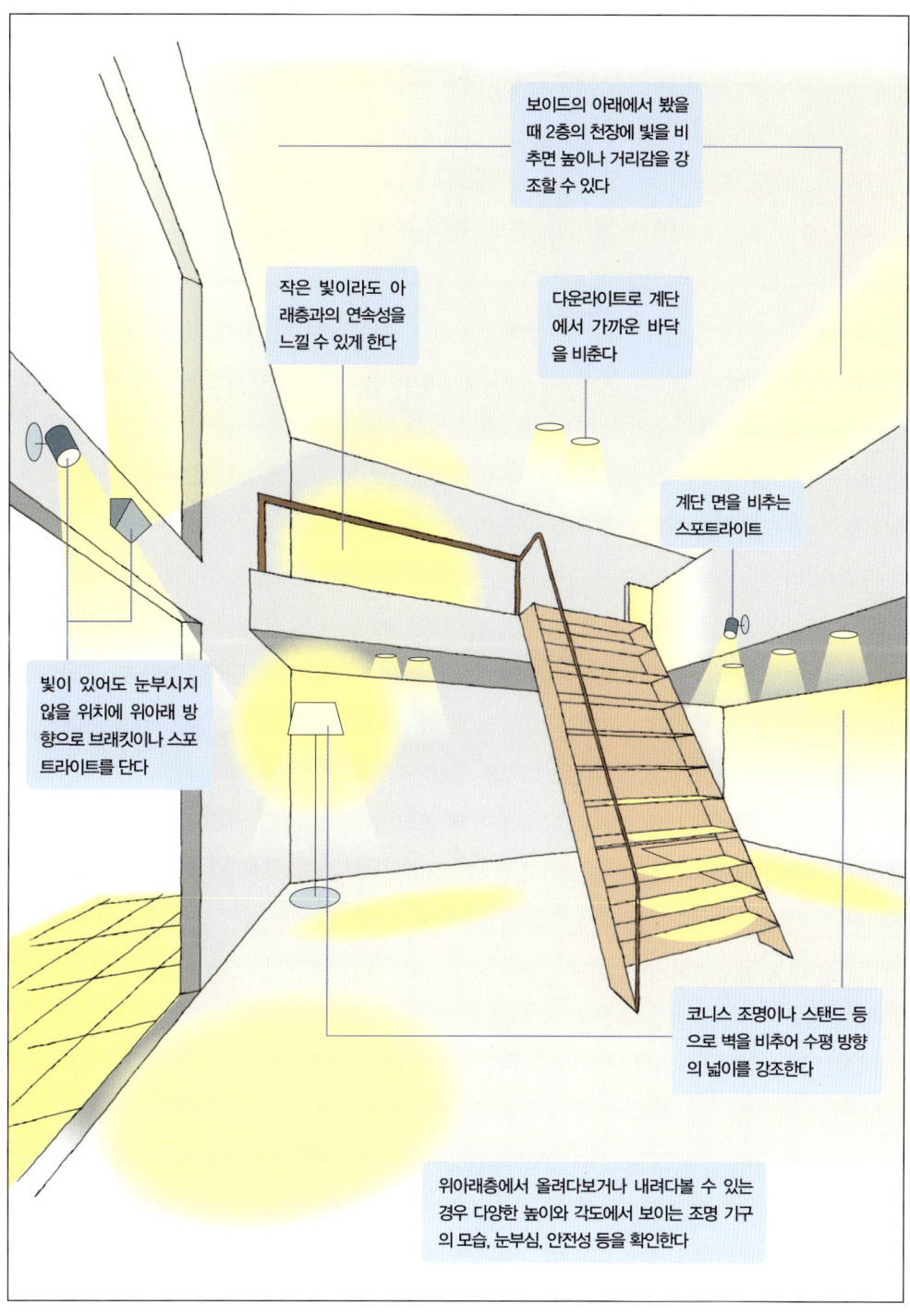

보이드의 아래에서 봤을 때 2층의 천장에 빛을 비추면 높이나 거리감을 강조할 수 있다

작은 빛이라도 아래층과의 연속성을 느낄 수 있게 한다

다운라이트로 계단에서 가까운 바닥을 비춘다

계단 면을 비추는 스포트라이트

빛이 있어도 눈부시지 않을 위치에 위아래 방향으로 브래킷이나 스포트라이트를 단다

코니스 조명이나 스탠드 등으로 벽을 비추어 수평 방향의 넓이를 강조한다

위아래층에서 올려다보거나 내려다볼 수 있는 경우 다양한 높이와 각도에서 보이는 조명 기구의 모습, 눈부심, 안전성 등을 확인한다

# 060

# 외부와의 연속성

## Point

외부와의 연속성을 만들려면 '실내보다 실외를 약간 밝게' 한다

### 거실과 정원을 비춘다

실내에서 정원이나 테라스가 내다보이는 경우 연속되는 공간을 연출해보자. 실내에서 실외로 시각적 연속성이 만들어지면 공간이 넓어 보인다.

외부와의 연속성을 만들 때는 실내보다 실외를 다소 밝은 상태로 하는 것이 중요하다. 옥외를 밝힐 때는 보이는 부분 위주로 비춘다.

### 유리에 반사되지 않도록

실내가 밝고 실외가 어두우면 창문 유리가 거울처럼 빛을 반사시켜 밖이 안 보인다. 실내에서 유리의 수직면에 많은 빛이 비치거나 실링라이트 같은 대형광원이 환하게 빛날 때 특히 그렇다.

그러나 다운라이트의 밝기를 줄이고 바닥을 비추면 유리면에 반사되는 빛을 줄여 외부와의 연속성을 가질 수 있다. 또는 조광

스위치로 실내 밝기를 전체적으로 떨어뜨리고 상대적으로 외부 몇 군데를 밝혀 포인트를 주면 정원이 예쁘게 보인다.

### 정원이 있는 욕실

최근에는 욕실을 테라스에 면하게 하거나 작은 욕실 전용 정원을 만드는 등 옥외와 이어지는 설계가 늘고 있다. 이때도 실내는 다소 어둡게 하고 외부는 약간 밝게 하는 것이 원칙이다. 이 점을 생각하면서 아름답게 넓어지는 욕실 디자인을 조명의 연출로 살리면 좋다.

## 외부와의 연속성

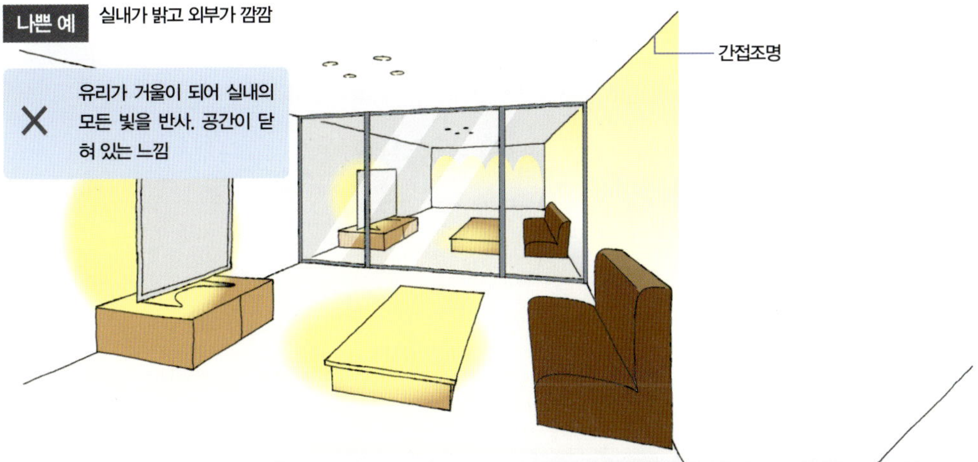

**나쁜 예**  실내가 밝고 외부가 깜깜

✕ 유리가 거울이 되어 실내의 모든 빛을 반사. 공간이 닫혀 있는 느낌

간접조명

**좋은 예**  실내가 어둡고 외부가 다소 밝음

◯ 유리의 투명성이 살아나 실내에서 정원이 잘 보인다. 실내에서 외부로 공간이 확장되는 느낌

## 욕실의 경우

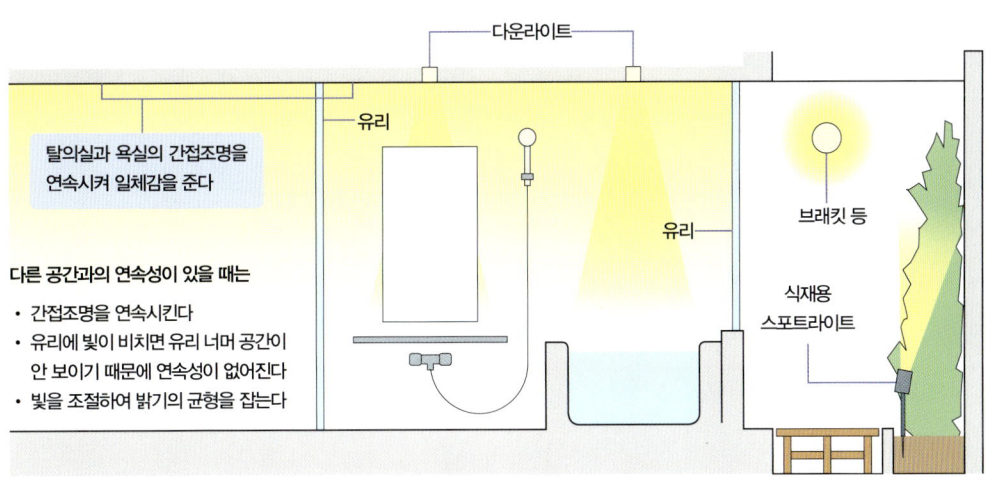

다운라이트

유리

탈의실과 욕실의 간접조명을 연속시켜 일체감을 준다

**다른 공간과의 연속성이 있을 때는**

· 간접조명을 연속시킨다
· 유리에 빛이 비치면 유리 너머 공간이 안 보이기 때문에 연속성이 없어진다
· 빛을 조절하여 밝기의 균형을 잡는다

유리

브래킷 등

식재용 스포트라이트

# 061

# 전구를 노출하여 활용

## Point

제조가 중단된 백열전구의 대체품으로는 '미니크립톤전구'와 '할로겐램프'가 있다

### 전구는 조명의 원점

조명의 역사를 거슬러 올라가면 에디슨의 전구에 이른다. 예나 지금이나 전구의 모양은 큰 차이가 없는 편이다. 그런데 요즘은 건축 디자인과 어울린다면 전구를 그대로 노출하는 경우가 많아졌다.

정교한 조명 기구보다 저렴한 점이 매력이지만, 아쉽게도 에너지 절약 흐름 때문에 지금까지 가장 많이 보급된 E26 타입 소켓은 앞으로 구하기 어려워진다.

### 전구의 종류

가장 일반적인 전구는 하얀 유리의 실리카전구이다. 유리가 하얗게 가공되어 유리 표면에서 빛이 확산되기 때문에 광색도 하얗다. 60W 정도라도 전구가 노출되면 꽤 눈부시기 때문에 공간이 잘 안 보일 수 있다.

투명유리로 된 투명전구(클리어전구)는 필라멘트부의 발광색 그대로 광색도 다소 오렌지빛을 띤다. 실리카전구에 비해 반짝임이 있는 편이다. 둘 다 램프가 시야에 들어오면 상당히 눈부실 수 있기 때문에 밝기를 조절할 수 있도록 한다.

실버램프(미러 구)는 투명전구의 약 절반 위치까지 유리 내부에 알루미늄 반사경이 증착되어 있다. 빛이 직접 눈에 들어와서 생기는 눈부심을 차단하면서 거울면에 반사된 빛을 간접조명처럼 활용할 수 있다.

전구를 노출할 때는 나사를 이용해 직접 달 수 있는 소켓 리셉터클(receptacle)로 실링램프처럼 천장에 부착하듯 달거나 펜던트로 천장에 매단다. 리셉터클을 천장이나 벽에 매입하여 전구만 노출되게 할 수도 있다.

전구의 장점은 필라멘트가 타면서 열을 발산하고 발광하는 심플함에 있다. 이후에는 백열전구를 대체하는 미니크립톤전구와 할로겐램프가 활약할 것이다.

## 실버램프

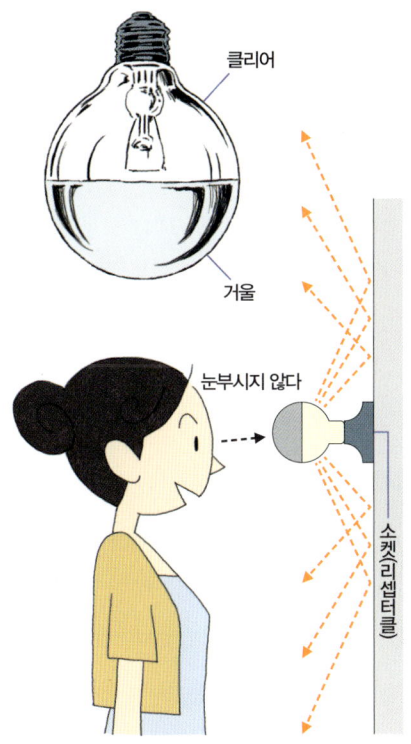

클리어

거울

눈부시지 않다

소켓(리셉터클)

• 실버램프를 사용하면 간단하게 간접조명을 만들 수 있다

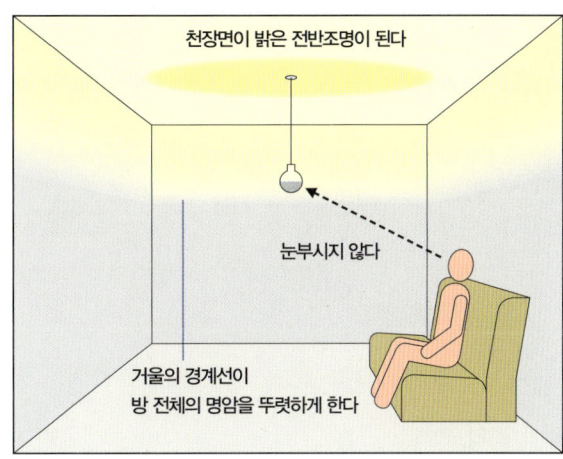

천장면이 밝은 전반조명이 된다

눈부시지 않다

거울의 경계선이
방 전체의 명암을 뚜렷하게 한다

## 전구의 설치

○ **리셉터클을 이용**

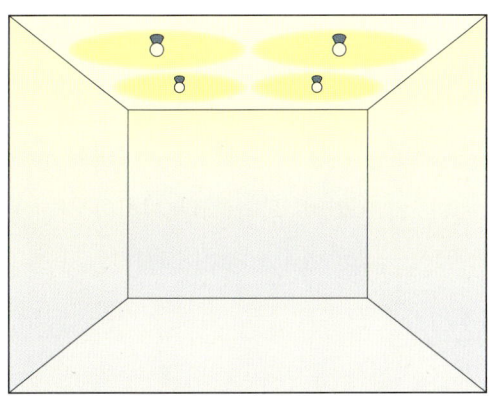

• 천장이나 벽에 리셉터클을 이용하여 달면 설치 면이 가장 밝아진
다. 천장 면을 일부러 밝히고 싶을 때 효과적이다

○ **펜던트를 이용**

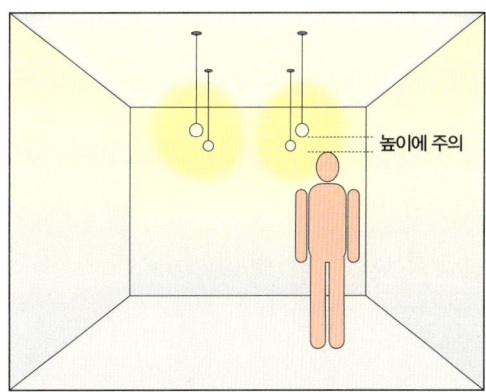

높이에 주의

• 방 전체를 가장 골고루 밝힐 수 있다. 에어컨 바람에 의해 전구가
흔들리지 않는지 확인한다

# 062

# 다이크로익 할로겐램프의 활용

## Point

다양한 빔각이 있어 '협각', '중각', '광각'을 조합하여 연출할 수 있다

### 협각, 중각, 광각

다이크로익 할로겐램프에는 다양한 빔각이 있다(211쪽 참조). 10도의 협각(집광)램프는 빛을 비추는 부분과 비추지 않는 부분이 분명히 대조된다. 따라서 스포트라이트로 인상적으로 비추고 싶을 때 사용한다. 20도의 중각램프는 천장이 다소 높은 곳에서처럼 광원에서 대상물까지 거리가 있을 때 적합하다. 가까운 거리에서 사용하면 10도와 마찬가지로 콘트라스트가 강한 빛이 된다. 30도의 광각(확산광)램프는 천장고 2.5m 정도의 방에서 전반조명으로 테이블이나 바닥, 그림 등을 비출 때 효과적이다. 또한 벽 쪽에 등간격으로 설치해 벽을 비추는 월워셔 조명으로 쓸 수도 있다.

협각, 중각, 광각을 조합하여 빛의 농도 차이를 주어 재미있게 연출할 수도 있다.

### 기구의 종류

다이크로익 할로겐램프의 기구는 다양하다. 가격과 외관뿐 아니라 눈부심 차단 성능 등의 부가기능을 주의 깊게 살펴본 후 선택한다. 기구의 실제 크기가 카탈로그에서 볼 때와는 다를 수 있으니 주의한다.

스포트라이트는 천장이나 벽에 고정하는 직부형, 레일형, 방수 기능이 있는 옥외형, 흙바닥에 꽂는 스파이크 부착형 등이 있다. 다운라이트는 직하형 베이스조명, 내부에서 방향이나 각도를 바꿀 수 있는 어저스터블형, 조금 돌출된 형태의 유니버설형 등이 있다. 최근 몇 년 동안 각종 시설과 상점에서 많이 쓰인 각형 다운라이트는 2~3개의 광원을 한군데 모을 수 있어 천장을 깔끔하게 디자인하기 좋다. 한편, 와이어트랙(wire track) 조명시스템은 12V의 할로겐램프를 사용한다.

# 다이크로익 할로겐램프의 사용법

## ○ 다운라이트를 설치하는 경우

## ○ 와이어트랙 조명시스템

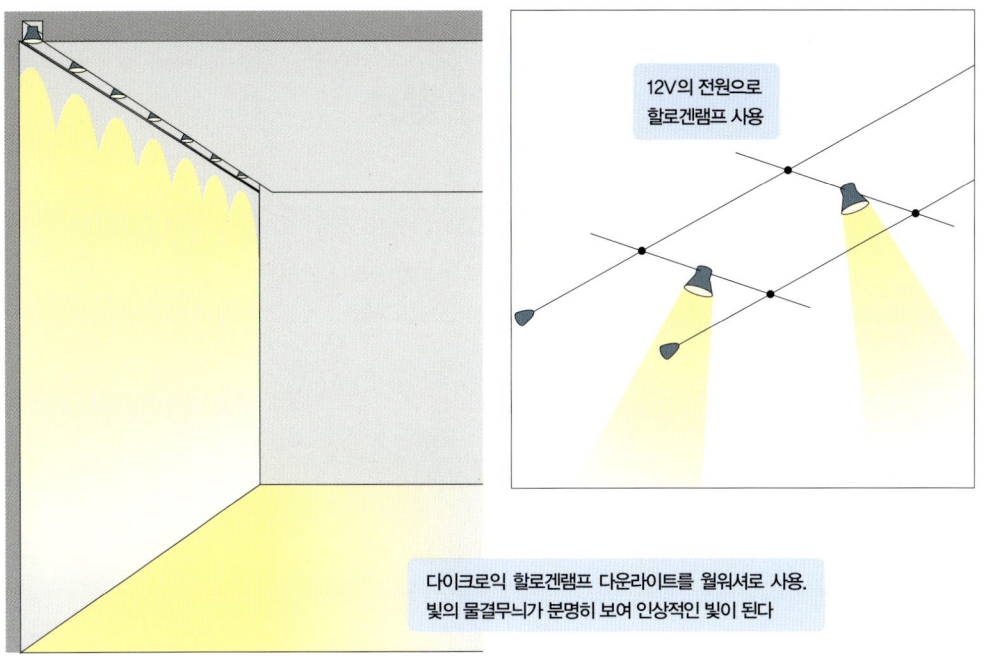

12V의 전원으로
할로겐램프 사용

다이크로익 할로겐램프 다운라이트를 월워셔로 사용.
빛의 물결무늬가 분명히 보여 인상적인 빛이 된다

## ○ 스포트라이트

## ○ 각형 다운라이트

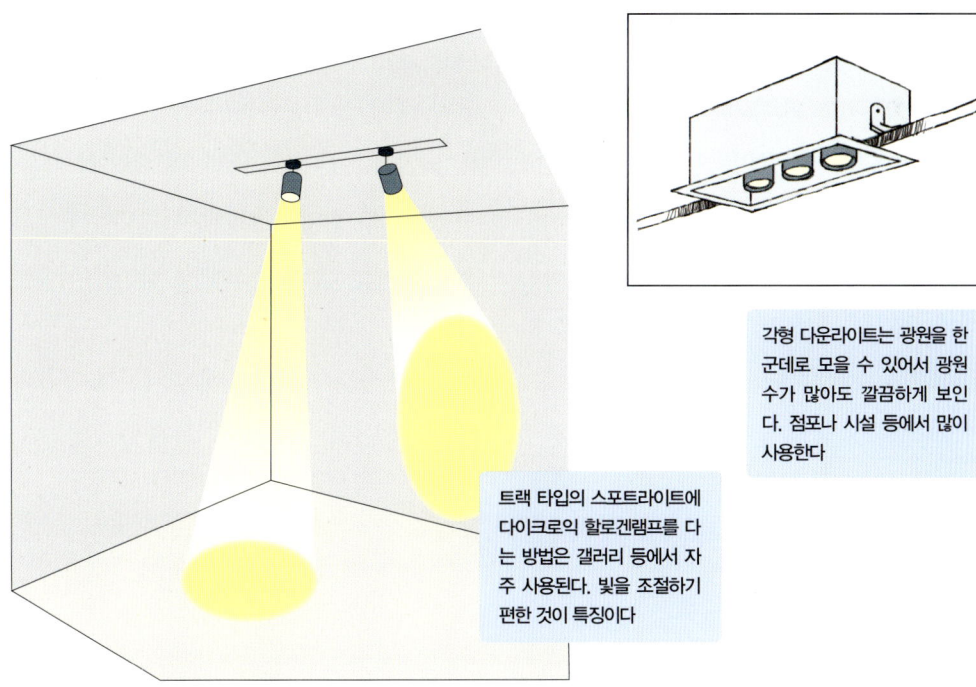

각형 다운라이트는 광원을 한
군데로 모을 수 있어서 광원
수가 많아도 깔끔하게 보인
다. 점포나 시설 등에서 많이
사용한다

트랙 타입의 스포트라이트에
다이크로익 할로겐램프를 다
는 방법은 갤러리 등에서 자
주 사용된다. 빛을 조절하기
편한 것이 특징이다

# 063

# 스탠드의 활용

## Point

스탠드 전구로는 백열전구를 사용하고 가정용 조광 스위치를 달아 '편안한 밝기'를 만든다

### 간접조명으로 사용

스탠드는 이동이나 추가 설치가 간단하고, 기구의 크기와 디자인이 심플한 것부터 개성이 강한 것까지 종류가 다양해 활용도가 높다.

최근에는 간접조명용으로 디자인된 스탠드가 나와 가구 곁에 두기만 해도 간접조명이 완성된다.

클립으로 고정할 수 있는 책상용 스탠드는 원하는 밝기와 분위기가 나오는 위치에 설치한다. 작은 볼형 스탠드는 TV 뒤에 두면 화면을 보기 편하게 해주고 소파나 화분 뒤에 두면 차분하고 이색적인 분위기를 만들어준다.

스탠드를 조금만 활용해도 빛에 변화를 주어 같은 공간 다른 분위기를 연출할 수 있다.

### 백열전구와 조광기를 사용

스탠드의 광원으로는 백열전구를 사용하고

가정용 조광 스위치를 달아 적절한 밝기를 만들도록 한다(154쪽 참조). 스탠드만으로 적정 밝기와 편안한 분위기를 연출하는 대표적인 예는 호텔 객실이다. 호텔 객실 천장에는 거의 조명이 없고 스탠드 2~3대와 브래킷만으로 조명을 계획한다. 주택에도 그 정도로 과감한 조명 계획을 적용해볼 수 있다. 예를 들어, 침실에서는 전구를 3개 정도 사용한 대형 스탠드를 메인 조명으로 하고 방의 크기에 따라 소형 스탠드를 추가한다. 스탠드는 가능한 한 방의 대각선 코너에 설치한다. 또한 스탠드나 브래킷으로 침대 옆에 독서등을 두면 좋다.

스탠드는 자리를 차지하기 때문에 공간에 여유가 없는 경우에는 무리하게 두지 않는다.

## 스탠드의 종류

### ○ 간접조명용 스탠드 세로형

### ○ 간접조명용 스탠드 가로형

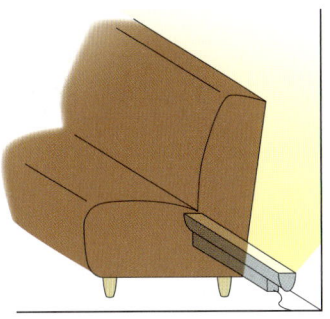

### ○ 볼형 스탠드

• 볼형 등의 심플한 소형 스탠드도 숨겨서 사용하면 간접조명이 된다. TV 뒤에 두는 것도 효과적이다. 최신 TV는 고휘도라 주변을 약간 밝게 하면 밝기 차이가 줄어 눈이 편하다

### ○ 클립 램프

• 책장에 클립램프를 달아 천장을 비추거나 책을 비추어 간접조명 효과를 얻을 수 있다

### ○ 호텔 객실

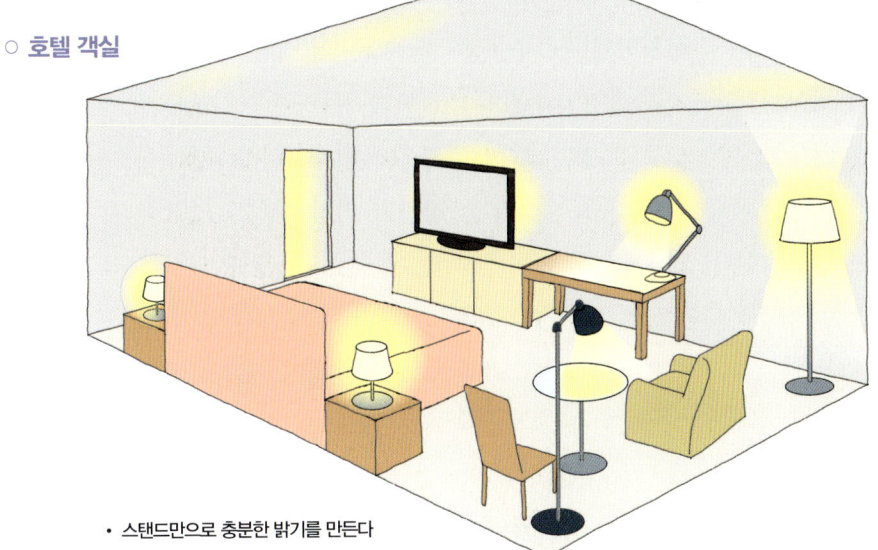

• 스탠드만으로 충분한 밝기를 만든다

# 064

# 가구를 이용한 간접조명

## Point

붙박이가구나 맞춤가구에 조명 요소를 더해 '건축과 인테리어에 스며드는 빛'을 연출한다

### 다채로운 연출이 가능

붙박이가구나 맞춤가구에 조명 요소를 더해 건축화조명이나 간접조명으로 쓸 수 있다. 위쪽 방향으로 천장 면을 비추면 코브 조명이 되고, 가구 아래에 설치해 바닥을 비추면 바닥 간접조명이 된다. 또한 낮은 서랍장의 위쪽 벽면에 간접조명을 달면 빛의 방향은 반대지만 코니스 조명과 같은 연출도 가능하다.

맞춤가구에 조명 기구를 설치하면 개보수 공사 같은 큰 공사 없이도 건축화조명처럼 인테리어와 조화되는 빛을 만들 수 있다. 설치할 때는 기구가 보이지 않고 전구를 교체하기 편하도록 신경 쓴다. 설계 시점에 상세한 치수를 결정하면서 사용할 램프나 기구의 특성을 확인한다.

### 치수, 열, 전원을 고려

가구에 간접조명을 넣는 경우 치수에 엄격

해야 한다. 조명 때문에 수납공간의 활용성이 크게 떨어질 수 있고 기구나 램프에서 나오는 열도 문제가 될 수 있다. 특히 목제가구는 조명의 열에 의한 파손 우려가 없는지 충분히 검토한다. 발열이 심한 램프가 있으므로 화상 염려는 없는지, 가구 위치 때문에 기구에 물이 스며들지 않을지 등을 체크한다.

형광등처럼 발열이 적은 기구라도 밀폐된 작은 공간에 넣어두면 고온이 되기 때문에 환기 구멍을 적절히 만들어두면 좋다. 시공 · 제작 · 설치 · 수리가 불가능한 상태가 되지 않도록 주의하며 설계한다.

전원의 위치 확인도 중요하다. 가구 아래쪽 콘센트나 천장에 설치한 실링로제트 (ceiling rosette)에서 전원을 끌어올 수 있는지 확인한다.

# 가구에 조명 설치하기

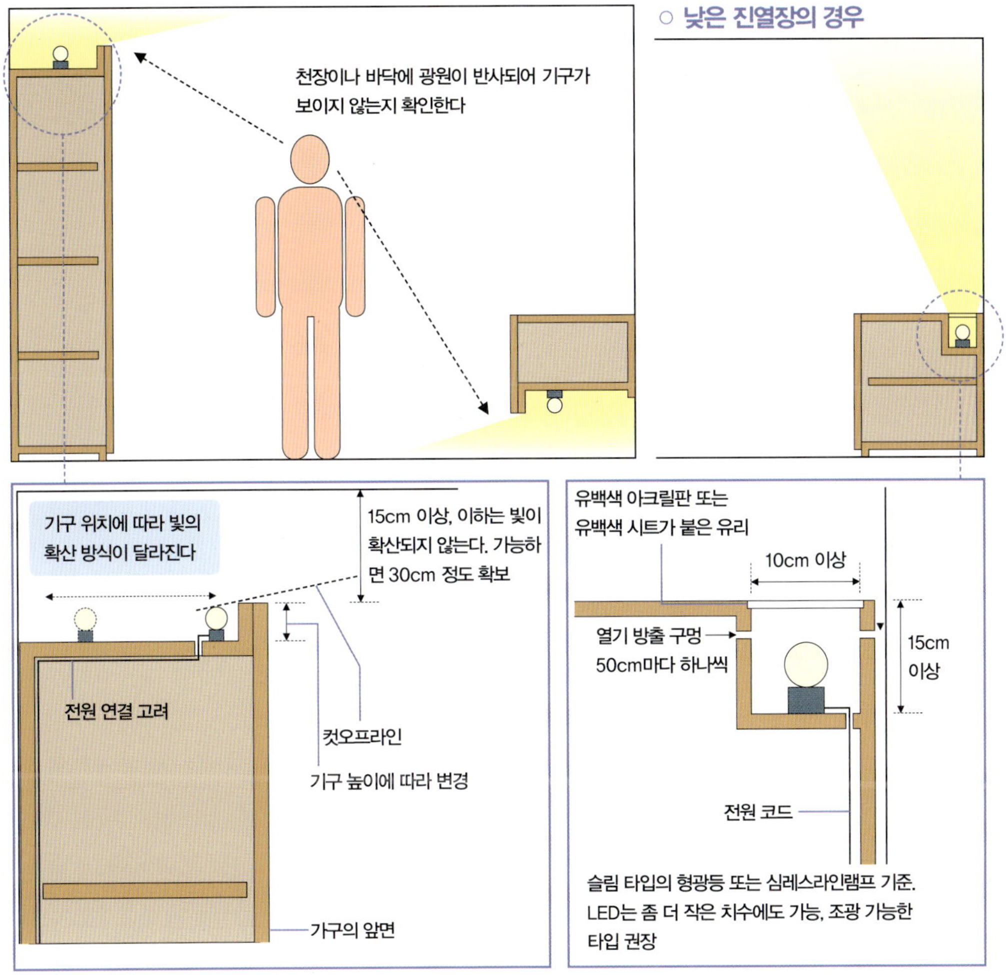

○ 낮은 진열장의 경우

천장이나 바닥에 광원이 반사되어 기구가
보이지 않는지 확인한다

기구 위치에 따라 빛의
확산 방식이 달라진다

15cm 이상, 이하는 빛이
확산되지 않는다. 가능하
면 30cm 정도 확보

전원 연결 고려

컷오프라인

기구 높이에 따라 변경

가구의 앞면

유백색 아크릴판 또는
유백색 시트가 붙은 유리

10cm 이상

열기 방출 구멍
50cm마다 하나씩

15cm
이상

전원 코드

슬림 타입의 형광등 또는 심레스라인램프 기준.
LED는 좀 더 작은 치수에도 가능, 조광 가능한
타입 권장

○ 기구 배치와 밝기

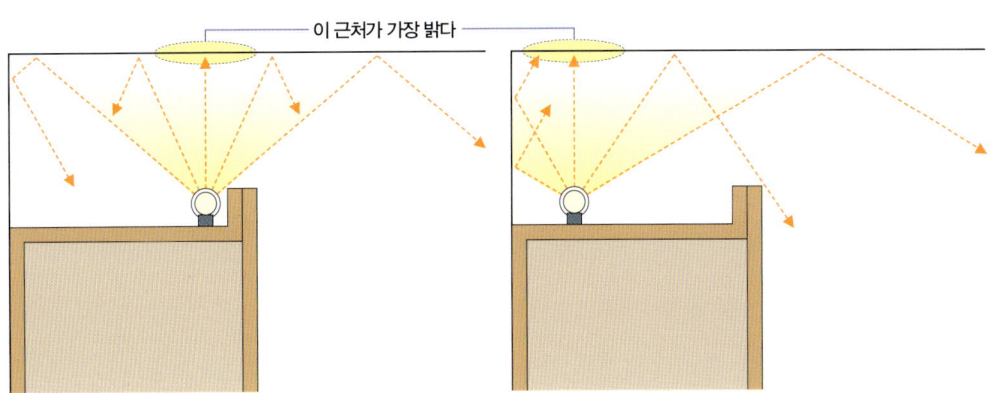

이 근처가 가장 밝다

# 065

# LED의 사용 1

**Point**

LED의 대중화는 이제 시작 단계다. 장점과 단점을 판단하여 적재적소에 사용한다

### 적재적소에 사용

LED의 장점과 단점을 파악하여 설치장소를 정한다. 크기가 작고 수명이 긴 점은 다른 램프에는 없는 LED만의 장점이다. 램프 교체가 어려운 곳에 설치하면 효과적이다. LED는 주로 다음 장소에 사용된다.

### 계단조명과 바닥 유도조명

계단조명은 계단 한 칸마다 또는 한 칸씩마다 작은 빛이 있도록 설치한다. 계단 옆 벽이나 계단 수직판에 달아 발판을 비추거나, 발판 끝에 라인 형태로 설치한다. 바닥 유도조명은 바닥에 매입하여 점처럼 빛나는 조명으로, 방향을 안내하거나 공간의 경계를 표시한다.

### 난간조명

계단 난간이나 보이드 등에 면한 통로 난간에 사용된다. 바닥 면을 적당한 밝기로 비추

고 손잡이도 아름답게 빛나 연출 효과가 높다. 단, 아래에서 올려다봤을 때 눈부심이 없도록 설치에 주의한다.

### 상향조명과 정원조명

상향조명은 바닥 매입형이나 직부형으로 벽면, 기둥, 수목 등을 아래서 위로 비춰 올린다. LED는 발열과 소비전력이 적어 램프 교체를 거의 하지 않아도 된다. 정원조명으로는 LED와 소형 태양광 발전 패널을 조합한 제품이 인기다. 전원을 사용하는 식재용 전원은 LED로 충분한 밝기를 얻을 수 있다. 옥외용 조명기구로는 가성비 면에서 LED가 단연 최고다.

# LED 조명

○ **계단조명**

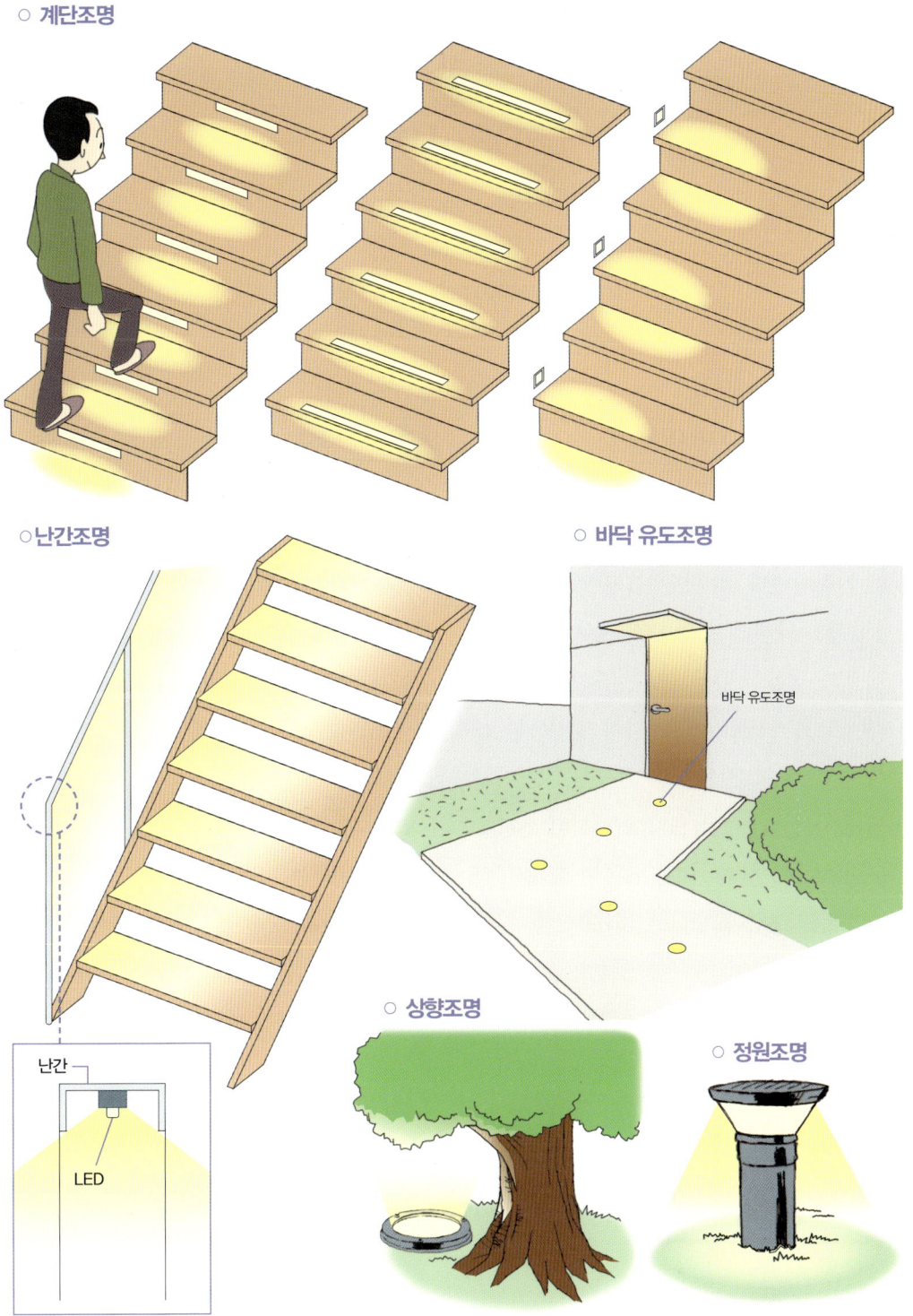

○ **난간조명**

난간

LED

○ **바닥 유도조명**

바닥 유도조명

○ **상향조명**

○ **정원조명**

# 066

# LED의 사용 2

### Point

**LED는 메인 조명으로 손색없을 만큼 충분히 밝다**

### 메인 조명으로도 LED가 대세

과거 LED는 광속량이 적어 밝기가 부족했다. 또한 점광원이라 빛이 확산되지 않는 것이 약점이었다. 하지만 지금은 백열등이나 형광등을 대신하는 전반조명으로 쓰일 정도로 밝기 성능이 향상되었다. 최근에는 다운라이트나 스포트라이트, 관형 형광등과 같은 사이즈로 같은 밝기를 얻을 수 있는 기구도 출시되었다. 색온도나 연색성이 형광등 수준으로 개선되어 높은 에너지 효율과 긴 수명 등의 장점이 더욱 보강되고 있다.

하지만 기구나 광원부 교체가 까다로운 제품이 있으니 유의한다. 광원부가 유닛 식으로 되어 교체가 용이한 제품을 선택하는 게 좋다. 다양한 조명 기구에 설치할 수 있도록 LED 전구의 종류도 늘어나는 추세여서 일반 전구와 동등하거나 그 이상의 다양성을 확보하고 있다.

### 효과적인 사용법

LED는 브래킷, 트랙용 스포트라이트, 간접조명, 충전식 스탠드 조명에도 적합하다. 전구 교체가 어려운 곳이나 작은 치수의 광원이 필요한 간접조명에 사용하는 것이 효과적이다. 발열이 적기 때문에 조도나 연출성이 요구되지 않는 가구에 설치하는 경우에도 적합하다.

크기, 광선, 발열 면에서 봤을 때, 귀금속류 등을 비추는 미니 스포트에도 유용하다. 좁은 공간에서 오랜 시간 상품을 비춰도 상품을 상하게 하지 않는다.

공동주택의 외부 복도나 옥외조명에 LED를 사용하면 벌레가 잘 꼬이는 않는다. 벌레는 자외선에 모여드는 특성이 있는데, LED 조명은 자외선을 발하지 않는다. 따라서 건물을 깨끗한 상태로 유지할 수 있다.

## LED 펜던트 라이트

LED가 얇다는 장점을
살린 펜던트 조명

두께 1,8cm

## LED 슬릿형 전반조명

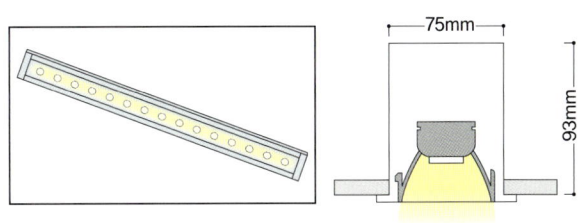

75mm

93mm

LED의 콤팩트함을 살린 형광등을 대신하는 라인형 조명 기구. 베이스 조명용 기구로는 너비가 가장 좁다

## LED가 적합한 용도

○간접 조명

램프 교체가 어렵고
높은 조도가 필요
없을 때

○미니 스포트

진열장 내부에 설치해 상품을
가까이에서 비출 때

○높은 곳

램프 교체가 어려운
장소 전반

**• 건축화조명 •**

**1**

코브 조명은 천장 면을 비추어 공간의 높이와 깊이를 강조하면서 실내에 부드러운 밝기를 준다.

**2**

코니스 조명은 벽면을 비추어 수평 방향의 넓이를 강조한다. 바닥 면을 직접 비출 때보다 밝게 느껴진다.

**3**

건축화조명으로 커튼 등을 비추면 표면의 질감이나 무늬를 입체적으로 표현할 수 있다.

**• 하부 간접조명 •**

**4**

계단 조명은 안전한 보행을 돕는다. 너무 밝지 않아서 어둠에 익숙해진 눈에 편하고 분위기도 좋다.

## · 보이드 공간 조명 ·

**5**

보이드가 있는 공간에서는 보이드의 천장부와 위쪽 벽면을
비추어 공간의 수직 방향의 넓이를 강조할 수 있다.

**6, 7**

벽면에 브래킷 조명이나 스포트라이트를 달면 램프 교체가
편리하고 아래 방향의 조명으로도 활용할 수 있다.

## · 실내와 실외의 연속성 ·

**8**

밤에는 유리창이 거울처럼 되어 실외가 거의 보이지 않는다.
조명으로 실외 바닥이나 식재 등을 비추고 실내 밝기를 떨어
뜨리거나 비추는 면을 조절하면, 외부로 시각적인 연속성을
얻어 개방감을 느낄 수 있다.

— 사진 1, 2, 5 제공 = 오델릭    — 사진 = 도키 코퍼레이션
— 사진 4 = 도키 코퍼레이션    — 사진 6, 7, 8 = 오다이코전기

Column

# Column

# 전기 공사 없이 조광하기

### 조광 장치의 종류

조광 장치의 종류는 다양하며 특징과 효과, 가격 등에 큰 차이가 있다. 조광 스위치가 없어도 천장에 있는 실링로제트에 조광 기능이 있는 배선 레일을 달면 백열등 스포트라이트나 펜던트의 빛을 조절할 수 있다.

스탠드는 기구의 플러그와 콘센트 사이에 끼워 넣는 스탠드용 조광 스위치를 이용해 조광할 수 있다. 이런 장치를 활용하면 식당이나 침실 등에서도 자유롭게 빛의 밝기를 조절할 수 있다.

### 조광 스위치와 시스템

조광 기능과 전원 버튼이 있는 스위치가 가장 일반적이다. 백열등용과 형광등용 중에 적합한 것을 설치하면 간단히 조광할 수 있다. 단, 스위치 하나당 1회로이기 때문에 회로 수가 많으면 한 공간에 스위치가 쓸데없이 많아지므로 주의한다.

○ **실링로제트용 조광 장치**

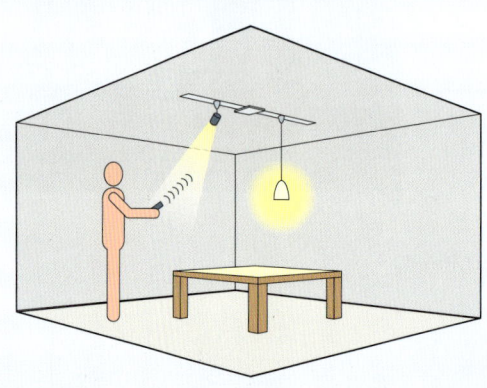

· 실링로제트용 배선 레일에 조광 기능이 있는 경우 리모컨으로 조광 가능

○ **스탠드용 조광 스위치**

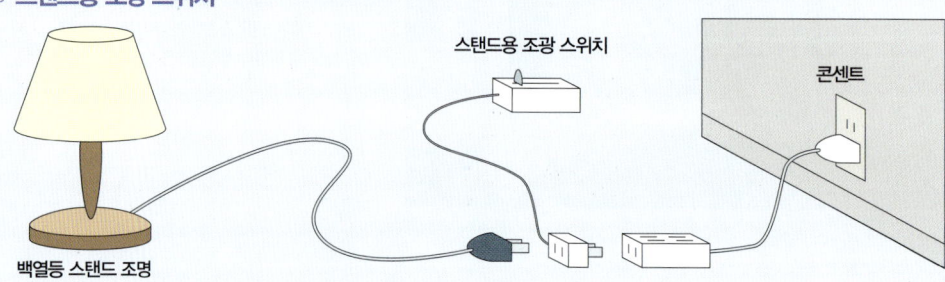

스탠드용 조광 스위치

콘센트

백열등 스탠드 조명

## CHAPTER 5

# 주거공간 외 조명 계획

사무실 · 상점 · 음식점 · 시설 · 집합주택

# 067

# 사무실 조명 계획

**Point**

책상 배치가 바뀌어도 조명에 문제가 없도록 '책상을 어느 곳에 두어도 일정한 밝기'가 되도록 한다

### 태스크 앰비언트 조명

사무실은 하루 중 가장 긴 시간을 보내는 공간이자 작업과 휴식이 동시에 필요한 곳이므로 이 2가지 기능을 충족시키는 조명을 계획한다. 또한 오피스 빌딩에는 건물 전체에 설치된 조명이 많고 점등 시간도 길어서 에너지 효율과 유지비용을 검토하는 것이 중요하다.

최근 사무실에서는 에너지 효율이 높은 태스크 앰비언트 조명(106쪽 참조)을 많이 사용한다. 전반조명과 태스크 조명, 상향조명을 조합하는 식의 다양한 패턴이 있다.

### 반사 글레어를 줄인다

컴퓨터 작업이 일반화되면서 발광하는 화면을 보며 작업하는 시간이 늘었다.

브라운관 모니터의 경우 화면에 천장의 형광등이 비쳐 화면이 잘 안 보이는 반사 글레어 문제가 발생하기 쉽다. 액정 모니터 사용이 보편화되면서 반사 글레어로 인한 불편은 대폭 줄었지만, 좀 더 철저하게 반사 글레어를 차단하고 싶다면 광원이 노출되지 않도록 천장에 매입하고 루버가 있는 조명 기구를 선택한다.

또한 화면보다 주위가 어두우면 밝기 차이로 인해 눈의 피로가 가중되므로 작업 환경은 충분히 밝아야 한다.

### 책상 배치가 바뀔 때를 고려해야

사무실에서는 책상 배치가 바뀌는 일이 많다. 따라서 책상을 어디에 두어도 일정한 밝기를 얻을 수 있도록 전반조명을 설치한다. 일반 사무일 경우 750lx 정도를 확보하고, 집중력을 요하는 섬세한 작업을 할 때는 스탠드 등을 사용한 태스크 조명으로 높은 조도를 확보한다.

## 태스크 앰비언트 조명의 패턴

○ 전반조명 + 태스크 조명

○ 상향조명 + 태스크 조명

○ 전반조명 + 상향조명 + 태스크 조명

## 글레어의 원리

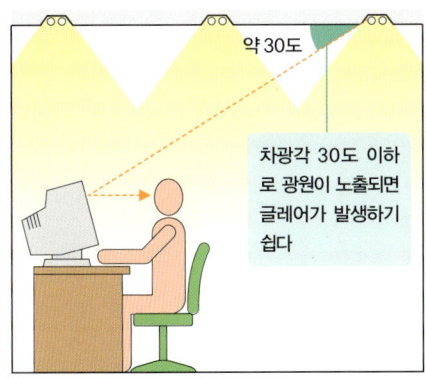

약 30도

차광각 30도 이하로 광원이 노출되면 글레어가 발생하기 쉽다

그림 오른쪽으로 갈수록 차광각이 작아져 모니터에 기구가 비치기 쉽다

## 조명 기구의 글레어 차단 정도

○ 거울면 루버(파라보릭)

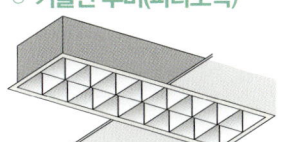

글레어 차단 수준이 가장 높다

○ 전방향 백색 루버

글레어를 충분히 차단한다

○ 확산 패널형 · 프리즘 패널형

글레어를 충분히 차단한다

○ 하부개방형

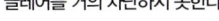

글레어를 거의 차단하지 못한다

○ 램프노출형 · 삼각등

글레어를 전혀 차단하지 못한다

## 조명의 배치

○ 사무실 레이아웃의 예(평면도)

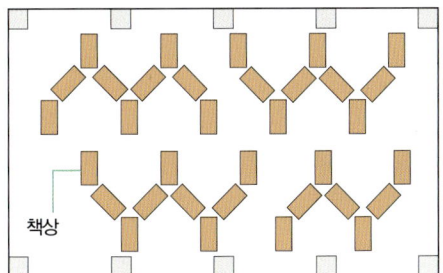

책상

책상 배치가 변경될 경우를 예상해둔다

○ 형광등 배치의 예(천장평면도)

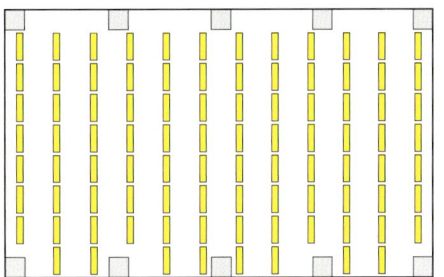

책상 배치 변경에 대응할 수 있도록 형광등 설치한다

# 068

# 녹색제품과 조명

**램프와 조명 기구 선택 시 '녹색제품 구매 가이드라인'을 참고한다**

### 녹색제품이란

'저탄소 녹색성장 기본법' 제2조 제5호에 따른 에너지 · 자원의 투입과 온실가스 및 오염물질 발생을 최소화하는 제품이다.

2005년 7월 1일 시행된 '녹색제품 구매 촉진법'은 녹색제품의 정보 제공을 통해 중앙정부, 지자체, 기타 공공기관이 녹색제품을 의무적으로 구매하게 하는 것을 일차적인 목표로 한다. 나아가 기업과 소비자는 녹색제품을 자발적으로 구매, 자원 낭비와 환경오염을 방지하고 국민경제의 지속가능한 발전을 도모하게 한다.

녹색제품 인증 기준은 환경 기준과 품질 기준으로 분류한다. 환경 기준은 제조 · 유통 · 사용 · 폐기 등 제품 전 과정에서 환경성(유해물질 저감 · 인체 안전 · 절전 · 절수 · 재활용 · 저소음 등)을 고려하고, 품질 기준은 해당 제품별 한국산업규격 등을 만족하도록 규정하고 있다.

녹색제품은 사용 단계에서 환경에 미치는 영향을 최소화하고 환경 복원 비용을 절감함으로써 사회적 비용을 줄일 수 있다. 소비자 입장에서도 녹색제품을 구매하면 사회적 · 환경적 편익 창출에 기여할 뿐 아니라, 경제적으로도 이익이다. 구매 단계에서 일부 비용이 추가되더라도, 사용 단계에서 전기료 · 물 사용량 · 폐기물 발생량 절감 등을 통해 비용 회수가 가능하다.

### 조명도 대상 품목

최소 녹색 기준 제품에는 조명 품목도 있다. LED 램프, LED 등기구, 메탈헬라이드램프, 투광조명, 형광램프 등이 포함되어 있다. 램프의 경우 램프 효율이 높은지, 수명이 긴지, 기구의 경우 에너지 효율이 높은지 확인한 후 선택한다.

# LED 녹색제품 구매 가이드라인

| 대상 | 최소 녹색 기준 |
|---|---|
| **LED 램프** | 정격전압 AC/DC 50V 이하에서 사용하는 30W 이하의 일반 조명용 컨버터 외장형 LED 램프와 AC 220V, 60Hz에서 사용하는 60W 이하의 일반 조명용 컨버터 내장형 LED 램프(컨버터 일체형만 적용)를 대상으로 한다. |

○ 제외 대상
– 부식성, 폭발성 등의 위험이 있는 특수환경에서 사용되는 제품
– 기타 일반조명용이 아닌 특수 용도에 사용되는 것(표시용, LED유도등, 자동차용 등)

| 항목 | 5W 이하 | 5W 초과 10W 이하 | 10W 초과 15W이하 | 15W 초과 |
|---|---|---|---|---|
| 광효율 | 75lm/W 이상 | 80lm/W 이상 | 80lm/W 이상 | 85lm/W 이상 |
| 초기광속 | 정격광속의 95% 이상 | | | |
| 광속 유지율 | 초기광속 측정값의 90% 이상 | | | |
| 연색성 | 80 이상 | | | |

• 시험 방법 : 산업통상자원부 고시 「고효율에너지기자재 보급촉진에 관한 규정」에 따름

**LED 등기구**
(매입형 및 고정형)

AC 220V, 60Hz에서 일체형 또는 내장형 LED 모듈 및 LED 소자를 광원으로 사용하는 일반 조명용 매입형 및 고정형 LED 등기구를 대상으로 한다(일체형 다운라이트포함).

| 항목 | 10W 이하 | 10W 초과 30W 이하 | 30W 초과 60W 이하 | 60W 초과 100W 이하 | 100W 초과 |
|---|---|---|---|---|---|
| 광효율 | 80lm/W 이상 | 90lm/W 이상 | 95lm/W 이상 | 95lm/W 이상 | 95W 초과 |
| 초기광속 | 정격광속의 95% 이상 | | | | |
| 광속 유지율 | 초기광속 측정값의 80% 이상 | | | | |
| 연색성 | 80 이상 | | | | |

• 시험 방법 : 산업통상자원부 고시 「고효율에너지기자재 보급촉진에 관한 규정」에 따름

**LED 보안등기구**

보행자의 안전을 목적으로 LED모듈 및 LED소자를 광원으로 사용하는 AC 220V, 60Hz의 LED 보안등기구를 대상으로 한다. 단, 파이프, 암 또는 기중(원주) 등은 제외하며 LED 등기구만 적용한다.

| | |
|---|---|
| 등기구효율 | 95lm/W 이상 |
| 초기광속 | 정격광속의 95% 이상 |
| 연색성 | 75 이상 |
| 광속 유지율 | 초기광속 측정값의 90% 이상 |

• 시험 방법 : 산업통상자원부 고시 「고효율에너지기자재 보급촉진에 관한 규정」에 따름

# 069

# 사무실 조명의 유지 · 관리

## Point

천장이 높은 장소의 조명은 '유지 · 관리가 번거롭고 비용이 들기' 때문에 설계 단계에서 충분히 고민한다

### 형광등 교체

사무실 조명에서 가장 흔한 관리 작업은 형광등 교체이다. 요즘 형광등의 수명은 대부분 1만 시간 이상으로, 사무실의 하루 점등 시간을 12시간이라고 가정하면 27개월 동안 쓸 수 있다.

형광등의 정격 수명은 더 이상 켜지지 않는 순간이 아니라 기준치 이하의 광속밖에 얻을 수 없는 상태를 가리킨다. 수명을 초과해 사용할 수는 있지만, 충분한 조도를 얻을 수 없어 쾌적한 작업 환경을 만들 수 없다. 따라서 영역별로 교체 시점을 정해 한꺼번에 교체하는 방법을 쓰기도 한다(60쪽 참조). 상황에 따라서는 정격 수명보다 빨리 수명이 닳을 수 있으므로 종류별로 예비 램프를 준비해둔다.

### 관리하기 편한 조명 계획

큰 오피스 빌딩에는 진입 홀 등 천장이 높은 장소가 많다. 이 경우 전문 업자가 가설 구조물을 만들거나 고소작업차를 이용해 조명을 관리한다. 건설 단계에서 천장 내부에 접근 루트(캣워크)를 만들어두는 방법도 있다. 모두 수고와 비용이 들기 때문에 설계 단계에서 고민하고 조언을 구한다. 설계사라면 건축주에게 충분히 설명하고 이해를 구한다.

규모가 작은 건물의 조명은 건축주가 직접 유지 · 관리를 할 수 있도록 설치 위치 등에 신경 쓴다.

### 자동승강 조명 장치

자동승강 조명 장치를 사용하면 유지 · 관리에 드는 수고와 비용을 줄일 수 있다. 스위치로 조명 장치를 올리고 내릴 수 있어 안전하고 빠르게 작업할 수 있다.

이때 장치가 열화되는 것에 주의한다. 외관으로는 판단하기 어렵기 때문에 정기적으로 점검한다.

## 사무실 조명의 유지·관리 사례

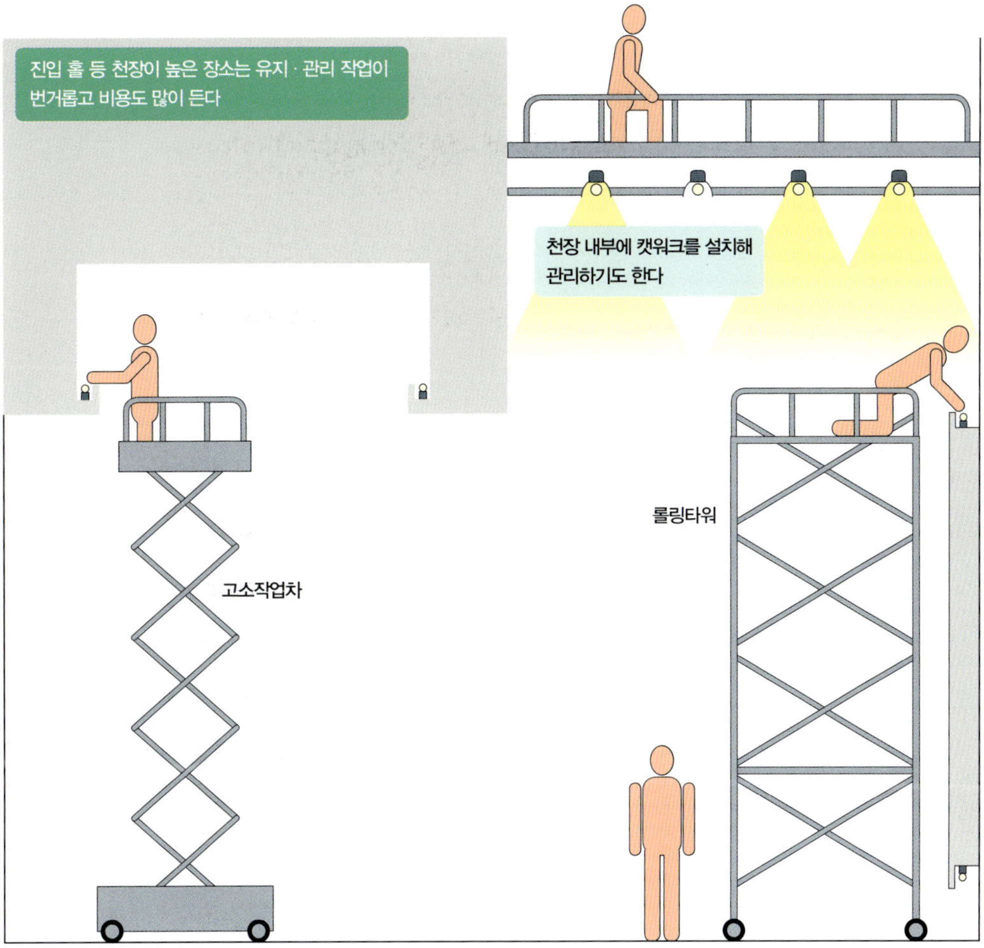

진입 홀 등 천장이 높은 장소는 유지·관리 작업이 번거롭고 비용도 많이 든다

천장 내부에 캣워크를 설치해 관리하기도 한다

롤링타워

고소작업차

## 자동승강 조명 장치

자동승강 조명장치를 사용하면 아래에서 램프 교체가 가능하기 때문에 안전하다

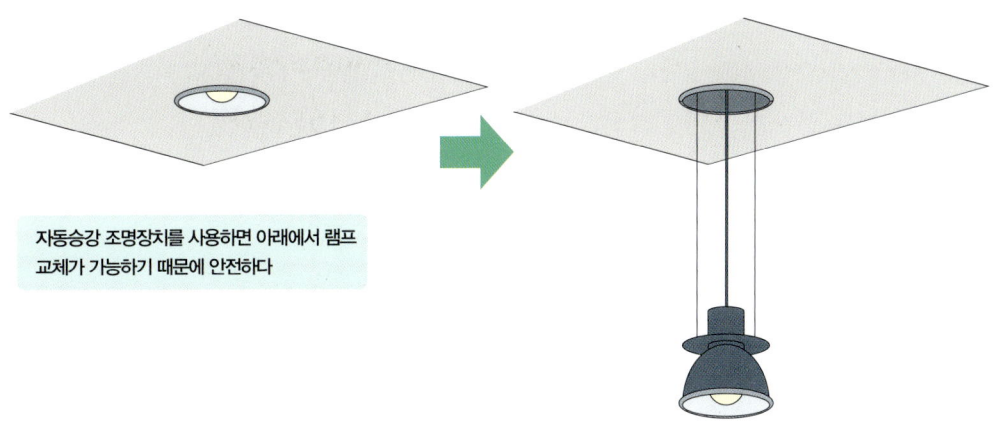

# 070

# 진입 홀

### Point

**천장이 높은 진입 홀은 '코브 조명', '코니스 조명', '광벽' 등을 적용한다**

### 진입 홀의 역할

사무실 진입 홀은 집에 비유하면 현관이나 대문에 해당한다.

직원이나 방문객 등 불특정 다수의 사람이 매일 출입하기 때문에 공공영역으로서 디자인되는 경우가 많다. 대부분 보이드로 천장이 높거나 전면 유리로 마감한 개방적인 공간으로 안내데스크를 두는 경우가 많다.

### 진입 홀에 알맞은 조명

천장이 높은 진입 홀에는 공간의 특성을 살려 코브 조명, 코니스 조명, 광벽 등 간접조명을 사용하면 좋다. 전반조명과 함께 안전한 보행이 가능한 정도의 조도로 바닥 면을 비춰야 하지만 인테리어에 따라서는 간접조명만으로 필요한 밝기를 확보하고 깔끔하게 디자인할 수도 있다.

대체로 아침 일찍부터 늦은 밤까지 조명을 켜두지만, 주요 장소는 타이머로 조절한다. 램프는 에너지 효율, 밝기, 램프 수명, 색온도 등을 고려했을 때 형광등, 메탈핼라이드램프, LED 등이 적합하다. 조명 기구 본체가 눈에 띄는 것보다 건물과 일체화하는 것이 바람직하므로 매입형 형광등이나 다운라이트를 사용한다. 안내데스크에 조명기구를 삽입하거나 바닥에 LED 조명을 설치하여 동선을 유도할 수도 있다.

### 세련된 빛의 연출

최근에는 모던하고 시원시원한 디자인의 진입 홀이 많다. 이런 공간의 경우 다소 긴장감이 느껴지도록 세련되고 힘있는 빛의 연출을 목표로 한다.

## 진입 홀의 조명

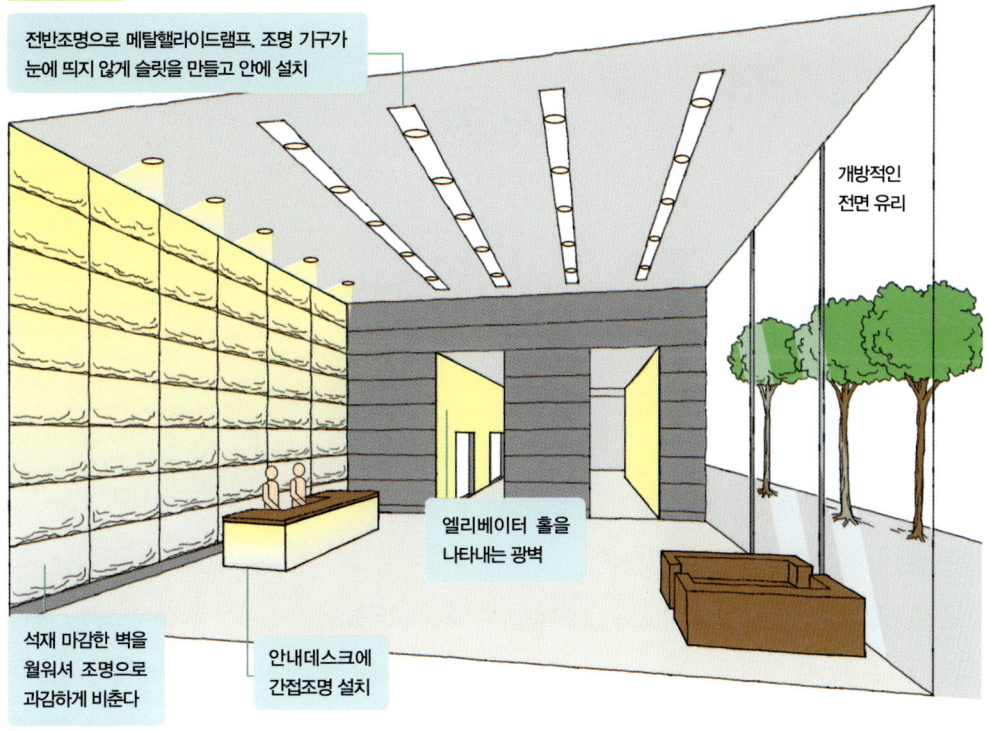

전반조명으로 메탈핼라이드램프. 조명 기구가
눈에 띄지 않게 슬릿을 만들고 안에 설치

개방적인
전면 유리

엘리베이터 홀을
나타내는 광벽

석재 마감한 벽을
월워셔 조명으로
과감하게 비춘다

안내데스크에
간접조명 설치

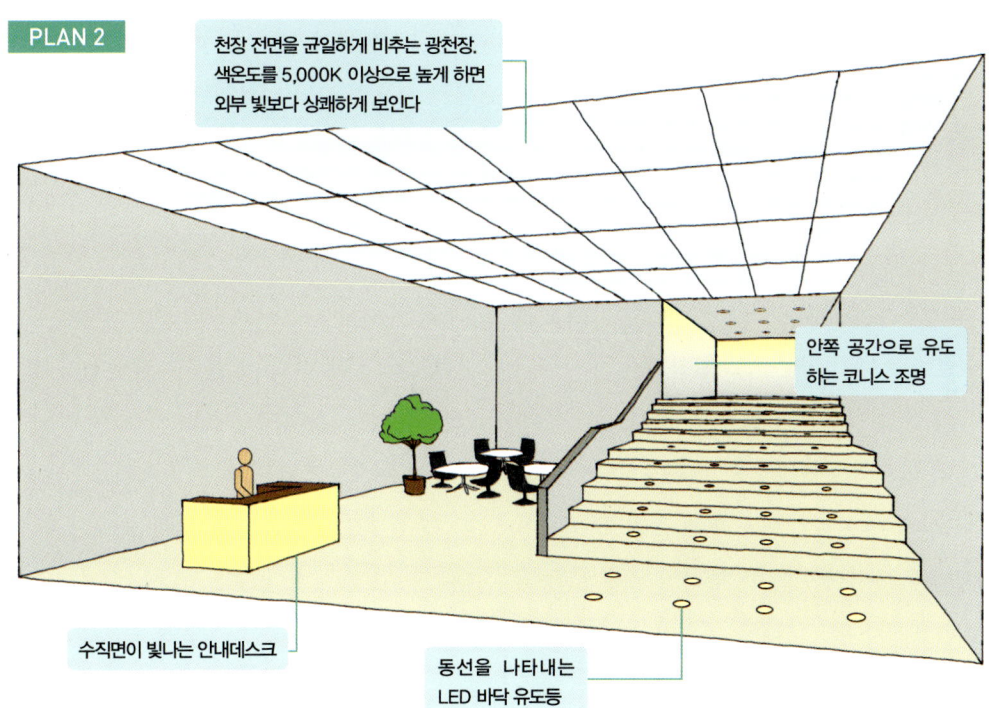

천장 전면을 균일하게 비추는 광천장.
색온도를 5,000K 이상으로 높게 하면
외부 빛보다 상쾌하게 보인다

안쪽 공간으로 유도
하는 코니스 조명

수직면이 빛나는 안내데스크

동선을 나타내는
LED 바닥 유도등

# 071

# 사무공간

## Point

에너지 절약을 위해 가급적 무의미한 빛을 줄이고 '사용 시간별 · 장소별'로 점멸한다

### 사무에 적합한 조명이란

사무공간의 조명 기구로는 천장 매입형 형광등을 가장 많이 사용한다. 최근에는 조명 기구를 에어컨과 결합하여 시공성과 디자인성을 높인 시스템 천장을 사용하는 예도 늘고 있다. 또한 건물주의 방침에 따라 녹색 제품(158쪽 참조)을 선택한다.

사무는 보통 낮 동안의 활동이 중심이기 때문에 자연광에 가까운 색온도 5,000K 정도의 형광등을 사용하여 활발하고 상쾌한 공간을 만들도록 한다. 최근에는 따뜻한 색조가 선호되어 3,000K 정도의 전구색 형광등을 사용하는 사무실도 있다.

작은 글자를 계속 보는 서류 작업 때문에 눈이 피곤해지지 않도록 조도는 500~750lx로 설정한다. 단, 램프가 노출된 형광등이 시야에 들어오면 눈이 부시기 때문에 루버가 달린 기구를 선택하는 등의 고민이 필요하다.

### 다양한 에너지 절약 방법

최근에는 에너지 절약을 위해 꼭 필요한 조명만 사용하는 경향이 늘고 있다.

날씨가 좋으면 창가는 낮에 조명을 켜지 않아도 될 정도로 밝다. 같은 종류의 형광등이 천장에 등간격으로 배치되어 있다면 실내에 밝기 센서를 달아, 창가가 밝으면 자동으로 조명을 끄거나 조도를 낮추고 어두우면 조명을 켜거나 조도를 높이는 제어 시스템을 도입한다. 동작 센서를 연동해 사람이 있는 곳만 밝게 하고 다른 곳은 소등할 수도 있다.

태스크 앰비언트 조명의 경우, 앰비언트 조명은 사무 작업에는 조금 부족할 정도의 밝기로 하고, 책상 위와 같이 작업 포인트마다 중점적으로 사용하는 시간별-장소별로 태스크 조명을 계획한다.

## 센서를 이용해 에너지 절약하기

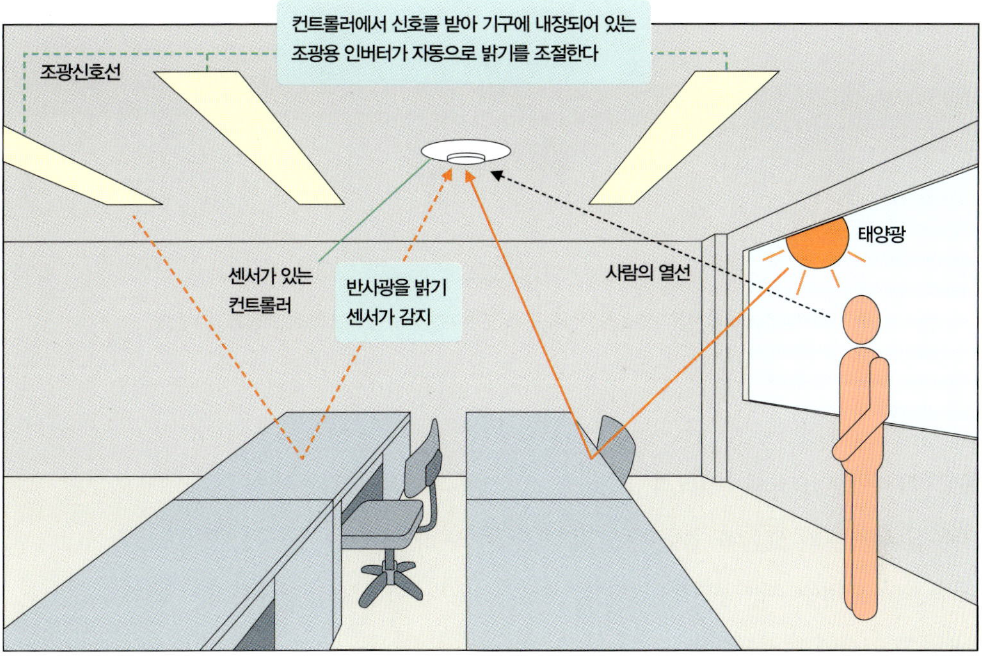

컨트롤러에서 신호를 받아 가구에 내장되어 있는
조광용 인버터가 자동으로 밝기를 조절한다

조광신호선

센서가 있는
컨트롤러

반사광을 밝기
센서가 감지

사람의 열선

태양광

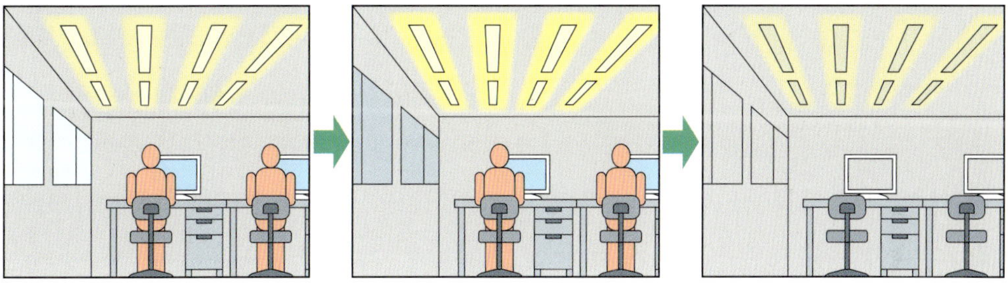

외부가 밝은 낮 시간에는 밝기를 줄인다.
책상 면은 외부의 빛과 합하여 700lx 정도

외부가 어두워지면 밝게

야근 시간 등 사람이 적을 때는 최소한의
밝기로 조절

## 조닝(zoning) 제어의 패턴 예

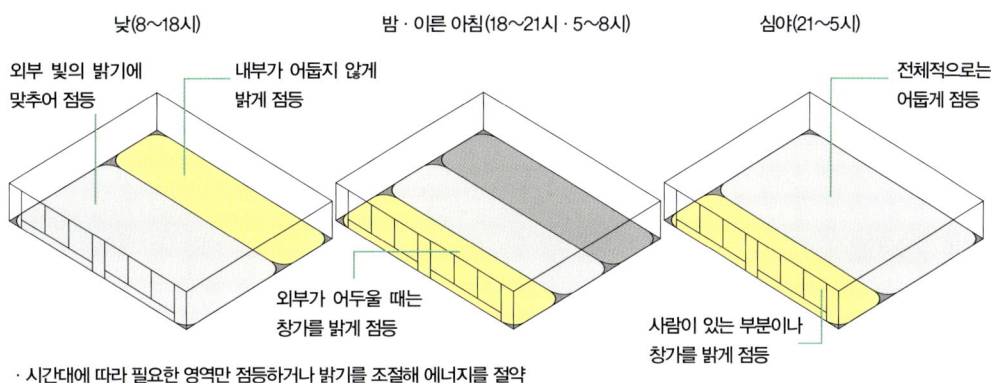

낮(8~18시)

밤·이른 아침(18~21시·5~8시)

심야(21~5시)

외부 빛의 밝기에
맞추어 점등

내부가 어둡지 않게
밝게 점등

전체적으로는
어둡게 점등

외부가 어두울 때는
창가를 밝게 점등

사람이 있는 부분이나
창가를 밝게 점등

· 시간대에 따라 필요한 영역만 점등하거나 밝기를 조절해 에너지를 절약

# 072

# 휴게공간

## Point

사무공간에서 휴게공간으로 들어선 순간 '바뀐 분위기를 느낄 수 있도록' 조명을 계획한다

### 분위기가 바뀌었다고 느낄 수 있도록

사무실에는 일의 효율을 높이기 위해 기분 전환을 유도하는 휴게공간이 있다. 사무공간 한쪽 구석에 마련되어 있고, 직원들끼리 대화하거나 차를 마시거나 간단히 식사를 할 수 있다.

사무공간은 활동적으로 업무에 집중하는 공간인 데 반해 휴게공간은 편안하게 긴장을 늦추고 재충전을 하는 장소이다. 이에 맞게 조명도 사무공간에서 휴게공간에 들어선 순간 분위기가 변했다고 직감할 수 있도록 계획한다. 보통 사무공간의 조도와 색온도가 높으니 휴게공간의 조도는 다소 낮추고 색온도는 3,000K 정도로 전구색에 가까운 따뜻한 색조로 한다.

### 카페 같은 연출

최근에는 직원의 창의성을 자극하기 위해 카페 같은 휴게공간을 만들기도 한다. 하지만 휴게공간이 사무실 한쪽 구석에 있으면 인테리어만으로 눈에 띄는 차이를 만들어내기 어렵다. 이때 조명 연출의 힘이 발휘된다.

예를 들어, 모던한 브래킷이나 펜던트 조명을 달거나 코니스 조명 등의 간접조명을 도입하면 카페 같은 장식적인 연출이 가능하다. 천장의 전반조명은 사무공간과 같은 형광등은 가급적 피하고 다운라이트 조명을 이용해 시각적인 분위기를 바꾼다. 광원은 에너지 절약을 우선하여 전구색 형광등을 사용해도 상관없지만 포인트로 다이크로익 할로겐램프 등을 병용하면 편안한 분위기를 더 강조할 수 있다.

사용 빈도에 따라서 차이가 있지만 동작 센서로 점멸하게 하면 에너지 절약에 효과적이다. 기분 전환을 위해 잠깐 머무는 공간이기 때문에 조광 설비는 없어도 된다.

## 휴게공간의 조명

색온도 5,000K

색온도 3,000K 정도, 따뜻한 전구색

형광등

다운라이트

카페처럼 편안하게
꾸민 곳이 많다

사무공간

휴게공간

차이가 느껴지도록 조
명에도 변화를 준다

일 모드

편안한 모드

## 사무실 KS 조도기준

| 공간 | 권장 조도[lx] | | 광색 |
|---|---|---|---|
| 사무공간 | 사무실 | 400 | 중간 · 서늘함 |
| | 설계실 · 제도실 | 1,000 | 중간 · 서늘함 |
| | 연구실 · 자료실 | 400 | 중간 · 서늘함 |
| 대화공간 | 응접실 | 100 | 중간 · 서늘함 |
| | 회의실 | 200 | 중간 · 서늘함 |
| 휴게공간 | 휴게실 | 100 | 따뜻함 · 중간 · 서늘함 |
| | 식당 · 카페 | 400 | 따뜻함 · 중간 · 서늘함 |

# 073

# 응접실과 회의실

## Point

영역별로 '조광 · 점멸'할 수 있도록 회로를 나눈다. 사용 목적에 맞추어 '색온도'도 변경할 수 있도록 한다

### 응접실과 회의실

응접실과 회의실은 방문객을 맞이하거나 비즈니스 회의 등에 사용되는 공간이다. 요즘에는 회의실이 응접실을 겸하는 경우가 많고 사내 직원끼리 의견 교환이나 의사 결정을 할 때도 사용된다.

작은 테이블이 몇 개 들어가는 넓은 공간, 많은 사람이 한꺼번에 모일 수 있는 대회의실, 중간 크기의 방 등이 있다.

### 밝기 조절, 부분 점등이 가능하도록

응접실과 회의실 조명은 어느 테이블 위에서 서류를 읽어도 스트레스 없이 잘 보이도록 일정 수준 이상의 균일한 밝기를 확보해야 한다. 최대 점등 시 조도가 사무공간과 같거나 약간 낮은 정도가 기본이다.

응접실과 회의실에서는 컴퓨터 모니터나 프로젝터 등을 이용해 프레젠테이션이나 화상회의가 진행된다. 따라서 모든 조명의 밝기를 조절할 수 있게 하고 영역별로 회로를 나누어 특히 스크린이 있는 쪽 조명은 따로 껐다 켜거나 밝기를 조절할 할 수 있게 한다. 이밖에도 스크린이나 컴퓨터와 연동시켜 밝기를 바꾸는 제어 방법이 있다. 조광과 점멸 시에 테이블 위가 어두워지지 않도록 전반조명과는 별도로 테이블 위만 비추는 조명을 갖추는 것이 중요하다.

### 또 다른 연출이 가능하도록

프레젠테이션에 시선을 집중시키기 위해 벽이나 천장을 간접조명으로 부드럽게 비추거나 회식이나 파티 등에도 사용할 것을 염두에 두고 다양한 색온도로 변경할 수 있게 한다.

색온도는 3,000~5,500K로 조절할 수 있으면 편리하다.

## 응접실과 회의실의 조명

전반조명

테이블 위를 비추는 조명

전반조명

스크린이나 패널용 조명

영역별로 조광, 점멸할 수 있도록 한다. 색온도도 조절할 수 있으면 좋다

## 색온도 조절

○ **연수회, 스터디**

색온도
5,000~5,600K

· 활동적인 분위기

○ **회의**

색온도
4,000~4,500K

· 산뜻한 분위기

○ **프레젠테이션**

색온도
3,500~4,000K

· 차분한 분위기

○ **거래처와의 미팅**

색온도
3,200~3,500K

· 따뜻한 분위기

사용 목적에 따라 색온도를 바꾸면 상황에 적합한 분위기를 만들 수 있다

# 074

# 오피스 빌딩의 경관 조명

## Point

빛을 적극적으로 디자인하여 오피스 빌딩의 '존재감을 높이고' '도시 경관에 기여'한다

### 오피스 빌딩 경관 조명의 역할

오피스 빌딩의 외관은 대부분 심플하다. 도심부 큰길에 면한 경우에는 전면 유리로 된 진입 홀이나 출입구가 거리 쪽으로 나도록 설계된다. 이때 빛을 적극적으로 디자인하면 오피스 빌딩의 존재감을 높이고 도시 경관에 기여할 수 있다.

### 외부를 비추는 법

대지에 여유가 없다면, 외벽 일부를 바닥 매입형 조명으로 비춰 올리거나 외벽의 질감을 강조하는 간접조명 혹은 라인 조명을 외벽에 설치해 화려함을 연출한다. 진입로 주변은 사람을 유도하는 목적도 있기 때문에 브래킷이나 바닥 매입형 조명, 스포트라이트 등으로 더 밝게 비춘다. 건물이 길에서 안으로 들어가 있고 식재, 수목, 오픈 스페이스 등이 있다면 스포트라이트로 비춰준다. 이것이 간접조명 역할을 해 보행자들에게 여유로움을 선물할 수 있다.

이런 연출은 규모에 따라서는 도시 경관에 큰 영향을 주기 때문에 지역의 관련 규정을 미리 확인하고 계획한다.

### 초고층 타워에 알맞은 연출

도심의 초고층 타워는 존재감이 크기 때문에 조명으로 비춰 올리거나 일루미네이션으로 장식하면 도시 경관에 적극적으로 참여하게 된다. 따라서 계획 단계에서 충분한 시뮬레이션을 하고 자치단체 및 프로젝트에 관계된 모든 분야 관계자들과 합의를 거쳐 진행한다.

독특하게 보이려는 조명 디자인 경쟁이 거리를 활기차게 만들기도 하지만, 질서나 개념 없이 그저 눈에 띄기 위해서 과하게 조명을 쓰면 '빛 공해'만 양산할 뿐이므로 주의한다.

# 오피스 빌딩의 주요 경관 조명

○ **직접 투광**

○ **간접조명**

○ **심볼타워의 일루미네이션**

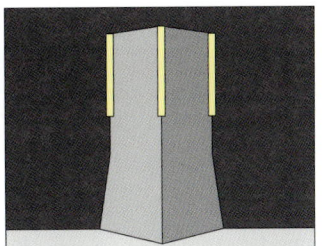

○ **일루미네이션**

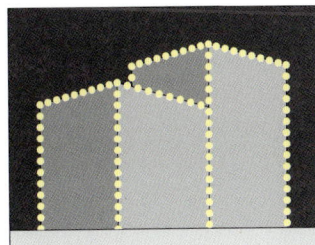

○ **외벽등 · 처마등**

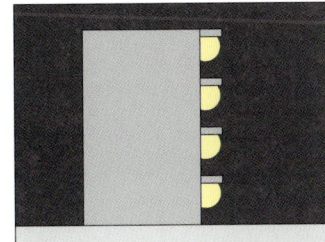

○ **옥내등**

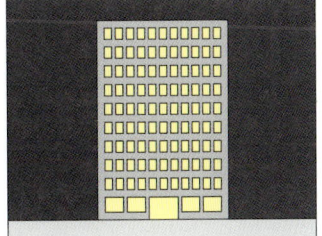

# 조명 방법에 따른 효과

○ **직접 투광**

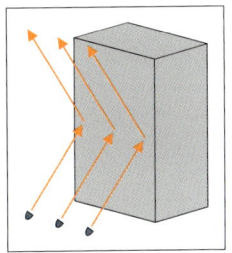

빌딩 전체상과 음영을 강조

○ **발광**

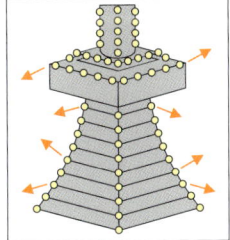

빌딩의 형태와 구조를 강조

○ **투과광**

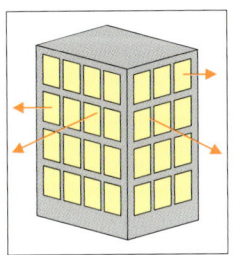

빌딩의 높이나 존재감을 강조

# 다양한 직접 투광

○ **지면에서 투광**

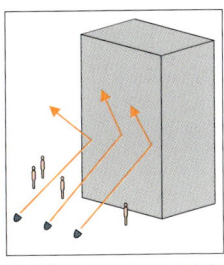

대지에 여유가 있을 때 효과적

○ **가로등으로 투광**

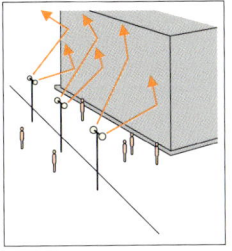

가로 가까이 있는 건물의 경우 포장도로의 가로등으로 조명

○ **건물에서 직접 투광**

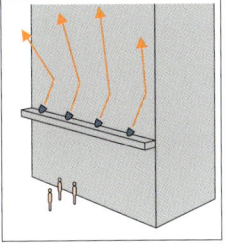

기구 설치 위치에 제약

○ **다른 건물에서 투광**

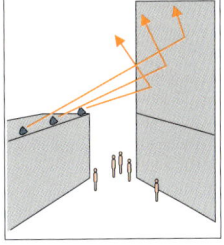

건물과의 거리에 맞추어 기구 선택

# 075

# 상점 조명 계획

### Point

'전반조명', '국부조명', '장식조명' 세 가지를 기본으로 조명 계획을 세운다

**세 가지 조명 기법이 기본**

상점의 종류는 규모, 위치, 취급 상품 등에 따라 다양하므로, 여기서는 입주 상점이나 길에 면한 작은 상점의 조명 계획을 살펴본다.

상점의 조명 계획에는 다음 3가지가 기본이다. 첫째, 내부의 기본적인 밝기를 확보하는 전반조명, 둘째, 상품, 진열대, 마네킹 등을 밝게 비추는 국부조명, 셋째, 화려함을 연출하거나 포인트를 강조하는 장식조명.

전반조명은 내부 전체를 밝게 비추어 단일한 이미지를 만들고 활기찬 분위기를 형성한다. 슈퍼마켓, 편의점, 할인매장 등 상품을 대량으로 진열하는 대형 소매점에서 주로 사용한다. 에너지 효율이 좋은 형광등을 사용하고, 특별히 홍보하는 상품이 진열된 매대는 메탈핼라이드램프 스포트라이트나 월워셔 조명으로 밝게 비춘다.

매장의 개성을 강조하고 싶다면 전반조명의 비중을 줄이고 국부조명을 늘린다. 국부

조명 기구로는 스포트라이트가 가장 편리한데 상품과 진열 장소가 고정되어 있으면 유니버셜 다운라이트를 사용할 수도 있다. 다이크로익 할로겐램프나 소형 메탈핼라이드 램프용 기구도 기구 본체가 작아 활용도가 높은 편이다. 최근에는 LED광원으로 백열등, 형광등, 할로겐램프, HID와 같은 조도, 배광을 가진 다운라이트나 스포트라이트가 출시되어 주목받고 있다.

**고급 상점의 경우**

고급 상점에서는 인테리어와 조명 기구의 조화가 더 중요하다(184쪽 참조). 어디에서 보더라도 상품이 매력적으로 보여야 하고 배경이 되는 인테리어에도 골고루 빛이 도달해야 한다. 이때 기구와 램프 장치는 보이지 않아야 한다.

## 상점의 조명 기법

○ **형광등 노출**

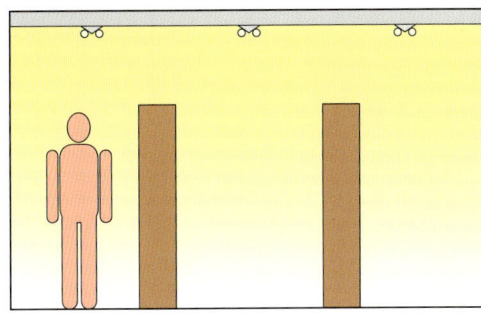

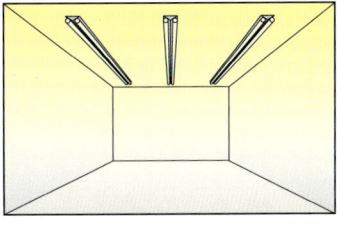

키가 큰 진열장에 설치할 수 있다
(예: 슈퍼마켓, 편의점, 할인매장 등)

○ **형광등 매입**

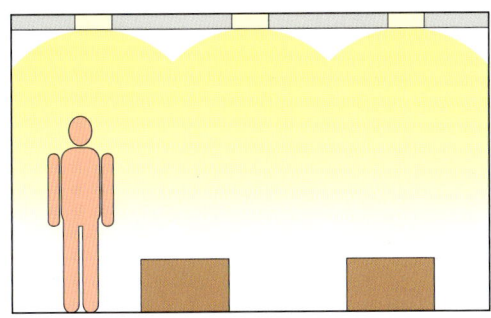

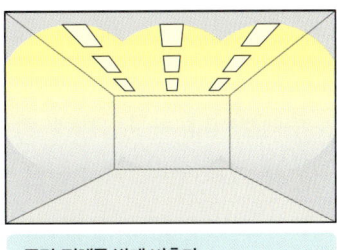

공간 전체를 밝게 비춘다
(예: 백화점, 슈퍼마켓, 서점 등)

○ **다운라이트**

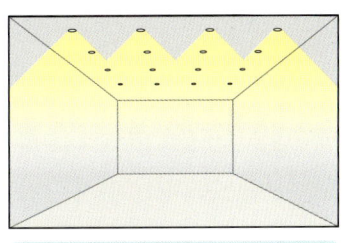

천장이 산뜻해 보인다
(예: 백화점, 부티크 등)

○ **다운라이트 + 스포트라이트**

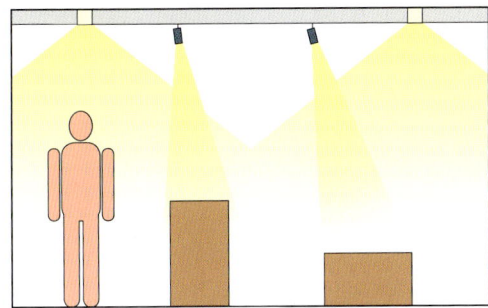

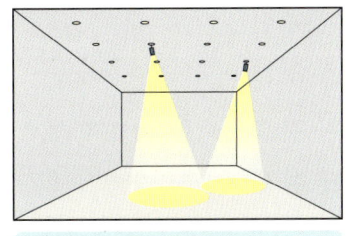

상품에 시선을 집중시킬 수 있다
(예: 고급 부티크, 보석 상점 등)

상품의
양이 많다
=
전반조명
중심

↑

상품의
양이 적다
=
국부조명
중심

# 076

# 상점에 적합한 램프

## Point

램프의 특성을 이해하면 '설치 모습' 등을 쉽게 예상할 수 있어 더 효과적인 계획이 가능하다

### 램프의 종류를 이해한다

상점용 램프는 주택용이나 사무실용에 비하면 종류가 많고 익숙하지 않은 것이 많다. 다양한 램프의 특성을 폭넓게 이해해두면 설치 모습을 예상하기 쉬워 더 효과적으로 조명 계획을 짤 수 있고 실패 확률을 낮출 수 있다.

램프는 상점 형태나 상품 구성에 따라 달라지지만, 기본적으로 상품의 색이나 소재감을 분명히 표현할 수 있는 평균 연색 평가수 Ra80 이상의 램프를 선택한다. 열이 많이 난다는 단점은 있지만 할로겐램프와 같은 Ra100 램프도 적합하다. 연색 평가수 외에도 유지비용과 관련 있는 소비전력, 램프 수명, 가격 등을 파악하여 설계 단계에서 고려해두면 유지·관리 계획을 세우기 쉽고 설치 후 일어날 수 있는 크고 작은 문제를 피할 수 있다.

### 유지·관리와 빛의 효과

램프를 설치할 때 유지·관리를 신경 써야 하는 것은 당연하다. 하지만 램프 교체의 편리성만 중시한 나머지 빛의 연출 효과를 떨어뜨리면 곤란하다. 예를 들어, 간접조명 슬릿은 전구 교체가 다소 불편하고 번거롭지만, 빛의 연출 효과를 우선한다면 최적의 선택이다.

천장에 설치하는 다운라이트는 일반적으로 사다리가 닿는 범위인 높이 3.5m 이하에 설치하지만, 상점은 조명 유지·관리를 전문업자에게 맡기기도 해서 3.5m 이상에 설치할 수 있다. 전문업자가 고소작업차나 가설 구조물을 이용해 유지·관리를 한다면, 높이 7~8m 보이드 공간의 천장에 기구를 설치할 수 있다. 단, 이 경우는 유지비용이 많이 들기 때문에 사전에 경제성을 꼼꼼히 따져봐야 한다.

## 상점에 어울리는 램프의 종류와 특징

| | 종류 | 배광제어 | 휘도 | 치수 | 효율 | 연색성 | 색온도 | 수명 | 전반조명 | 중점조명 | 연색조명 | 장식조명 |
|---|---|---|---|---|---|---|---|---|---|---|---|---|
| 백열전구 | 보통 전구(실리카 전구) | 용이 | 높음 | 작음 | 낮음 | 좋음 | 낮음 | 짧음 | ○ | ○ | ○ | ○ |
| | 실드빔형 | — | 높음 | 작음 | 낮음 | 좋음 | 낮음 | 짧음 | ○ | ○ | — | ○ |
| | 크립톤 전구 | 매우 용이 | 매우 높음 | 매우 작음 | 낮음 | 좋음 | 낮음 | 짧음 | ○ | ○ | ○ | ○ |
| | 소형 할로겐 전구(저전력형) | 매우 용이 | 매우 높음 | 매우 작음 | 일반 백열전구보다 높음 | 좋음 | 낮음 | 일반 백열전구보다 길 | ○ | ○ | ○ | ○ |
| | 소형 할로겐 전구(저전압형) | 매우 용이 | 매우 높음 | 매우 작음 | 일반 백열전구보다 높음 | 좋음 | 낮음 | 일반 백열전구보다 길 | ○ | ○ | ○ | ○ |
| | 양단접속 할로겐 전구 | 매우 용이 | 매우 높음 | 매우 작음 | 일반 백열전구보다 높음 | 좋음 | 낮음 | 일반 백열전구보다 길 | ○ | ○ | ○ | ○ |
| 형광전구 | 직관형 형광램프 | 다소 곤란 | 다소 낮음 | 중간 | 높음 | 중간~좋음 | 낮음~높음 | 매우 길 | ○ | ○ | ○ | — |
| | 2등관형 콤팩트형 형광램프 | 용이 | 높음 | 중간 | 높음 | 좋음 | 낮음~높음 | 매우 길 | | | | |
| | 4등관형 콤팩트형 형광램프 | 용이 | 높음 | 작음 | 높음 | 좋음 | 낮음~높음 | 매우 길 | | | | |
| | 6등관형 콤팩트형 형광램프 | 용이 | 높음 | 작음 | 높음 | 좋음 | 낮음~높음 | 매우 길 | | | | |
| HID램프 | 고연색형 메탈핼라이드램프 | 매우 용이 | 매우 높음 | 매우 작음 | 높음 | 좋음 | 낮음~높음 | 길 | ○ | ○ | ○ | |
| | 일반형 메탈핼라이드램프(투명형) | 용이 | 매우 높음 | 중간 | 높음 | 좋음 | 낮음~높음 | 길 | ○ | — | ○ | — |
| | 고연색형 고압 나트륨 램프 | 투명형은 용이 | 매우 높음 | 매우 작음 | 높음 | 좋음 | 낮음 | 길 | ○ | ○ | ○ | — |

## 램프와 대상물의 조화

| | | 미니 할로겐 전구 | | | 백열전구 | | | | 메탈핼라이드램프 | | |
|---|---|---|---|---|---|---|---|---|---|---|---|
| | | 12V 저전압 소형 할로겐 전구 | | 110V 소형 할로겐 전구(적외선 차단형) | 실리카 전구 | 투명전구 | 실드빔형 전구 | 리플렉터 전구 | 전구색형 3,000K | 주백색형 4,300K | 주광색형 6,000K |
| | | 1등 가구 | 2등 가구 | | | | | | | | |
| 물건 | 의류 | ◎ | ○ | ○ | — | ◎ | ○ | — | — | ◎ | ○ |
| | 금속(메탈릭) | ◎ | ○ | ○ | — | ◎ | ○ | — | — | — | — |
| | 금속(도장) | ○ | ○ | ○ | — | ○ | ○ | — | — | — | — |
| | 나무(재료) | ○ | ○ | ◎ | ○ | ○ | ○ | ○ | — | — | — |
| | 나무(도장) | ○ | ○ | ◎ | ○ | ○ | ○ | ○ | — | — | — |
| | 자기 | ◎ | ○ | ○ | — | ◎ | ○ | — | — | ◎ | — |
| 의류 | 천 | ○ | ○ | ○ | ○ | ○ | ○ | ○ | — | — | — |
| | 털실 | ○ | ○ | ○ | ○ | ○ | — | ○ | — | — | — |
| | 피혁 | ○ | ○ | ○ | ○ | ○ | — | ○ | — | — | — |
| | 모피 | ○ | ○ | ○ | ○ | ○ | — | ○ | — | — | — |
| 식품 | 연황색 계열 | ○ | ◎ | ◎ | — | ○ | ○ | ○ | — | ◎ | — |
| | 적색 계열 | ○ | ◎ | ○ | — | ○ | ○ | ○ | — | — | — |
| | 청색 계열 | ○ | ○ | ◎ | — | ○ | ○ | ○ | — | ◎ | — |
| | 빵 | ○ | ◎ | ◎ | — | ○ | ○ | ○ | — | — | — |

◎ : 매우 적합 ○ : 적합

# 077

# 상품을 비춘다

## Point

'상점의 상품 ＝무대 위 배우'라는 생각으로 얼굴과 캐릭터를 강조하는 매력적인 조명 연출을 고민한다

### 매력적으로 비추기 위해서는

상점을 연극 무대에 비유하면, 상품은 배우다. 하지만 무대를 보는 관객의 시선은 주로 한 방향에서 오지만 가게 안의 상품은 다양한 각도에서 시선을 받기 때문에 어디에서 봐도 매력적으로 보이도록 한다.

특히 가게 중앙의 아일랜드식 디스플레이는 모든 각도의 시선을 고려해야 한다. 그렇다고 사방에서 조명을 비추면 안 된다. 상품에 빛을 비추었을 때 생기는 그림자를 계산해 빛과 그림자가 상품을 입체적으로 보이도록 기구를 설치한다. 아일랜드 진열대 자체를 빛나게 해 상품 아래쪽에서 빛을 주는 방법도 있다.

벽 쪽이나 선반의 디스플레이는 손님의 시선 방향이 한정되어 있기 때문에 더 드라마틱한 연출을 할 수 있다. 하지만 지나치게 정교하게 연출하면 고객이 상품을 만져보는 것을 저어할 수 있으니 고객층에 맞춰 연출 정도와 방침을 생각한다. 선반에 놓인 상품의 배경에 간접조명을 설치하여 연출하는 예가 많은데, 배경만 빛나고 바로 앞에 놓인 상품에는 빛이 도달하지 않는 경우가 있다. 이러면 실루엣만 눈에 띄고 상품은 매력적으로 보이지 않으므로 선반 조명 등을 추가로 사용해 필요한 빛을 확보한다.

### 자외선과 열에 주의

고급 상품은 램프가 발하는 자외선이나 열의 영향에 주의한다. 특히 염색품은 자외선에 쉽게 영향을 받기 때문에 형광등 빛에 노출되는 시간이 길면 변색될 위험이 있다. 가죽 제품이나 모피, 진주, 신선식품이나 생화 등도 열에 약하다. 슈퍼마켓 등에서는 상품 회전 속도에 따라서 조명의 영향이 달라지겠지만 날것은 장시간 강한 열선에 노출되면 상하기 쉬우므로 이를 고려해 램프를 선택한다.

## 상품을 비추는 방법

### ○ 디스플레이의 조도(전반조명 = 1 기준)

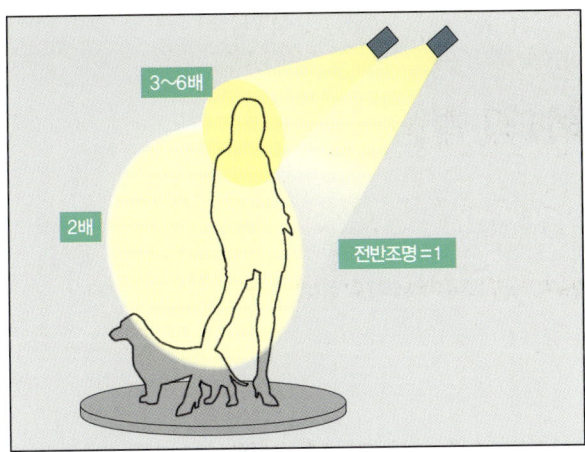

전체 조도를 확보한 후 얼굴이나 가슴 등의 포인트를 스포트라이트로 밝게 비춘다

### ○ 상품 색상이 어두운 경우

양복 등 어두운 색 상품은 배경을 밝게 비추어 실루엣을 강조한다

## 배광과 효과

### ○ 할로겐램프 100W의 스포트라이트를 2m 떨어진 지점에서 비춘 경우

중요한 상품을 드라마틱하게 연출할 수 있다

가장 일반적인 조도 · 조사 범위이다

큰 진열품을 전체적으로 비출 수 있다

### ○ 메탈핼라이드램프 150W의 스포트라이트를 2m 떨어진 지점에서 비춘 경우

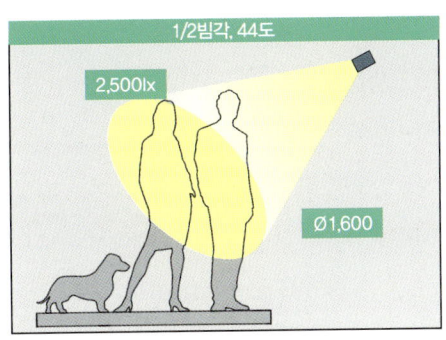

넓은 범위를 높은 조도로 비출 때 효과적이다

더 매력적인 연출을 위해 적절한 배광, 광량의 스포트라이트를 구분하여 사용한다

# 078

# 명암의 균형

### Point

어두운 부분이 있기 때문에 밝은 부분이 부각되어 '공간의 강약과 균형'이 생긴다는 것을 잊어서는 안 된다

### 명암의 강약이 중요

가게 안에 상품을 비추는 스포트라이트가 많은데도 전반조명이 골고루 설치되어 있으면 모처럼 설치한 스포트라이트의 강조 효과가 떨어지고 평범한 인상을 준다. 가게 안을 전체적으로 밝게 해달라는 요구가 많지만, 어두운 부분이 있기 때문에 밝게 비춘 부분이 부각되고 밝기의 강약과 균형이 생긴다는 것을 잊어서는 안 된다.

### 내부 마감과 밝기의 조화

밝기 감각은 가게 내부의 색에 따라서도 달라진다. 백색 마감을 한 가게는 반사광이 많아 비교적 적은 수의 조명만으로도 충분히 밝을 수 있다. 반대로 어두운 색을 많이 사용한 가게는 반사광이 적기 때문에 밝은 인상을 주려면 꽤 많은 조명이 필요하다. 하지만 어두운 색이 지배적인 공간을 밝게 만드는 것은 모순이다. 어두운 공간에서는 오히

려 어둑하면서 시크한 분위기를 내는 조명 연출을 고려하면 좋다. 내부 마감과 밝기의 조화를 고려해 조명의 콘셉트를 정한다.

### 색온도에도 어울리는 것이 있다

밝기뿐 아니라 가게의 인테리어나 상품의 색조와 색온도와의 조화도 생각해야 한다. 모노톤이 많은 가게는 4,000K 이상의 높은 색온도로 구성하는 것이 모노톤 특유의 서늘한 인상이 강조된다. 한편 자연스러운 색조나 난색 계열이 많으면, 전구색처럼 따뜻한 색온도를 중심으로 구성해야 더 부드러운 분위기를 연출할 수 있다.

같은 공간에서는 색온도를 가능한 한 통일하는 편이 예쁘지만, 특정 상품 등 공간의 일부만 특히 눈에 띄게 하고 싶을 때는 해당 부분만 색온도가 높은 스포트라이트를 사용한다. 단, 여러 군데에 사용하면 산만해 보이기 때문에 주의한다.

## 3가지 밝기

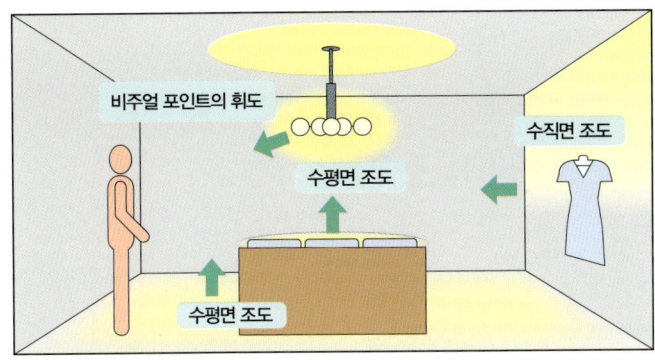

비주얼 포인트의 휘도

수직면 조도

수평면 조도

수평면 조도

판매점 등의 공간을 연출할 때는 세 가지 밝기를 기본으로 생각한다

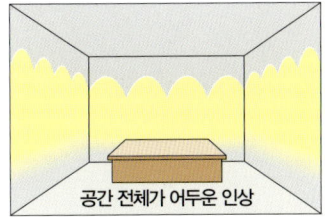

○ 수평면만

공간 전체가 어두운 인상

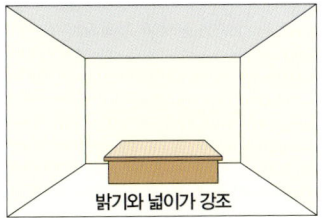

○ 수평면+수직면

밝기와 넓이가 강조

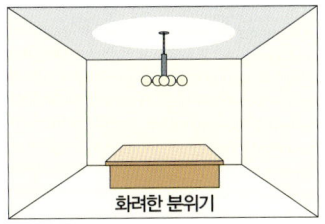

○ 수평면+수직면+비주얼 포인트

화려한 분위기

## 상점의 KS 조도 기준

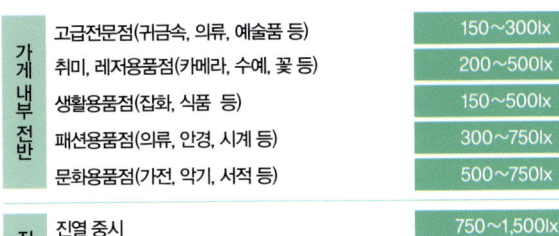

| 가게 내부 전반 | 고급전문점(귀금속, 의류, 예술품 등) | 150~300lx |
|---|---|---|
| | 취미, 레저용품점(카메라, 수예, 꽃 등) | 200~500lx |
| | 생활용품점(잡화, 식품 등) | 150~500lx |
| | 패션용품점(의류, 안경, 시계 등) | 300~750lx |
| | 문화용품점(가전, 악기, 서적 등) | 500~750lx |
| 진열 | 진열 중시 | 750~1,500lx |
| | 가장 중요한 진열 | 1,500~3,000lx |

## 전반조명의 간격과 평균 조도

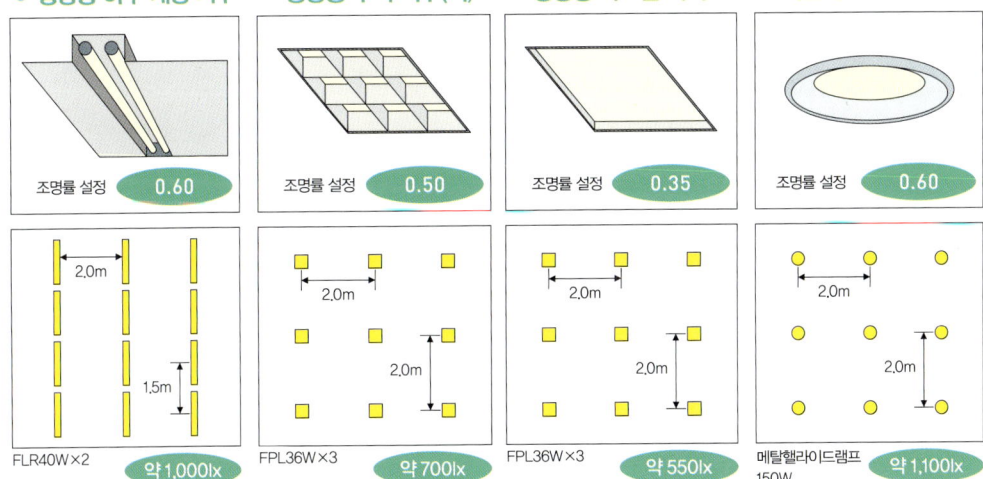

○ 형광등 하부 개방 기구    조명률 설정 **0.60**

○ 형광등 루버 기구(백)    조명률 설정 **0.50**

○ 형광등 아크릴 커버    조명률 설정 **0.35**

○ 다운라이트    조명률 설정 **0.60**

FLR40W×2    약 1,000lx

FPL36W×3    약 700lx

FPL36W×3    약 550lx

메탈핼라이드램프 150W    약 1,100lx

전반조명은 사용하는 램프의 광량과 간격에 따라 확보할 수 있는 조도가 달라진다

**효율 중시** 전반조명이 상품 조명을 겸함

상품 연출 조명이 공간 연출하는 조명을 겸함 **상품과 공간의 연출 중시**

# 079

# 디스플레이 조명

## Point

**쇼윈도는 유리면에 외부 광선이나 반사광이 비쳐 내부가 잘 안 보일 수 있기 때문에 '충분한 밝기'가 필요하다**

### 충분한 밝기를 확보

쇼윈도는 대부분 거리나 공용 통로에 면해 있고 가게 내부가 쇼윈도 너머로 보이도록 만든 경우가 많다. 따라서 조명 계획에서는 다음 2가지를 주의한다.

- 쇼윈도는 유리면에 외부 광선이나 반대편 건물의 빛이 반사되어 내부가 안 보일 수 있기 때문에 충분히 밝게 한다.
- 진열 아이템이 월별, 계절별로 변하므로 유연하게 대응할 수 있도록 한다.

### 스포트라이트가 기본

쇼윈도 조명은 유리에 가까운 천장 면에 레일조명을 직접 달거나 천장 안에 레일이 있는 슬릿을 만들어 스포트라이트를 설치하는 것이 기본이다. 그래야 스포트라이트의 수나 설치 위치를 자유롭게 바꿀 수 있다. 진열 장소의 넓이나 폭에 따라 달라지지만, 바

닥에 스포트라이트를 설치하거나 좌우 벽에 레일조명을 설치하면 다양한 위치에서 빛을 비출 수 있다. 또한 전원 콘센트를 여러 군데 만들어두면 조명을 심은 오브제 등 다양한 디스플레이를 시도할 수 있다.

### 건축화조명을 구사

벽 쪽에 진열된 상품을 위한 조명은 가게에 있는 손님의 시선을 유도하면서 상품이 돋보이도록 한다. 공간을 산뜻하게 보이려면 선반에 조명을 숨겨 건축화조명을 만들어도 좋다.

스포트라이트의 광원으로는 보통 다이크로익 할로겐램프를 쓰는데, 더 강하게 부각시킬 때는 소형 메탈핼라이드램프를 사용한다. LED나 형광등을 함께 사용할 수도 있다.

## 디스플레이 연출

### ○ 쇼윈도

다운라이트나 월워셔 조명 등으로 공간 전체와 배경에 충분한 빛을 확보

외부 광선이나 반대편 건물의 빛이 반사되는 것에 주의

스포트라이트로 연출

천장이 높고 폭이 좁은 경우에는 양 옆에서 스포트라이트를 비추어도 된다

스포트라이트를 아래서 비추는 것도 효과적

### ○ 유리 쇼케이스

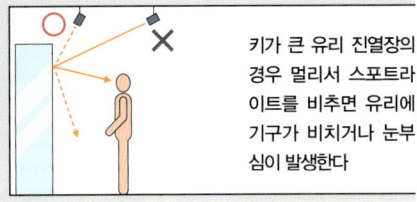

키가 큰 유리 진열장의 경우 멀리서 스포트라이트를 비추면 유리에 기구가 비치거나 눈부심이 발생한다

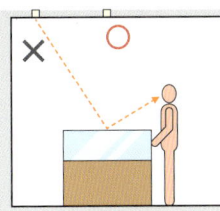

윗면이 유리인 진열장의 경우 손님 반대편의 천장에서 비추면 유리에 기구가 비치고 눈부심이 생긴다

## 디스플레이의 건축화조명

| ○ 천장을 걷어 올린 형 | ○ 코니스 조명형 | ○ 밸런스 조명형 | ○ 상향조명형 |
|---|---|---|---|
| 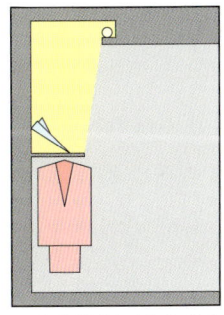 | 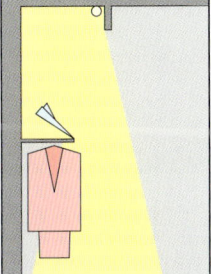 | 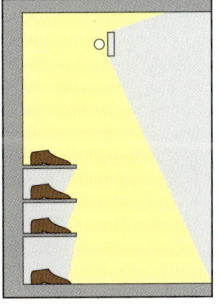 | 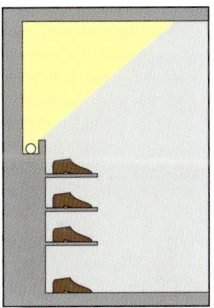 |
| • 벽의 상부를 비출 수 있다. 상품 조명이 별도로 필요 | • 기구를 벽에서 떨어뜨리면 벽 아래쪽도 비출 수 있다 | • 천장과 벽을 동시에 비출 수 있다. 상품 조명은 별도로 필요 | • 충분한 밝기를 확보할 수 있다. 상품 조명은 별도로 필요 |

## 진열대를 사용한 연출

| 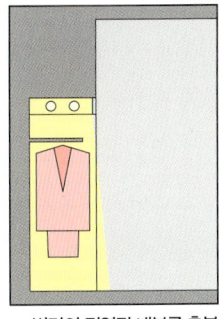 | 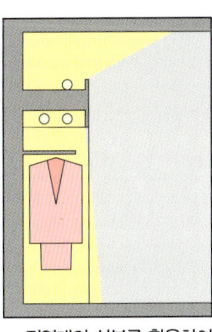 | 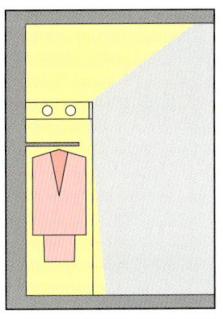 | 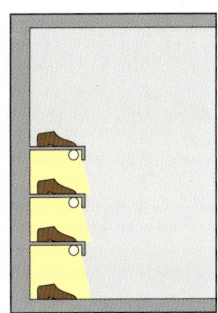 |
|---|---|---|---|
| • 벽면의 진열장 내부를 충분히 밝게 한다 | • 진열대의 상부를 활용하여 위쪽을 비춘다 | • 진열대 내부를 업라이트로 비출 수 있다 | • 선반 아래 조명으로 상품과 벽면 주변을 밝게 한다 |

# 080

# 캐주얼한 가게의 조명 계획

### Point

'코브 조명', '상향 간접조명', '월워셔 조명' 등으로 빛을 연출하여 개방감을 느끼게 한다

## 청결함과 활기를 연출

슈퍼마켓, 잡화점, 서점, 교외에 있는 아웃렛 쇼핑몰 등은 상품 단가가 비교적 낮고 진열된 상품 수가 매장 면적에 비해 많다. 이처럼 캐주얼한 분위기의 상점은 베이스 조명으로 점내 전체를 밝게 하여 청결함과 활기를 연출한다. 기구는 적절한 휘도와 배광 방향을 가진 타입을 선택하여 천장 면이나 벽면 상부를 밝게 한다.

## 상품보다 위쪽 공간을 활용

상품의 양이 많고 통로가 좁아서 생기는 압박감을 해소하기 위해 천장을 높게 한 경우 코브 조명, 상향 간접조명, 월워셔 조명 등으로 천장 부근을 비추면 효과적이다. 공간 입면을 기준으로 매장 내 상품은 사람의 키 높이 정도에 진열되기 때문에 상부의 오픈 공간을 활용하여 연출하면 공간의 넓이나 개방감을 강조할 수 있다.

## 핵심 상품을 눈에 띄게

상점의 콘셉트나 디자인, 상품 특성에 맞춰 선반에 진열된 상품군에 스포트라이트나 월워셔 조명을 비추어 핵심 상품을 눈에 띄게 할 수 있다. 이때 전반조명으로는 형광등이나 메탈핼라이드램프를 규칙성 있게 배치한다.

색온도를 3,000K 정도로 통일하면 따뜻한 분위기, 5,000K 정도면 밝고 산뜻한 분위기가 연출된다. 조도는 전체적으로 밝게 하고, 강조하거나 부각하고 싶은 부분은 스포트라이트를 집중시켜 조도를 다른 부분의 두 배 정도로 높이면 좋다.

바닥이나 벽, 상품에 비추는 빛의 밝기뿐 아니라 기구 자체가 어떻게 보이는지에 따른 밝기도 공간의 인상에 영향을 준다. 눈부시게 보이면 불쾌감을 일으키지만, 캐주얼한 가게의 경우 기구 자체가 어느 정도 빛나면 오히려 활기를 불어넣는 역할을 한다.

## 캐주얼한 가게의 연출

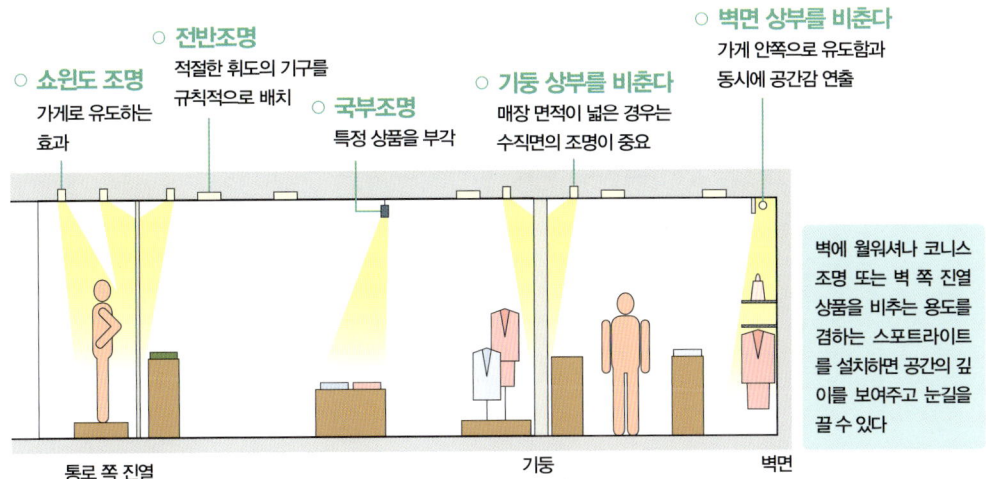

○ **쇼윈도 조명**
가게로 유도하는 효과

○ **전반조명**
적절한 휘도의 기구를 규칙적으로 배치

○ **국부조명**
특정 상품을 부각

○ **기둥 상부를 비춘다**
매장 면적이 넓은 경우는 수직면의 조명이 중요

○ **벽면 상부를 비춘다**
가게 안쪽으로 유도함과 동시에 공간감 연출

통로 쪽 진열          기둥          벽면

벽에 월워셔나 코니스 조명 또는 벽 쪽 진열 상품을 비추는 용도를 겸하는 스포트라이트를 설치하면 공간의 깊이를 보여주고 눈길을 끌 수 있다

## 월워셔 조명의 효과

○ **사용 전**

○ **사용 후**

• 공간이 넓어 보이고 개방적으로 보이기 때문에 상품이 많은 캐주얼한 가게에 적합하다

## 월워셔 조명의 다양성

○ **전용형**

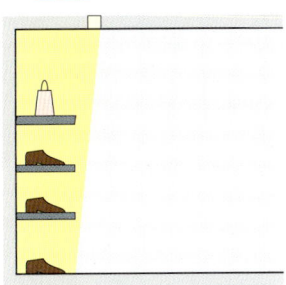

형광등 기구나 콤팩트 형광등 기구로 벽면의 상품을 넓은 범위에서 밝게 비춘다

○ **베이스 조명 겸용형**

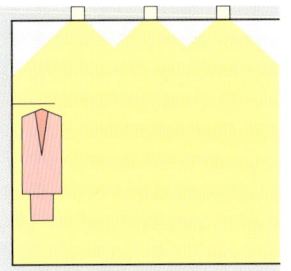

백열등 기구나 콤팩트 형광등 기구 등으로 바닥면을 비추면서 동시에 상품과 벽면을 은은하게 비춘다. 스포트라이트 등을 병용하면 좋다

○ **스포트형**

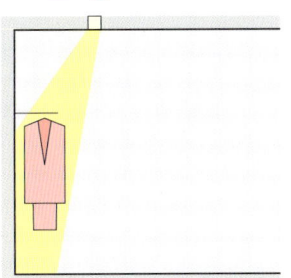

할로겐램프 기구나 메탈핼라이드램프 기구 등으로 상품이 있는 좁은 범위를 밝게 비춘다. 주위와의 대비 효과가 두드러진다

# 081

# 고급 상점의 조명 계획

## Point

조명 기구가 보이도록 설치하는 경우는 '통일감'과 배치에 신경 쓴다

### 이미지 만들기

명품이나 귀금속, 보석을 취급하는 고급 부티크 등은 매장 면적에 비해 진열되는 상품의 수가 적다. 그만큼 다양한 형태의 진열대를 이용하고, 마네킹도 여유 있게 배치한다. 손님이 쉴 수 있도록 소파를 놓기도 한다. 진열대 위에 상품만 진열하는 것이 아니라 오브제나 사진을 장식하는 경우도 많다. 손님은 상품이 진열된 모습과 내부 장식으로 가게의 이미지를 파악한다.

고급 상품을 취급하는 가게는 상품뿐 아니라 상점 분위기 연출까지 신경 써서 조명 계획을 세운다. 특히 조명 기구를 노출시킬 경우 인테리어와 통일감을 주고, 배치 및 노출 방식을 세심하게 디자인한다. 간접조명을 사용할 때는 빛의 효과를 극대화하고 기구나 램프는 일체 보이지 않게 한다.

### 고급스러움을 연출

고급 상품을 취급하는 가게에는 전반조명이 꼭 필요하지는 않다. 오히려 상품이나 디스플레이를 비추는 조명이 기본이다. 여기에 간접조명이나 건축화조명, 악센트가 되는 장식조명, 대비를 주는 포인트 조명 등을 조합한다. 조명이 내장된 진열장이나 선반 조명 등으로 내부를 더 밝게 할 수 있다. 이때 명암 대비가 강한 조명을 쓰면 드라마틱한 분위기를 만들 수 있으며 훨씬 고급스러운 느낌을 연출할 수 있다.

귀금속 등을 진열하는 유리 진열장 내부에 소형 기구를 설치하면 상품이 더욱 돋보인다. 램프는 저전압 할로겐램프나 LED가 사용에 편리하다. 가죽 제품이나 모피, 진주 등은 램프가 발하는 자외선이나 열에 영향을 쉽게 받으므로 주의한다.

## 고급 상점의 조명

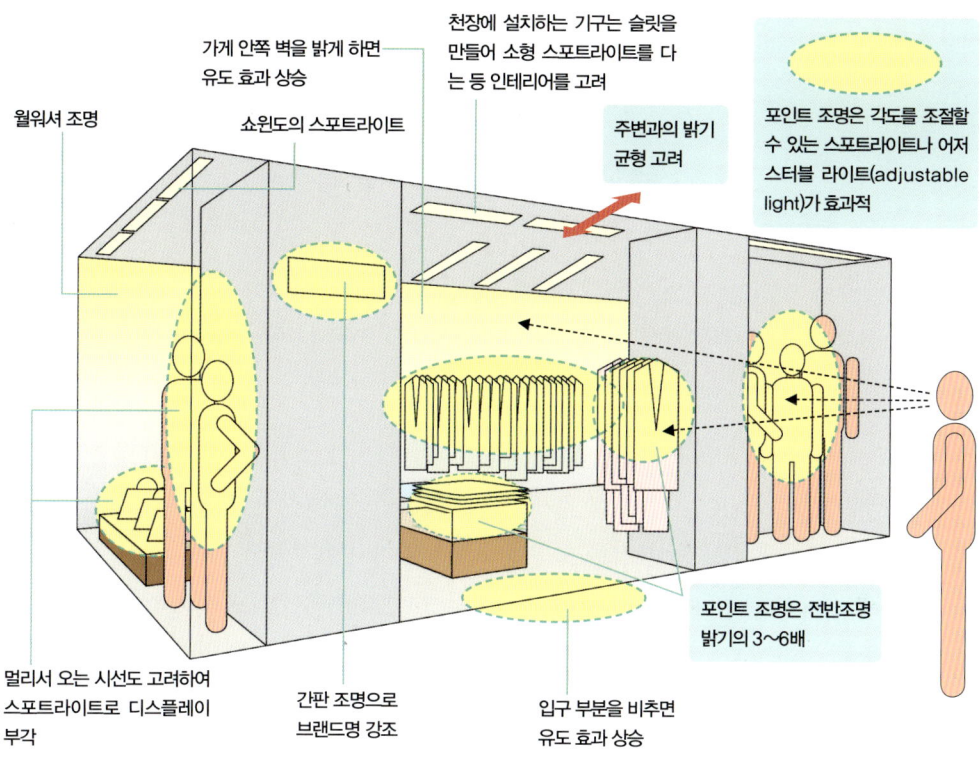

월워셔 조명

가게 안쪽 벽을 밝게 하면 유도 효과 상승

쇼윈도의 스포트라이트

천장에 설치하는 기구는 슬릿을 만들어 소형 스포트라이트를 다는 등 인테리어를 고려

주변과의 밝기 균형 고려

포인트 조명은 각도를 조절할 수 있는 스포트라이트나 어저스터블 라이트(adjustable light)가 효과적

멀리서 오는 시선도 고려하여 스포트라이트로 디스플레이 부각

간판 조명으로 브랜드명 강조

입구 부분을 비추면 유도 효과 상승

포인트 조명은 전반조명 밝기의 3~6배

## 천장조명

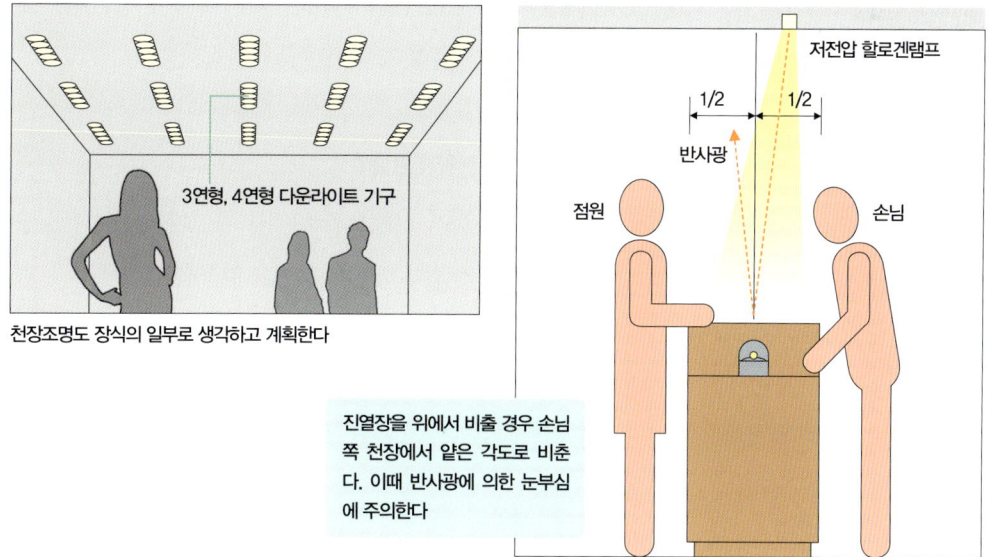

3연형, 4연형 다운라이트 기구

천장조명도 장식의 일부로 생각하고 계획한다

## 진열장 조명

저전압 할로겐램프

1/2    1/2

반사광

점원    손님

진열장을 위에서 비출 경우 손님 쪽 천장에서 얕은 각도로 비춘다. 이때 반사광에 의한 눈부심에 주의한다

# 082

# 음식점의 조명 계획

### Point

'음식이 맛있게 보이게', '테이블에 둘러앉은 사람들 얼굴이 잘 보이게', '분위기를 쾌적하게'. 이 3가지가 중요하다

### 집 식당과 마찬가지

음식점 조명 계획에서 중요한 점은 3가지다. 첫째, 음식과 음료수가 맛있게 보일 것, 둘째, 테이블에 둘러앉은 사람들 얼굴이 잘 보일 것, 셋째, 공간의 분위기를 쾌적하게 할 것. 기본 개념은 집의 식당과 같다(80쪽 참조). 단, 일식, 중식, 프랑스 요리, 이탈리아 요리 등 요리 종류에 따라서 내부 장식을 특별하게 연출할 수 있으니 조명도 이에 맞추어 고민한다.

### 연색성이 좋은 램프로 테이블 비추기

테이블 위에 놓인 음식이 맛있어 보이게 하려면 연색성이 좋은 램프를 선택하는 것이 기본이다. 그중에서도 평균 연색 평가수 Ra100인 백열등 또는 LED가 가장 적합하다. 에너지 절약 효과가 높은 전구색 형광등을 사용할 수도 있지만, 연색성이 떨어지고 밝기를 조절할 수 없는 기구가 많기 때문

에 음식점에 최적인 선택은 아니다. 패스트푸드점이나 카페에서 전구색 형광등 사용이 늘고 있지만, 밝기, 색온도, 연색성의 조합이 부자연스러운 경우가 적지 않다.

요즘에는 음식점 내부 장식이나 식기 등이 취급하는 요리의 형식에 구애받지 않기 때문에 조명 연출 방법을 일률적으로 제시할 수는 없다. 하지만 음식을 비추는 테이블 위 조명은 어느 음식점에서나 중요하므로 신중하게 계획한다.

### 분위기 만들기

테이블 위 조명 외에는 가게의 콘셉트에 맞는 연출이 가능한 광원을 자유롭게 선택하되, 같은 공간에 색온도가 각각인 광원을 섞어 쓰지 않는다. 일반적으로 3,000K 이하의 낮은 색온도로 조명을 연출하면 점내 분위기가 차분해지고 여유로운 인상을 줄 수 있다.

## 음식점에 주로 사용되는 기구

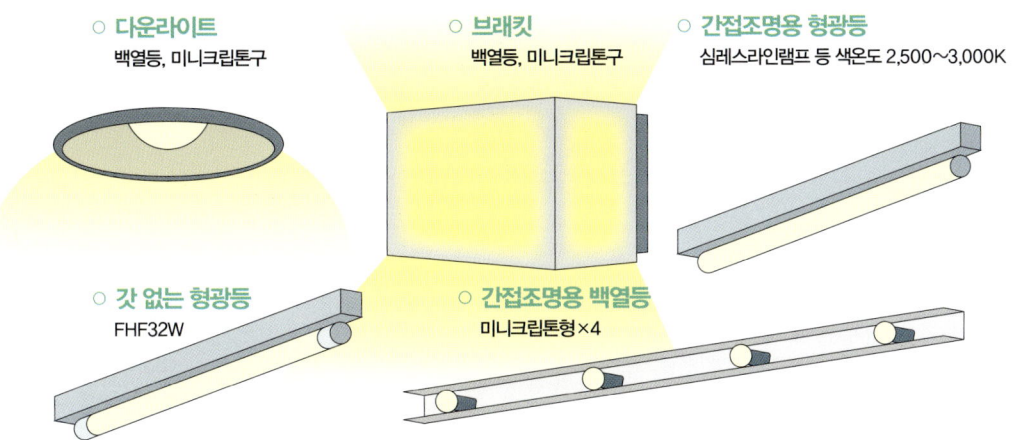

○ **다운라이트**
백열등, 미니크립톤구

○ **브래킷**
백열등, 미니크립톤구

○ **간접조명용 형광등**
심레스라인램프 등 색온도 2,500~3,000K

○ **갓 없는 형광등**
FHF32W

○ **간접조명용 백열등**
미니크립톤형×4

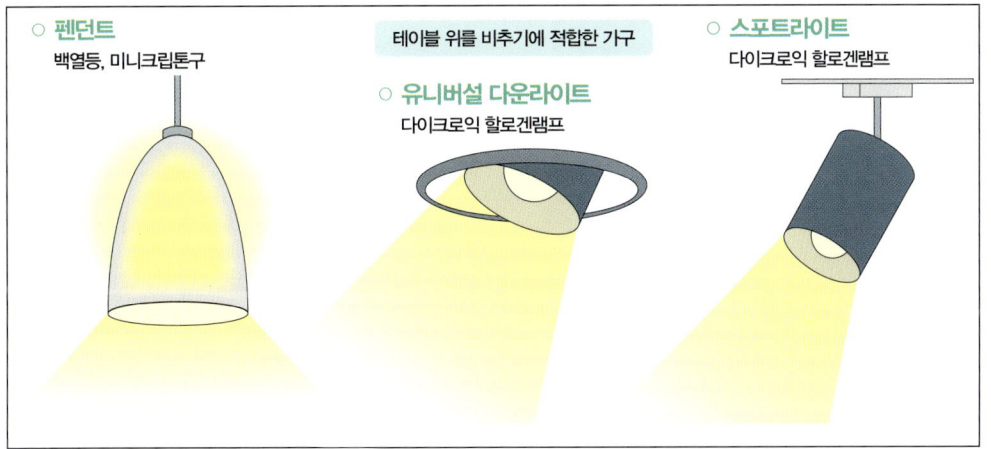

○ **펜던트**
백열등, 미니크립톤구

테이블 위를 비추기에 적합한 가구

○ **유니버설 다운라이트**
다이크로익 할로겐램프

○ **스포트라이트**
다이크로익 할로겐램프

## 가게 내부의 연출

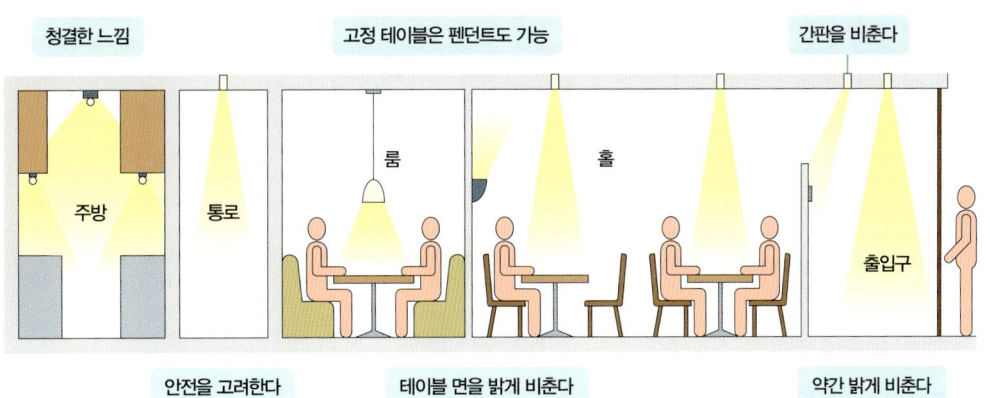

청결한 느낌     고정 테이블은 펜던트도 가능     간판을 비춘다

주방    통로    룸    홀    출입구

안전을 고려한다     테이블 면을 밝게 비춘다     약간 밝게 비춘다

# 083

# 레스토랑의 조명 계획

### Point

손님이 머무는 시간이 길기 때문에 '편안한 분위기'를 만든다. 시선이 향하는 쪽을 '질리지 않도록' 연출한다

**편안함이 중요**

레스토랑은 주로 밤에 영업하기 때문에 조명도 밤의 빛을 중심으로 계획한다. 손님이 오래 머무는 편이므로 편안한 분위기를 만드는 데 중점을 두고, 요소마다 변화를 주어 손님의 시선이 향하는 쪽을 질리지 않게 연출하는 것이 바람직하다.

다운라이트 등으로 테이블을 비추는 경우는 배광이 좁은 기구가 공간을 강약 있게 연출하고 고급스러운 분위기를 내어 특별한 인상을 준다. 또한 반사광이 테이블에 둘러앉은 사람의 얼굴을 부드럽게 비춘다. 배광이 넓은 다운라이트를 사용하면 전체적으로 밝아져 캐주얼한 인상을 줄 수 있다.

특별한 식사를 즐기는 친밀한 분위기를 만들고 싶다면 펜던트를 사용하는 것이 좋다. 펜던트는 테이블 위치가 변하지 않는 고정테이블 위 600~800mm 높이에 설치한다. 테이블을 움직이면 펜던트와 테이블의

위치가 어긋나 오히려 방해 요소가 되므로 주의한다.

전반조명이 반드시 필요하진 않으며, 특히 조용한 분위기의 레스토랑은 조도를 낮추는 것이 좋다. 테이블 면이나 벽면을 비추는 간접조명으로 밝기를 얻고, 각각의 기구는 조광이 가능하도록 한다. 낮에는 밝게, 밤에는 어둡게 조절하면 시간 흐름에 대응하여 한결 자연스러운 분위기를 연출할 수 있다.

**개방형 주방의 연출**

개방형 주방은 손님의 눈을 즐겁게 하는 무대 같은 역할을 한다. 그 때문에 조명을 밝게 하는 경우가 많지만, 가게 내부보다 너무 밝으면 다른 분위기가 되어버린다. 식재료가 매력적으로 보이게 하고 주방 내 디스플레이, 작업대 상부 등의 포인트는 확실히 밝게 비추되 전반적으로 너무 밝지 않은 것이 좋다.

## 레스토랑 조명 방법

○ **전반조명**
백열전구나 콤팩트 형광등을 사용. 간접조명으로만 계획할 수도 있다

○ **간접조명**
밝기를 확보하면서 고급스러운 연출도 가능하다

○ **테이블 조명**
유니버설 다운라이트 등을 사용하여 테이블 위를 확실히 비출 수 있도록 한다

○ **펜던트**
친밀한 분위기를 만드는 데 도움이 되며 창가 펜던트는 바깥 시선을 끌 수도 있다. 테이블 위치가 고정된 것인지 확인한다

○ **벽면 조명**
브래킷이나 스포트라이트 등으로 벽면에 포인트를 만들어 시각적으로 지루하지 않도록 신경 쓴다

## 테이블 조명

○ **배광이 좁은 경우**

다운라이트나 스포트라이트로 비춘다. 협각 빔 배광의 빛으로 테이블 면을 비추어 그 반사광으로 사람의 얼굴을 밝게 한다

○ **배광이 넓은 경우**

다운라이트로 비춘다. 배광이 넓으면 전체적으로 밝고 캐주얼한 분위기가 된다

## 개방형 주방 조명

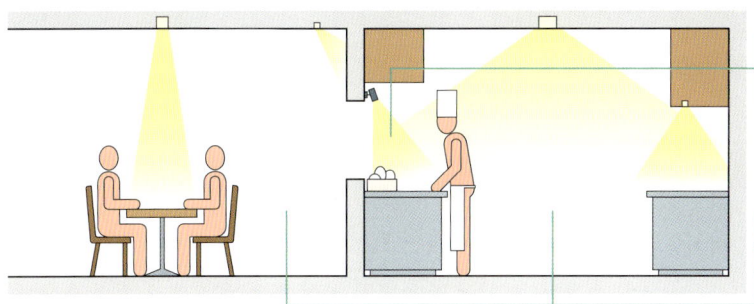

보이는 부분은 밝게 비추어 강조한다

가게 내부와 주방의 밝기가 크게 차이나지 않도록 균형 있게 계획한다

# 084

# 카페와 바의 조명 계획

## Point

카페 조명은 '낮의 자연광'을 끌어들여 계획한다.
바는 기능성보다 '공간의 분위기가 중요하다는 점을 명심한다

### 카페의 조명

카페 조명은 기본적으로 긴장을 풀고 편히 쉴 수 있는 공간을 만드는 것이 목적이다. 낮에는 창으로 들어오는 자연광이 압도적으로 밝기 때문에 자연광을 적극 활용한다. 벽면 조명, 개성적인 디자인의 펜던트 등도 낮동안 가게 내부를 밝히는 중요한 요소이므로 신경 쓴다. 자연광에만 의지할 경우 안쪽 공간은 약간 어두운 느낌을 주어 들어가기 힘든 가게가 될 수도 있다.

　야간 조명은 테이블 면이나 연출 포인트가 되는 벽면, 디스플레이, 동선상의 포인트에 기구를 배치한다. 전반조명이 반드시 필요하지는 않으며, 테이블 면이나 벽면, 장식 등에 비춘 빛의 반사광으로 충분한 밝기를 얻을 수 있다. 조광 기능으로 시간대별로 알맞은 빛 환경을 만든다.

### 바의 조명

바의 조명은 카운터를 메인으로 연출한다. 카운터에 앉았을 때의 시선과 테이블 자리에서 카운터 쪽을 바라봤을 때의 시선도 중요하다. 테이블에 앉은 손님을 1~2명 정도로 적게 상정하고 빛과 그림자로 사적인 분위기를 연출한다. 오래 머무는 경우도 있기 때문에 앉은 시선이 닿는 장면을 인상적으로 계획한다. 카운터 뒤쪽 선반이나 디스플레이는 간접조명을 사용해 극적 장면을 만들기에 적합하다. 바는 기능보다는 분위기가 중요하기 때문에 인테리어 효과를 높여주는 과감한 연출이 필요하다.

　간접조명이나 스탠드 조명이 효과적이며, 배광이 좁은 스포트라이트를 사용하면 명암이 뚜렷해져 색다른 분위기를 만들 수 있다.

## 카페 조명의 예

그림이나 장식품을 비추는 악센트 조명

창에서 밝은 자연광이 들어와도 펜던트나 장식품 비추는 악센트 조명은 가게 내부를 밝은 인상으로 만드는 데 중요하다

창문에서 먼 부분은 공간 연출을 겸해 간접조명을 사용해 밝게 한다

## 바 조명의 예

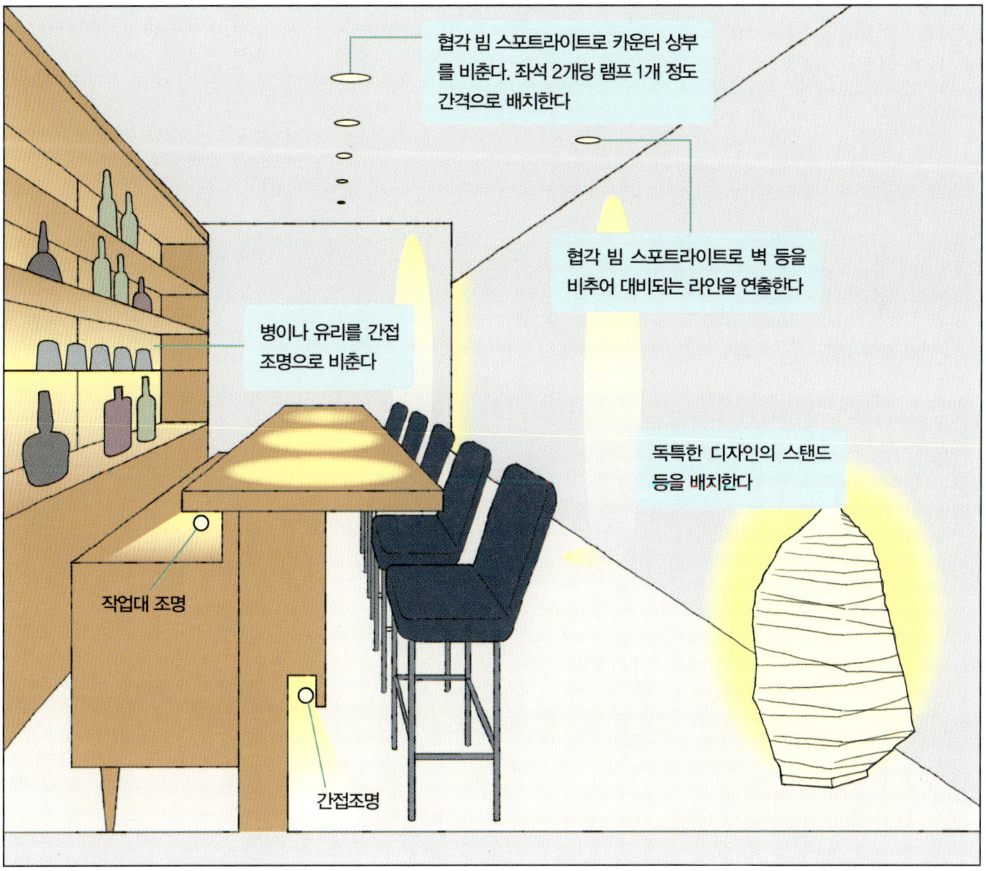

협각 빔 스포트라이트로 카운터 상부를 비춘다. 좌석 2개당 램프 1개 정도 간격으로 배치한다

협각 빔 스포트라이트로 벽 등을 비추어 대비되는 라인을 연출한다

병이나 유리를 간접조명으로 비춘다

독특한 디자인의 스탠드 등을 배치한다

작업대 조명

간접조명

# 085

# 병원의 조명 계획

## Point

환자는 병원을 찾을 때 어느 정도 불안함이 있기 때문에 '안도감을 주는 빛의 연출'에 신경 쓴다

### 기능과 편안한 분위기를 동시에 추구

병원에는 환자를 진찰하는 목적에 맞는 기능적인 조명이 필요하다. 한편, 환자는 병원에 올 때 불안함을 안고 오는 경우가 많으니 안도감을 주는 빛의 연출에도 신경 써야 한다.

병원의 실내조명은 빛이 얼룩지거나 구석이 어두워지지 않도록 배광이 넓은 기구로 바닥과 수직면을 비추는 것이 기본이다. 낮에는 눈부신 자연광 때문에 불쾌하지 않도록 블라인드로 빛을 차단하고 조명으로 필요한 밝기를 확보한다.

출입구는 바깥에서 들어왔을 때 어둡게 느껴지지 않도록 300~750lx의 밝기로 한다. 벽면도 월워셔 등으로 밝게 비추면 좋다. 접수대나 대기실은 바닥면과 벽면을 밝게 비추어 개방적으로 보이게 한다. 조금 차분한 분위기를 연출하려면 전구색 형광등을 사용한다.

### 진찰실과 병실의 조명

진찰실은 실내 전체가 균일하게 밝도록 형광등 전반조명을 설치하고, 환자가 천장을 바라볼 것을 고려하여 유백색 패널 커버가 달린 기구로 눈부심을 억제한다. 태스크 조명과 병용하는 경우 코브 조명 같은 간접조명을 사용해도 좋다. 병실은 환자가 침대에 눕거나 상반신을 일으키는 등 다양한 자세를 취할 뿐 아니라 침대가 여러 개 있을 수 있는 갖가지 상황을 고려하여 기능성을 우선한다.

### 치과나 정신과의 경우

치과나 정신과 등에서는 대기하는 환자가 더욱 편안히 긴장을 풀 수 있어야 한다. 부드러운 조명으로 안심할 수 있는 분위기를 연출하고, 전구색 형광등, 백열전구와 스탠드 조명 등도 사용하여 집에 있는 것 같은 느낌이 들도록 한다.

## 병실의 브래킷 조명

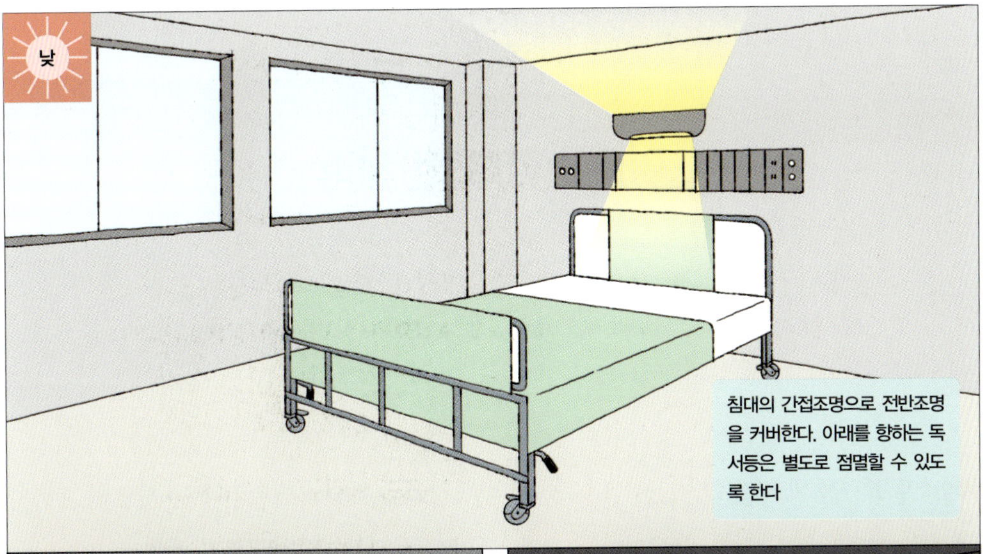

낮
침대의 간접조명으로 전반조명을 커버한다. 아래를 향하는 독서등은 별도로 점멸할 수 있도록 한다


밤


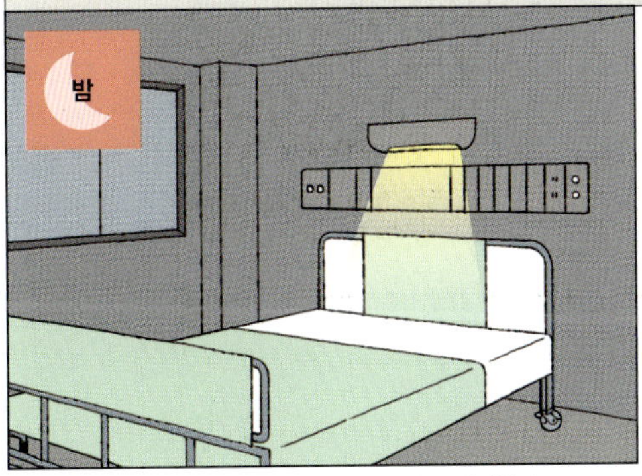

빛이 많이 퍼지지 않는 독서등으로 다른 환자를 배려한다

소등 후


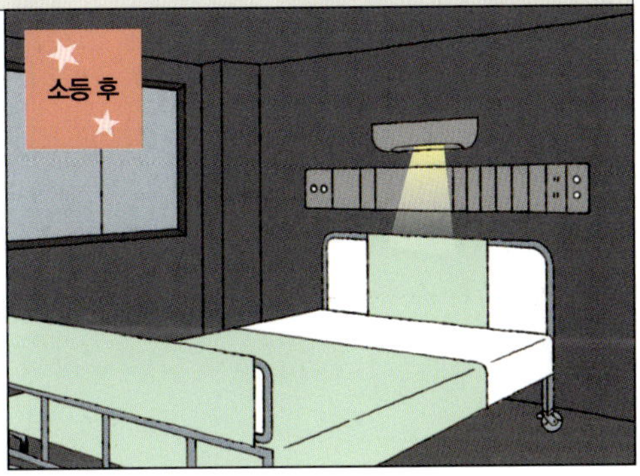

취침등으로 안전성을 높인다

## 병실의 전반조명

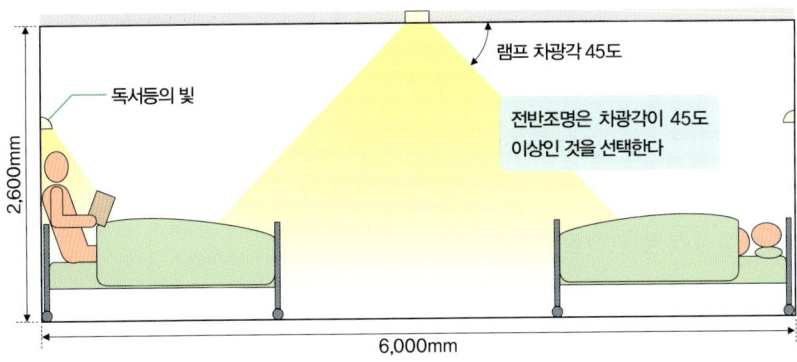

램프 차광각 45도
독서등의 빛
전반조명은 차광각이 45도 이상인 것을 선택한다
2,600mm
6,000mm

# 086

# 미술관의 조명 계획

## Point

전시 작품의 '색', '소재감', '입체감' 등을 표현한다. 램프에서 나오는 자외선이나 적외선에 주의한다

### 색과 소재감을 충실히 표현

미술관 조명은 전시 작품의 색이나 소재감을 충실히 표현하고 입체감을 살려야 한다. 또한 램프에서 나오는 자외선이나 적외선의 영향으로 작품이 손상되지 않도록 신경 써야 한다. 색과 소재감을 표현하기 위해서 연색성이 높은 백열전구, 형광등, 메탈핼라이드램프 등을 사용한다.

자외선, 적외선에 대한 대책이 확실하다면 자연광을 유입해 쾌적한 감상 환경을 만든다.

### 전시 내용에 유연하게 대응

미술관 기획 전시는 전시 내용에 따라 레이아웃이 변하기 때문에 조명도 유연하게 대응할 수 있도록 한다. 일반적으로 레일조명 방식이 선호되며 스포트라이트나 월워셔 기구도 사용된다. 또한 조도의 컨트롤이 중요하기 때문에 반드시 조광 장치를 설치한다.

작품을 효과적으로 비추는 것도 중요하지만 감상하는 사람이 보기 편한 조명이어야 한다는 것을 잊어서는 안 된다. 감상하는 사람의 그림자가 전시물에 비치거나 광원이 눈부시지 않도록 한다. 유리를 씌운 작품에 조명이 반사되어 작품이 잘 안 보일 수 있으니 주의한다.

### 미술관에 적합한 조명 기구

광섬유 조명은 대규모 고가 설비이지만 자외선과 적외선을 거의 방사하지 않아 미술관에 적합하다. LED 역시 조광이 가능하고 Ra90 이상의 고연색성 기구라면 자외선과 적외선 걱정 없이 사용할 수 있다.

동양화는 특히 빛의 영향에 약하므로 조도를 낮춰 전시한다.

## 전시물과 조명의 위치

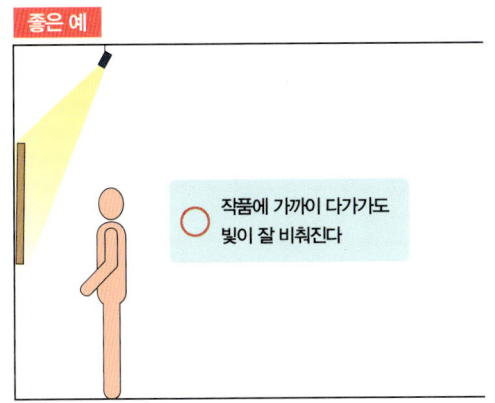

**좋은 예**

○ 작품에 가까이 다가가도 빛이 잘 비춰진다

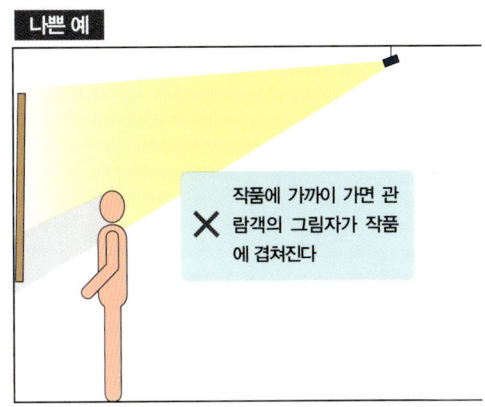

**나쁜 예**

✕ 작품에 가까이 가면 관람객의 그림자가 작품에 겹쳐진다

**나쁜 예**

작품에 유리를 씌운 경우

✕ 광원이 반사되어 작품을 보기 힘들다. 반사 글레어가 없는 위치에 조명을 단다

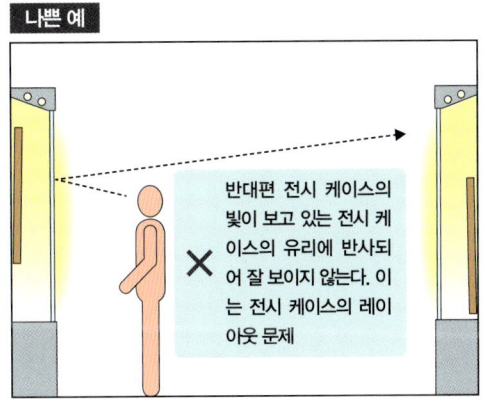

**나쁜 예**

✕ 반대편 전시 케이스의 빛이 보고 있는 전시 케이스의 유리에 반사되어 잘 보이지 않는다. 이는 전시 케이스의 레이아웃 문제

## 전시작품별 KS 조도 기준

| | 조명의 영향을 받는 정도 | | |
|---|---|---|---|
| | 매우 잘 받는다 | 잘 받는다 | 잘 안 받는다 |
| 회화 | 수채화, 소묘화, 안료로 그린 것 | 유화, 템페라화 | ― |
| 천 | 직물 | ― | ― |
| 종이 | 인쇄, 벽지, 우표 | ― | ― |
| 가죽 | 염색 피혁 | 천연 피혁 | ― |
| 나무 | ― | 목제품, 칠기 | ― |
| 기타 | ― | 뿔, 상아 | 돌, 보석, 금석, 유리, 도자기 |
| 조도[lx] | 150~300 | 300~750 | 750~1,000 |

## 광섬유 조명

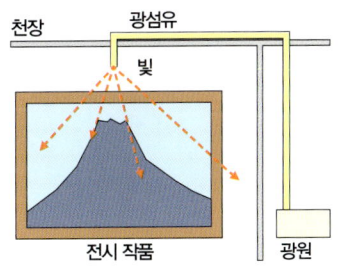

천장　광섬유
빛
전시 작품　광원

자외선이나 적외선의 영향을 걱정하지 않고 작품을 비출 수 있다. 또한 조사 방향을 쉽게 바꿀 수 있기 때문에 레이아웃의 변경에도 대응하기 쉽다

# 087

# 공장의 조명 계획

### Point

'적정한 조도', '균일한 조도 분포', '불쾌한 글레어 감소', '에너지 절약 성능' 등을 고려하여 계획한다

### 사무실 업무 공간과 마찬가지

공장 조명은 안전하고 쾌적한 작업 환경을 만드는 데 일조해야 한다. 조도를 높이면 작업 중 사고를 줄일 수 있고 피로를 줄이는 데 도움이 된다. 공장의 빛 환경은 기본적으로는 사무공간(164쪽 참조)과 같다고 생각해도 좋다. 적정한 조도, 균일한 조도 분포, 불쾌한 글레어의 감소, 색온도와 연색성, 에너지 절약, 자연광과의 균형 등에 특별히 신경 쓴다.

### 고효율 형광등과 HID램프

공장은 체육관처럼 규모가 크다. 따라서 충분한 조도를 얻기 위해서는 고휘도 조명을 여러 대 설치할 필요가 있다. 따라서 자연스럽게 소비전력량이 많아지고 전기요금도 높아진다.

공장에서 주로 사용하는 광원은 고효율 형광등이나 400W 이상의 HID램프이다. 이들 램프의 수명은 비교적 길지만 사다리로

도 닿지 않는 6m 이상 높이에 설치되기 때문에 램프 교체 등 유지 · 관리가 까다롭다. 또한 HID램프는 램프 자체가 비싸기 때문에 유지 · 관리에 상당한 비용이 든다.

### LED의 가능성

공장에서 주로 사용되는 광원인 HID램프와 형광등의 램프 효율은 80~110lm/W 정도이다. LED의 효율도 이에 못지않다. 게다가 LED의 수명은 HID램프의 약 4배이기 때문에 도입하면 램프 교체에 드는 수고와 비용, 램프 자체 비용 등 유지 · 관리비가 큰 폭으로 줄어든다. LED 조명의 조도는 더욱 높아지고 비용은 저렴해진 요즘, 공장 조명을 LED로 바꾸는 사례가 점점 늘어나고 있다.

## 공장에 적합한 조명과 조도

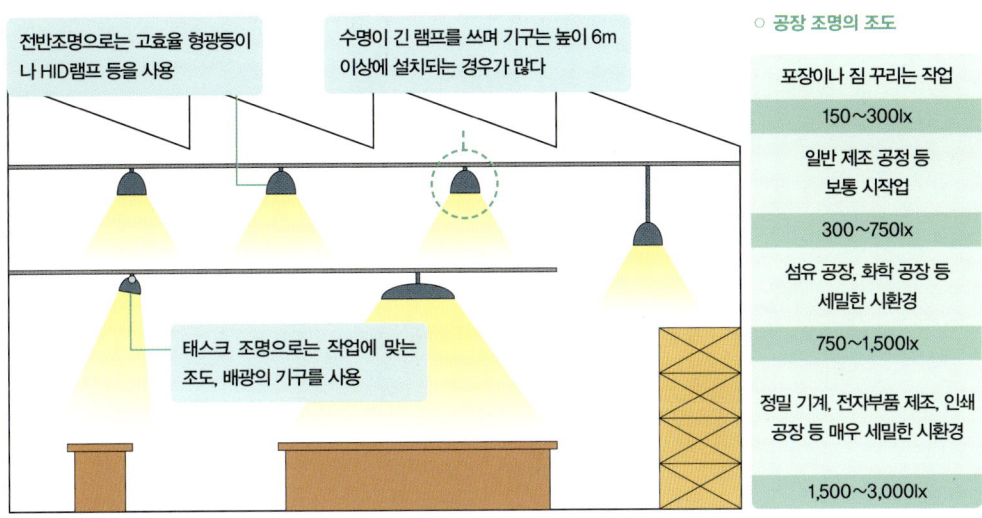

전반조명으로는 고효율 형광등이나 HID램프 등을 사용

수명이 긴 램프를 쓰며 기구는 높이 6m 이상에 설치되는 경우가 많다

태스크 조명으로는 작업에 맞는 조도, 배광의 기구를 사용

○ 공장 조명의 조도

| | |
|---|---|
| 포장이나 짐 꾸리는 작업 | 150~300lx |
| 일반 제조 공정 등 보통 시작업 | 300~750lx |
| 섬유 공장, 화학 공장 등 세밀한 시환경 | 750~1,500lx |
| 정밀 기계, 전자부품 제조, 인쇄 공장 등 매우 세밀한 시환경 | 1,500~3,000lx |

## 조명의 에너지 절약

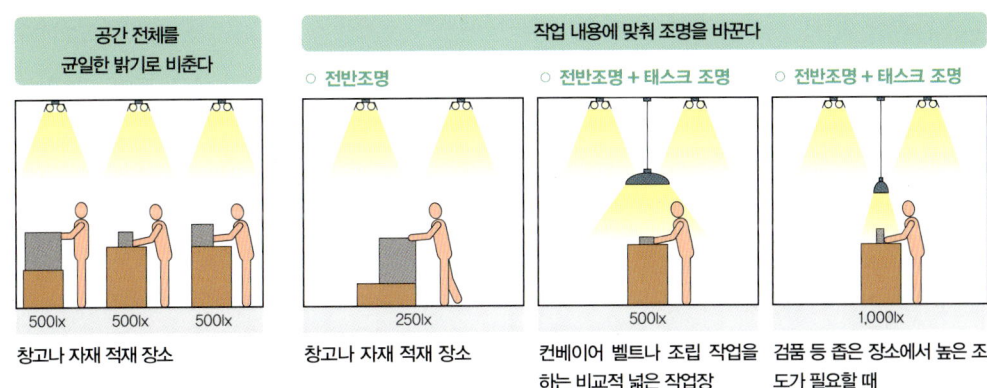

공간 전체를 균일한 밝기로 비춘다

500lx  500lx  500lx

창고나 자재 적재 장소

작업 내용에 맞춰 조명을 바꾼다

○ 전반조명

250lx

창고나 자재 적재 장소

○ 전반조명 + 태스크 조명

500lx

컨베이어 벨트나 조립 작업을 하는 비교적 넓은 작업장

○ 전반조명 + 태스크 조명

1,000lx

검품 등 좁은 장소에서 높은 조도가 필요할 때

## 광원의 종류와 특징

| 종류 | | 크기[W] | 장단점 | 적합한 공장 |
|---|---|---|---|---|
| 형광램프 | 일반형 백색 | 6~110 | 고효율, 저휘도 | 일반적인 공장(저, 중 천창) |
| | 삼파장형 | 10~110 | 더 고효율, 연색성이 좋다 | 환경을 중시하는 공장(저, 중 천창) |
| | 퇴색방지용 | 20~40 | 빛 바래짐이 적다 | 염료, 도료, 잉크 등을 취급하는 공장 |
| | 색평가용 | | 연색성이 특히 좋다 | 인쇄, 염색, 도료 공장 |
| | Hf(고주파점등전용) | 32 (45) 50 (65) | 형광램프 중에서도 가장 고효율, 연색성이 좋다 | 공장 전반(낮은 천창) |
| HID램프 | 수은램프 형광 수은램프 | 40~2,000 | 수명이 길다, 대광속이 있다 | 일반적인 공장(중, 고 천장) |
| | 수은램프 반사형 | 100~1,000 | 얼룩에 의한 밝기 저하가 적다 | 옥외 투광용, 더러워지기 쉬운 장소 |
| | 수은램프 안정기내장형 | 500 | 안정기 불필요/저효율 | 주로 가설용 |
| | 메탈할라이드램프 고연색형 | 100~2,000 | 고효율, 대광속이 있다 | 공장 전반(중, 고천장) |
| | 메탈할라이드램프 고효율형 | 70~400 | 연색성이 좋고 고효율/수명이 짧다 | 환경 중시의 공장(중 천장) |
| | 고압나트륨램프 고연색형 | 180~1,000 | 연색성이 좋고 고효율/수명이 짧다 | 연색성이 문제가 되지 않는 공장 |
| | 고압나트륨램프 고효율형 | 165~960 | 가장 고효율, 수명이 길다/연색성이 나쁘다 | 일반적인 공장(중, 고 천장) |
| | 고압나트륨램프 연색성 개선형 | 70~400 | 고효율, 수명이 길다 | 환경을 중시하는 공장(전구 교체) |
| 전구 | 일반조명용 | 10~200 | 연색성이 좋다/다소 수명이 짧다 | 국부조명, 비상용, 가설용 |
| | 반사형 | 40~500 | 취급 간단/수명이 짧다, 저효율 | 국부조명, 가설용 |
| | 할로겐 전구 | 35~1,500 | 소형, 배광 제어가 용이/수명이 짧다, 저효율 | 국부조명, 비상용 |

# 088

# 집합주택 입구의 조명 계획

## Point

입구에서 '불안한 느낌을 주는 어둠'을 없앤다. 외부 조명을 연출하면 '건물의 품격'이 높아진다

### 입구의 조명

집합주택의 입구는 입주민이 함께 쓰는 공용공간이다. 입주자뿐 아니라 불특정 다수가 출입하기 때문에 안심할 수 있고 깨끗해야 한다. 따라서 어둑어둑한 느낌이 없도록 조명 계획을 짠다.

입구는 건물의 품격을 표현하는 얼굴과 같기 때문에 간접조명이나 샹들리에, 예술 작품을 비추는 조명을 활용해 조명 디자인에 공을 들이는 집합주택이 늘고 있다.

입구에 전반조명과 악센트 조명을 함께 사용하면 어둡지 않고 안심할 수 있는 공간을 만들 수 있다. 또한 벽, 바닥, 천장 각각에 빛을 배치하면 공간의 품격이 높아진다. 천장이 높은 진입 홀에는 천장이나 벽면에 과감한 간접조명을 설치해 더 개방적이고 고급스러운 분위기를 연출한다. 반대로 천장이 낮고 좁은 경우는 벽에 중점을 두고 깊이감을 강조하면 효과적이다.

### 외부 조명

외관을 조명으로 적절히 강조하면 건물의 격을 높일 수 있다. 따라서 집합주택의 간판, 식재, 대문, 조각상, 연못 등 옥외 요소와 함께 진입로 부근 벽이나 처마 등 빛으로 연출이 가능한 다양한 요소를 폭넓게 검토한다.

외부 조명 계획 시 각 세대의 창문에 면하는 쪽에 영향을 주지 않도록 주의한다. 예를 들어, 발코니가 있는 쪽에 빛을 잘못 비추면 각 세대의 실내에 영향을 주어 불편을 초래할 수 있다. 이웃 건물도 배려해야 한다. 예상치 못한 빛이 새어나가 입주민과 통행인에게 불쾌감을 주지 않도록 신경 쓴다.

## 집합주택 진입로 조명

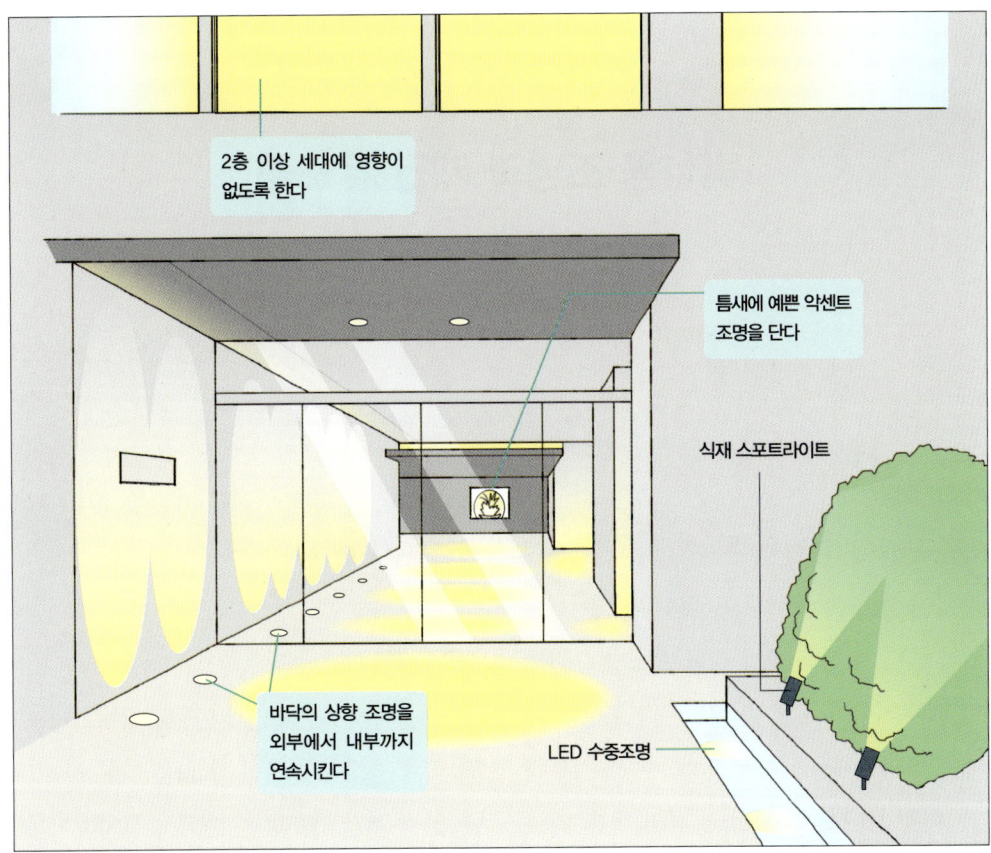

2층 이상 세대에 영향이 없도록 한다

틈새에 예쁜 악센트 조명을 단다

식재 스포트라이트

바닥의 상향 조명을 외부에서 내부까지 연속시킨다

LED 수중조명

## 외부 조명의 주의점

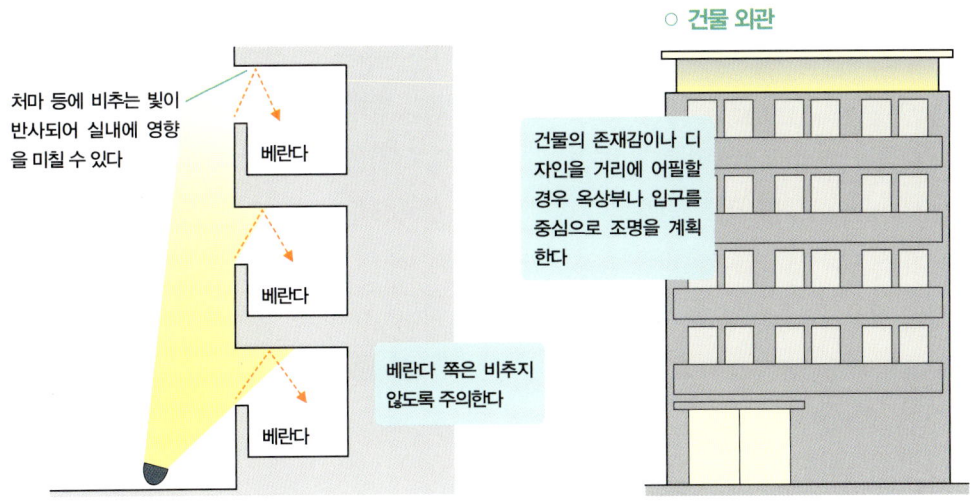

처마 등에 비추는 빛이 반사되어 실내에 영향을 미칠 수 있다

베란다

베란다

베란다

베란다 쪽은 비추지 않도록 주의한다

○ 건물 외관

건물의 존재감이나 디자인을 거리에 어필할 경우 옥상부나 입구를 중심으로 조명을 계획한다

# 089

# 비상용 조명과 계단 유도등

## Point

비상등은 정전 시에도 유효 점등시간 20분 또는 60분을 유지한다

### 비상용 조명 기구

집합주택이나 불특정 다수가 사용하는 시설의 공용 복도에는 비상용 조명 기구를 설치해야 한다. 비상용 조명 기구는 소방 관련법에 설치 기준이 정해져 있다. 직접조명의 밝기는 바닥면에 1lx(형광등은 2lx) 이상으로 하고, 비상용 조명 장치의 전기 배선은 다른 조명용 회로와는 별도 계통으로 한다. 정전 시에도 20분 이상 점등할 수 있어야 하기 때문에 예비전원은 필수이다.

### 기구의 종류

비상용 조명 기구의 종류에는 상시 점등하는 통로등 겸용형과 비상용 전용형이 있다. 모두 기구는 내장 축전지 등 비상 전원을 갖고 있어 정전이 일어났을 때 자동으로 점등되어 피난 경로를 비춘다.

기구 타입으로는 형광등 노출형, 매입형, 다운라이트형, 미니크립톤 전구 다운라이트

형 등이 있다. 전용형에는 비상용 조명 전용 할로겐램프를 사용한 기구 등이 있다.

### 계단 유도등

일본에서는 공용 복도와 마찬가지로 집합주택의 피난 계단에 정전 시 20분 이상 점등할 수 있는 계단 유도등을 반드시 설치해야 한다. 이것도 상시 점등 겸용형과 전용형이 있다. 사람을 감지하여 조광 또는 점등하는 센서가 달린 기구도 있다.

피난 계단이 옥외에 있는 경우 유도등의 배열이 밤에는 그대로 건물의 모습을 나타내므로 기구나 램프의 타입, 대수, 배열 등을 경제성과 함께 고민한다.

최근에는 에너지 절약을 위해 축광 기능을 가진 고경도 석영 성형판으로 만든 유도판이 주목받고 있다.

## 비상용 조명 기구의 종류

### ○ 백열등(할로겐램프) 전용

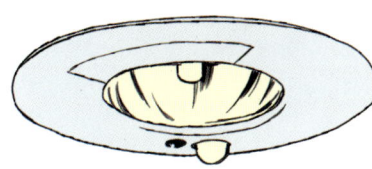

평상시: 점등하지 않음
비상시: 비상용 전구(내장축전지)
- 니켈수소축전지 사용
- 백열 충전 장치 내장
- 점검 스위치 있음

### ○ 백열등 겸용형

평상시: 백열등
비상시: 비상등용 전구(내장축전지)
- 니켈카드뮴 전지 사용
- 자동 충전 장치 내장
- 점검 스위치 있음

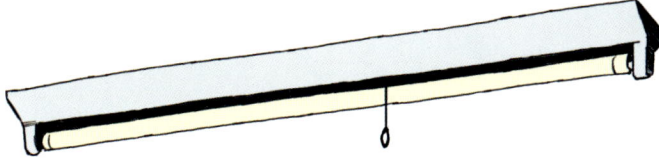

### ○ 형광등 겸용형

평상시: 형광등
비상시: 형광등(내장축전지)
- 니켈수소축전지 사용
- 자동 충전 장치 내장
- 점검 스위치 있음
- 충전모니터 있음

## 센서 계단 유도등

### ○ 조광 타입

사람이 있을 때는 100% 밝기

사람이 없을 때는 30% 밝기

센서로 조광이나 점등이 가능하면 전력소비량이 줄어들기 때문에 에너지 절약에 도움이 되며, 이산화탄소 배출 절감 효과도 있다!

### ○ 점등 타입

사람이 있을 때는 점등

사람이 없을 때는 소등

## · 사무실 태스크 · 앰비언트 조명 ·

천장에 설치한 일반적인 전반조명으로 충분히 밝기는 하지만 작업을 하는 책상면이나 바닥면을 비추기에는 다소 어두워 쾌적해 보이지 않을 수 있다(사진 1). 태스크 · 앰비언트 조명을 도입하면 천장면이 시각적으로 더 밝게 느껴지고 전체적인 조도(평균 조도)가 충분하지 않더라도 쾌적한 환경을 조성할 수 있다(사진 2). 필요한 장소에 따라 태스크 조명을 보충하면 에너지를 절약할 수 있다.

## · 병원 대기실 조명 ·

집 거실에 있는 것처럼 편안하고 쾌적한 분위기를 만든다는 생각으로 조명을 계획한다. 코니스 조명과 스탠드로 벽면을 밝게 하고, 공간감을 주는 다운라이트로 앉는 장소를 부드럽게 비춰주면서 전반적인 밝기를 확보한다.

## · 병실 조명 ·

천장을 향한 간접조명, 가까운 곳을 비추는 태스크 조명, 배광을 좁게 한 천장조명에 의해 침대에 누운 자세와 상반신을 일으킨 자세 모두를 고려하고 같은 병실에 있는 사람을 배려하는 기능적이고 쾌적한 조명 환경을 실현한다. (조후토잔 병원의 사례)

— 사진 1, 2 = 야마다 조명
— 사진 3 = 지은이
— 사진 4 = 야마다 조명

## • 음식점 조명 •

테이블면은 다운라이트로 비추고 통로를 중심으로 한 전반조명과 벽면의 코니스 조명 및 브래킷 조명으로 공간을 밝게 한다. 벽면이나 천장면의 마감재를 강조하는 연출로 한다.

## • 바 조명 •

손님은 특별한 공간에 있길 원하기 때문에 드라마틱면서도 차분한 분위기를 추구한다. 카운터 너머의 병, 선반 등은 연출의 핵심이기 때문에 화려하게 조명으로 연출하고 테이블면은 부드럽게 확실히 비춘다.

라운지석은 상당히 어두울 정도로 조도를 낮추고 벽면 장식 등은 연출의 포인트인 만큼 스포트라이트나 작품 전용 조명 등으로 비춘다. 스탠드 역시 중요.

연회장은 다양한 연출이 있을 수 있기 때문에 모든 조명을 조광할 수 있도록 한다. 파티션으로 나누었을 때 각 공간마다 분위기를 바꿀 수 있도록 회로를 분리한다. 코브 조명은 공간의 높이나 깊이를 강조하여 화려함을 연출한다.

— 사진 5〜9 = 호텔 뉴오타니 구마모토

## Column

# 태양광이 광원인 제로에너지 조명

**튜브 내에서 반사시켜 집광**

최근 덕트 모양의 튜브를 사용하여 자연광을 실내에 끌어들이는 시스템이 등장했다. 천창을 응용한 것이라고 생각해도 좋지만, 지붕면의 개구부에서 받아들인 자연광을 튜브 내에서 반사시키면서 집광하여 실내로 보내는 시스템이다. 튜브 안쪽은 효율적으로 빛을 반사시키기 위해 알루미늄 증착 필름이나 거울면으로 처리되어 있고, 빛의 감소를 막기 위해 가능한 한 반사 횟수가 적도록 설계되어 있다.

날씨나 튜브의 길이에 따라 들어오는 빛의 양은 달라지지만, 한여름 맑은 날의 광량(광속)은 일반적인 백열전구와 비교했을 때

약 5배이다.

**창문을 낼 수 없는 공간에 태양광을**

이로써 외벽에 면하지 않은 좁은 공간이나 수납, 드레스룸 등 조명에 의지할 수밖에 없는 공간에 부드러운 태양광을 끌어들일 수 있게 된다. 전용 보조 전기조명이 결합된 제품이 많아 태양광이 들어오지 않는 야간에도 사용할 수 있다.

태양광을 광원으로 하는 궁극의 제로에너지 조명이라고 할 수 있다.

○ **설치 이미지**

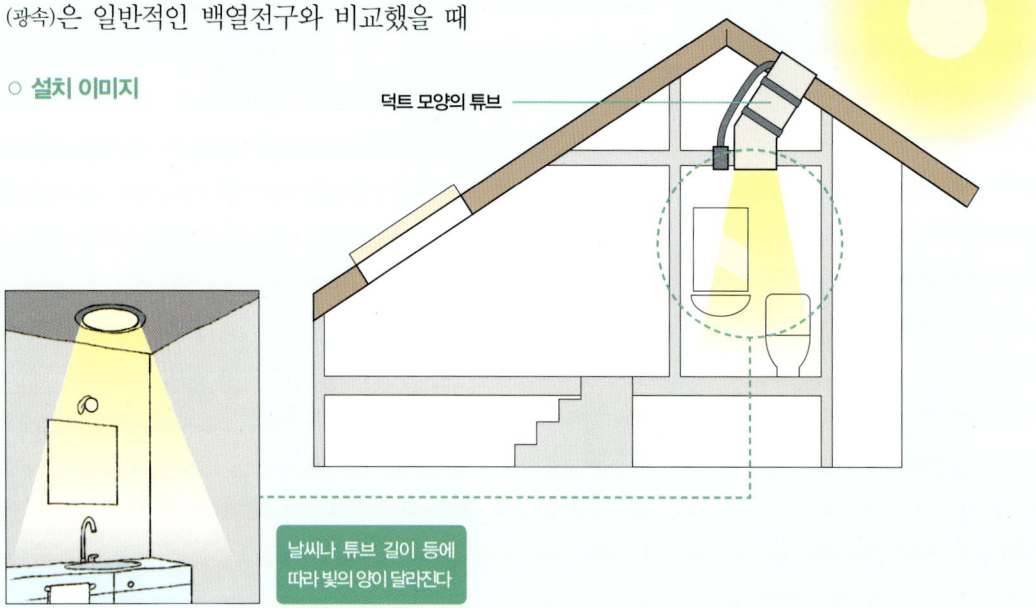

덕트 모양의 튜브

날씨나 튜브 길이 등에 따라 빛의 양이 달라진다

## CHAPTER 6

# 램프와 기구

# 090

# 백열전구

## Point

작고 가벼우며 저렴하다. 배선 방법이 단순해 조명 기구를 디자인하기 편리하며, 연속 조광도 가능하다

### 백열전구의 구조와 종류

백열전구는 보통 전구, 일반 전구, 실리카 전구 등으로 불리지만 정확히는 '텅스텐 필라멘트 전구'이다. 직경 66mm 정도의 흰색 전구가 일반적이며, 유리구(bulb), 필라멘트, 베이스로 구성된 단순한 구조이다. 유리구 내 텅스텐 필라멘트에 전기가 통하면 하얗게 뜨거워지면서 발광한다. 필라멘트는 대기 중에서는 타버리기 때문에 유리구 안에 아르곤과 질소 혼합가스를 넣어 램프 수명을 늘린다.

유리구가 투명한 것을 클리어 전구라고 한다. 유리구는 둥근 볼형이나 평평한 타원형 외에도 유리구 자체가 소형인 미니크립톤 램프 등 다양하다.

소켓에 끼워 넣는 부분이 베이스이며, 보통 사이즈의 베이스는 비틀어 끼우는 식으로 직경이 26mm이기 때문에 E26이라고 부른다. 직경이 17mm인 미니크립톤 램프는 E17이라고 한다. 베이스는 비틀어 끼우는 나사식 외에 핀형 등 종류가 다양하다.

### 공간의 분위기를 만들 때 효과 만점

백열전구는 주택이나 상점 등에서 폭넓게 사용된다. 작고 가벼운데다 싸고, 배선 방법도 단순하여 조명 기구를 디자인하기 편리하기 때문이다. 또한 연속 조광(0~100%)을 할 수 있어 공간의 분위기 만들 때 효과적이다. 연색성이 뛰어나 레스토랑 등에 적합하다.

단점은 램프 효율이 낮다는 것이다. 또한 발열량이 많기 때문에 공조부하(열부하)가 크고 수명이 짧아 램프를 자주 교체해야 한다. 따라서 에너지 절약이나 비용절감 면에서는 뒤떨어진다.

E26 베이스 백열전구는 대부분의 대형 업체에서 제조를 중단했다.

# E26 백열전구의 구조

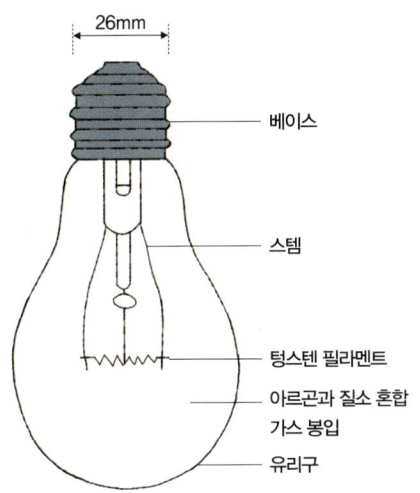

26mm

베이스

스템

텅스텐 필라멘트

아르곤과 질소 혼합 가스 봉입

유리구

우리에게 가장 친숙한 백열전구

## 백열전구의 일반적 특징

○  연색성이 좋고 광색이 따뜻하다
○  점광원에 가까워 빛을 모으기 쉽다
○  연속 조광이 가능하다
○  점등이 간단하고 금방 밝아진다
○  수명이 다 될 때까지 빛의 감소가 적다
×  램프 효율이 낮고 수명이 짧다
×  발열이 심하다

## 백열전구의 종류와 특징

| | | | 특징 | 주요 용도 |
|---|---|---|---|---|
| 일반조명용 | 일반조명용 전구 | | 유리구는 백색 도장형, 투명형과 유리구를 청색으로 코팅한 주광전구가 있다 | 주택, 상점 등의 일반조명 |
| 일반조명용 | 볼형 전구 | | 유리구는 구형으로 확산형과 투명형이 있다 | 주택, 상점 등의 분위기를 만드는 조명 |
| 장식용 | 샹들리에 전구 | | 소형 전구로 유리구는 투명형과 확산형이 있다. 베이스는 E17, E26 | 음식점 등의 샹들리에 |
| 반사형 | 반사형 전구 | | 유리구 부분 외에는 알루미늄 반사경으로 되어 있어 배면에서 빛이 반사된다 | 점포, 공장, 간판조명 등의 투광조명 |
| 반사형 | PAR형 전구(빔 전구) | | 집광성이 뛰어나며, 열선을 차단한 실드빔 전구도 있다 | 주택, 상점, 공장, 간판조명 등의 스포트라이트 |
| 할로겐 전구 | 소형 할로겐 전구 | | 작고 가볍다. 빛을 조절하기 쉽다. 유리구는 석영 또는 경질 유리로 투명하다. 베이스는 E11 또는 2-pin | 상점 앞 스포트 조명이나 다운라이트 |
| 할로겐 전구 | 다이크로익 할로겐램프 (거울 부착 소형 할로겐램프) | | 작고 가볍다. 집광성이 뛰어나다. 유리구는 석영, 베이스는 거울이 부착된 2-pin, E11, EZ10 | 상점 앞 스포트 조명이나 다운라이트 |
| 할로겐 전구 | 투광용 할로겐 전구 | | 가늘고 긴 석영 외관으로 양단 베이스(R7소) | 옥외 경기장, 체육관, 천장이 높은 공장 등의 천장조명 |

# 091

# 할로겐전구

## Point

할로겐전구는 일반 백열전구보다 수명이 길고 크기가 작다. 다이크로익 할로겐램프는 배광 성능이 뛰어나다

### 할로겐전구의 구조와 특징

할로겐전구는 대분류상 백열전구에 포함된다. 텅스텐 필라멘트이지만 유리구 안에 할로겐 가스가 봉입되어 있다는 점이 일반 백열전구와의 차이점이다.

백열전구는 필라멘트가 빛을 발하면 텅스텐이라는 원소가 증발하여 유리구 내에 부착되어 검게 변한다. 하지만 할로겐전구는 텅스텐을 필라멘트로 되돌리는 할로겐 사이클이 있어 유리구 안쪽이 검어지지 않는다. 또 이 작용에 의해 필라멘트가 가늘어지지 않기 때문에 수명이 길다. 일반 백열전구의 수명이 1,000~1,500시간인 데 비해 할로겐전구는 약 3,000시간이다. 램프 크기는 작은 편이며 고온이 되기 쉽기 때문에 취급에 주의해야 한다.

### 다이크로익 할로겐램프

다이크로익 할로겐램프는 할로겐전구의 일종으로, 소형이며 배광 성능이 뛰어난 투광용(스포트라이트나 다운라이트) 램프이다.

직경 50mm 정도의 밥그릇 모양이며, 유리 반사판(다이크로익 미러)이 할로겐램프와 일체로 되어 있다. 다이크로익 미러에는 다이크로익이라는 다층 반사막이 증착되어 있어 할로겐램프에서 발하는 가시광선 대부분을 반사하고 적외선의 80%를 투과시킨다. 이로 인해 할로겐램프 대부분의 열이 배후로 방출되고 제어된 가시광선이 전면으로 나온다. 따라서 빛을 받는 대상이 복사열 때문에 변형, 변질될 우려가 줄어든다.

다이크로익 미러의 빛의 확산 각도는 업체에 따라 다르기는 하지만 크게 세 종류가 있다. 10도의 내로우 배광은 스포트 조명, 30도의 와이드 배광은 전체 조명, 20도의 미디엄 배광은 그 중간 조명으로 적합하다. 다이크로익 할로겐램프는 상점이나 음식점 등에 폭넓게 사용된다.

## 할로겐 사이클의 구조

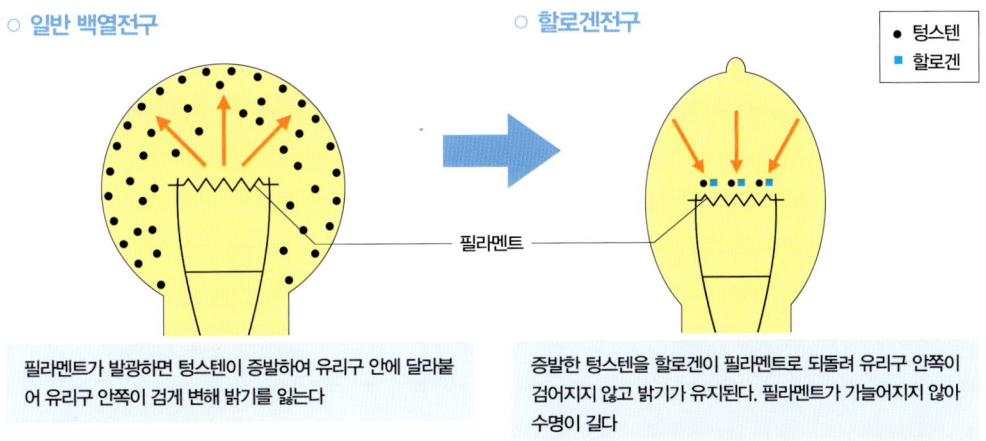

○ **일반 백열전구**

○ **할로겐전구**

● 텅스텐
■ 할로겐

필라멘트

필라멘트가 발광하면 텅스텐이 증발하여 유리구 안에 달라붙어 유리구 안쪽이 검게 변해 밝기를 잃는다

증발한 텅스텐을 할로겐이 필라멘트로 되돌려 유리구 안쪽이 검어지지 않고 밝기가 유지된다. 필라멘트가 가늘어지지 않아 수명이 길다

## 다이크로익 할로겐램프

○ **구조**

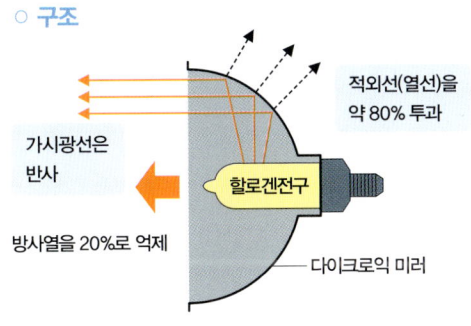

적외선(열선)을 약 80% 투과

가시광선은 반사

할로겐전구

방사열을 20%로 억제

다이크로익 미러

○ **종류**

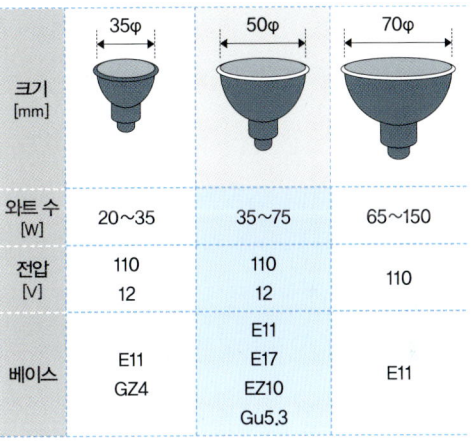

| 크기 [mm] | 35φ | 50φ | 70φ |
|---|---|---|---|
| 와트 수 [W] | 20~35 | 35~75 | 65~150 |
| 전압 [V] | 110 12 | 110 12 | 110 |
| 베이스 | E11 GZ4 | E11 E17 EZ10 Gu5.3 | E11 |

○ **빔각**

| 100V 40W(50형) 다이크로익 할로겐램프 |

10도    0.5φ 430lx

내로우 배광(협각)

20도    1.1φ 200lx

미디엄 배광(중각)

30도    1.6φ 90lx

와이드 배광(광각)

0m    3m

10도 내로우 배광은 스포트 효과가 높고, 30도 와이드 배광은 전반조명으로도 사용할 수 있으며, 20도 미디엄 배광은 그 중간이다

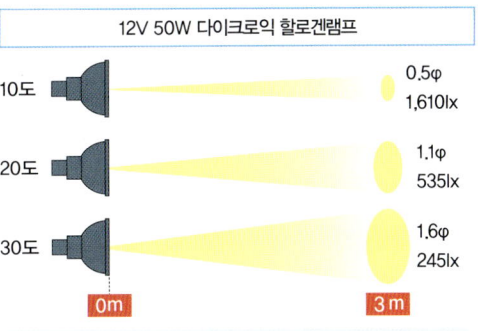

| 12V 50W 다이크로익 할로겐램프 |

10도    0.5φ 1,610lx

20도    1.1φ 535lx

30도    1.6φ 245lx

0m    3m

12V 할로겐램프가 더 밝고 음영도 뚜렷하기 때문에 귀금속이나 유리 제품을 비추면 더 효과적으로 반짝임을 표현할 수 있다

# 092

# 형광램프

## Point

**고효율, 종류의 다양성, 가격 등을 고려할 때 '종합 성능'이 가장 뛰어나다**

### 형광램프의 구조와 특징

형광램프는 안쪽에 형광체를 바른 유리관과 그 양단에 달린 텅스텐의 전극으로 이루어져 있다. 전극에는 이미터(emitter)라고 하는 전자 방사 물질이 발라져 있고, 유리관에는 아르곤 가스 등과 소량의 수은이 들어 있다.

발광 원리는 다음과 같다. 먼저 이미터에서 방출된 전자가 수은 원자와 충돌한다. 이때 발생된 자외선이 형광체에 부딪치면 형광체가 자외선을 가시광선으로 바꾸어 유리관 표면에서 빛이 나온다.

형광램프는 ❶ 램프 효율이 높다 ❷ 수명이 길다(6,000~12,000시간) ❸ 비교적 저렴하다 ❹ 휘도가 낮고 눈부심이 적다 ❺ 램프의 표면 온도가 낮다 ❻ 색온도를 선택할 수 있다 ❼ 연속 조광이 가능하다는 장점이 있다. 단점은 ❽ 안정기가 필요하다 ❾ 램프가 다소 커서 섬세한 배광 제어에는 적합하지 않다 ❿ 주위 온도에 영향을 받는다는 것이다.

특히 저온에서는 점등 상태가 불안정할 수 있으니 옥외나 한랭지에서는 램프의 보온을 고려하여 기구를 선택한다. 연색성은 백열전구에 뒤지지만 고연색형 형광램프 중에는 평균 연색 평가수가 Ra84 이상인 것도 있다.

### 형광램프의 종류

형광램프는 형태와 크기가 다양하다. 사무실 등에서 가장 많이 사용되는 형태는 직관형이며, 관의 직경이 줄어드는 경향을 보이고 있다. 현재는 직경 25mm의 T8가 많지만 직경 16mm의 T5도 점점 늘고 있다. 가느다란 관은 자원 및 공간 절약에 도움이 되기 때문에 향후 보급이 활발해질 것으로 보인다.

한편 전구형은 백열전구에 비해 에너지 절약 효과가 4배 정도 뛰어나며, 조광 대응형 제품도 있다.

## 형광램프의 형태

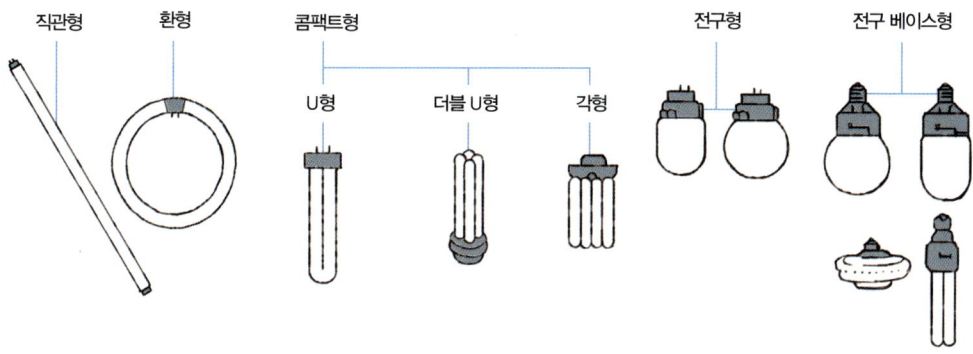

직관형 환형 콤팩트형 U형 더블 U형 각형 전구형 전구 베이스형

## 형광램프의 종류와 용도

| | | 정격<br>전력<br>[W] | 램프<br>효율<br>[lm/W] | 색온도<br>[K] | 평균<br>연색<br>평가수<br>[Ra] | 수명<br>[시간] | 와트 수<br>[W] | 특징 | 용도 |
|---|---|---|---|---|---|---|---|---|---|
| 스타터형전구 | 주광색 | 38 | 71 | 6,500 | 77 | 12,000 | 4~40 | ·밝기와 경제성이 뛰어남.<br>·연색성이 다소 떨어짐.<br>·광색 종류가 다양함 | 사무실, 공장, 주택 등의 일반 조명<br>·주광색: 서늘한 인상<br>·주백색, 흰색: 중간<br>·온백색, 전구색: 따뜻한 인상 |
| | 주백색 | 38 | 78 | 5,000 | 74 | 12,000 | 10~40 | | |
| | 백색 | 38 | 82 | 4,200 | 64 | 12,000 | 4~40 | | |
| | 온백색 | 38 | 79 | 3,500 | 59 | 12,000 | 20~40 | | |
| | 전구색 | 38 | 75 | 3,000 | 65 | 12,000 | 20~40 | | |
| 3파장형(주백색) | | 38 | 88 | 5,000 | 84 | 12,000 | 10~40 | 밝기와 연색성이 뛰어나 물건의 색이 선명하게 보임 | 쾌적한 분위기가 요구되는 주택, 사무실, 상점 등의 조명 |
| 환형(주백색) | | 28 | 79 | 5,000 | 84 | 5,000 | 20~40 | 원형, 각형의 기구에 적합 | 주택, 공장 등의 일반 조명 |
| 래피드스타트형<br>직관(백색) | | 36 | 83 | 4,200 | 64 | 12,000 | 20~220 | 밝기와 경제성이 뛰어남, 즉시 점등, 조광 가능 | 사무실, 공장 등의 일반 조명 |
| 전구형 | 주백색 | 17 | 45 | 5,000 | 83 | 6,000 | 13~17 | ·백열전구보다 램프 효율이 3배 높음.<br>·매우 짧게 점등 가능한 기구도 있음 | 상점, 주택, 호텔, 레스토랑 등의 일반 조명 |
| | 전구색 | 17 | 45 | 2,800 | 82 | 6,000 | 13~21 | | |
| 콤팩트형<br>(U형, 안정기 분리,<br>주백색) | | 27 | 57 | 5,000 | 83 | 6,000 | 18~38 | 소형으로 한쪽 베이스<br>(GX10g, G10g), 3파장형<br>(전구색, 주백색) | 주택, 상점의 일반 조명<br>(와트 수가 작은 램프는 가로등, 취침등에 사용) |

# 093

# HID 램프

## Point

'고휘도, 소형' 램프이기 때문에 가로를 비추는 옥외용 조명이나 스포츠 시설, 공장 등 큰 공간 조명에 사용된다

## HID 램프의 종류와 특징

HID(High Intensity Discharge) 램프는 고휘도 방전등이라고도 불리며 고압수은램프, 메탈핼라이드램프, 고압나트륨램프 등의 총칭이다. 석영이나 세라믹으로 된 진공 상태의 발광관에 가스가 들어 있어 높은 전압을 걸면 방전되어 빛을 낸다.

HID 램프는 와트 수는 높은 데 비해 램프가 작고 높은 휘도를 얻을 수 있으며, 빛의 방향을 조절하기 쉬운 장점이 있다. 한편, 기구 형태에 따라 눈부심이 느껴질 수 있고, 한 번 소등하면 다시 점등하는 데 시간이 걸린다는 단점이 있다. 가로를 비추는 옥외용 조명이나 스포츠 시설, 공장 등 넓은 공간의 조명으로 많이 쓰인다.

## 종류별 특징

고압수은램프는 ❶ 광색이 안정되고 수명이 길다 ❷ 와트 수가 다양하다 ❸ 연색성이 부족하다 ❹ 단계적으로 조광이 가능하다는 특징이 있다.

메탈핼라이드램프는 ❶ 램프 효율과 연색성이 좋다 ❷ 광색의 종류가 다양하다(색온도 3,000~6,500K) ❸ 다른 HID 램프보다는 짧지만 그래도 수명이 긴 편이다 ❹ 조광할 수 없다는 특징이 있다.

고압나트륨램프는 ❶ 램프 효율이 상당히 좋다 ❷ 수명이 길다 ❸ 광색은 오렌지색이고 연색성이 좋은 것과 떨어지는 것이 있다 ❹ 조광은 단계적으로 가능하다는 특징이 있다.

## 세라믹 메탈핼라이드램프

메탈핼라이드램프 중에서 발광관에 세라믹을 사용한 것을 세라믹 메탈핼라이드램프라고 한다. 70W, 35W, 20W 등의 낮은 와트라도 사용성이 좋은 소형 고휘도 램프로서 상점 조명 등에 사용된다.

## HID램프의 종류와 성능

| 램프 형태 | 고압수은램프 | 메탈핼라이드램프 | | 고압나트륨램프 (고연색형) |
|---|---|---|---|---|
| | | 일반 메탈핼라이드램프 | 세라믹 메탈핼라이드램프 | |
| | | HQI-TS | CDM-T | |
| 주요 와트 수[W] | 40, 80, 100, 250, 400, 1,000 | 70, 150, 250 | 35, 70, 150 | 140, 250, 400 |
| 대표적인 램프 의 광속[lm] | 100W | 70W | 70W | 140W |
| | 4,200 | 5,500 | 6,600 | 7,000 |
| 램프 효율 [lm/W] | 42 | 78 | 94 | 50 |
| 램프 수명[시간] | 12,000 | 6,000 | 12,000 | 9,000 |
| 연색성[Ra] | 14~40 | 80~93 | 81~96 | 85 |
| 색온도[K] | 3,900 5,800 | 3,000 4,200 5,200 | 3,000 4,200 | 2,500 |
| 조광 | 단계적 | 불가 | 불가 | 단계적 |
| 가격 | 5,000~15,000원 | 10,000~20,000원 | 15,000~38,000원 | 10,000~20,000원 |
| 기타 | • 연색성이 떨어진다<br>• 수명이 길다 | • 고연색 | • 고연색<br>• 램프 효율이 좋다<br>• 수명이 길다 | • 따뜻한 분위기<br>• 고연색 |

## 다른 램프와의 비교

| 종류 | HID 램프 | 백열전구 | 형광램프 |
|---|---|---|---|
| 램프 효율 | 높다 | 낮다 | 높다 |
| 수명 | 길다 | 짧다 | 길다 |
| 광색 연색성 | 램프의 종류에 따라 다르다 | 약 3,000K로 연색성이 상당히 좋다 | 다양한 색온도, 연색성이 갖춰져 있다 |
| 휘도 | 높다 | 높다 | 낮다 |
| 배광 제어 | 간단히 가능하다 | 비교적 쉽게 가능하다 (할로겐전구는 상당히 간단) | 비교적 어렵다 |

# 094

# LED

## Point

'수명이 길고 콤팩트하다', '조광이 가능하다', '컬러 조명으로도 성능이 좋다'는 장점이 있다

### 형광등과 경쟁하는 LED

LED(Light Emitting Diode, 발광다이오드)는 전류를 흘리면 발광하는 반도체의 일종으로, 전압을 가하면 +와 −가 결합할 때 발생하는 에너지가 직접 빛이 되기 때문에 효율이 좋다. 가전제품 표시판이나 전광 표시판 등에 많이 이용되며, 청색발광다이오드가 개발되고 다색화가 진전되어 컬러 연출용 고휘도 조명으로도 각광받고 있다.

최근에는 고휘도화, 색온도와 연색성 향상, LED칩의 불균일성 개선 등으로 형광등을 대체하는 에너지 절약 광원으로 주목받고 있다. 형광등은 폐기물에서 수은 등 유독성 물질이 발생할 우려가 있지만 LED는 이런 걱정이 없다.

### 최대 장점

수명이 길고 콤팩트하다는 점, 광선에 열이나 자외선 성분이 거의 포함되지 않는다는 점, 조광을 할 수 있고 컬러 조명으로도 성능이 좋다는 점 등이 큰 장점이다. 수명이 6,000~12,000시간인 형광등에 비해 LED의 수명은 4만 시간으로 형광등보다 3~6배 오래 사용할 수 있다. 이는 최초 조도를 100%라고 할 경우 70%까지 조도가 떨어지는 시점의 수명이며 형광등처럼 갑자기 전구가 나가는 일은 없다. 소비전력 대비 밝기는 계속 나아져 고효율 형광등 조명과 같거나 다소 높다.

색상을 자유롭게 바꿀 수 있는 컬러 조명은 다른 램프와는 다른 큰 특징이며 연출 조명으로 사용된다.

고열에 수지 등이 열화되어 수명이 단축되는 문제도 개선되고 있어 전반조명으로 적극 쓰이면서 관형 형광등을 대체하는 추세이다.

## LED의 구조

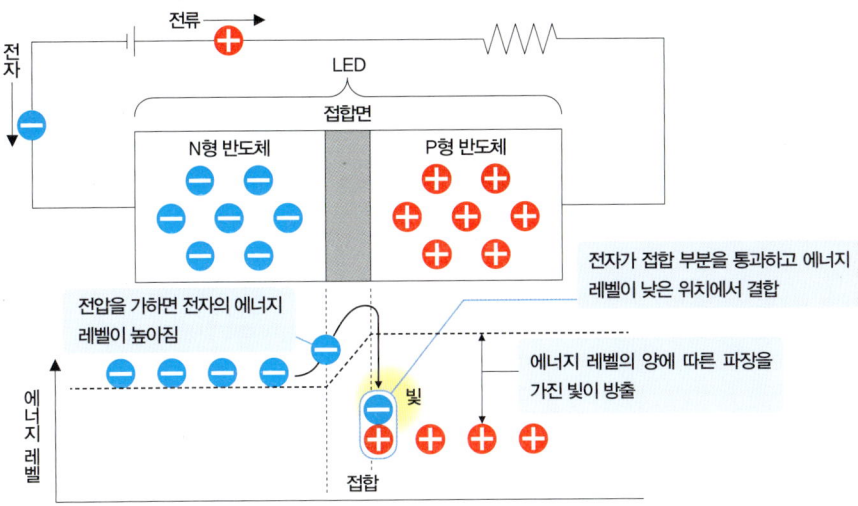

전류 →

전자

전자 ⊕

LED

접합면

N형 반도체　　P형 반도체

전자가 접합 부분을 통과하고 에너지 레벨이 낮은 위치에서 결합

전압을 가하면 전자의 에너지 레벨이 높아짐

에너지 레벨의 양에 따른 파장을 가진 빛이 방출

빛

접합

에너지 레벨

## LED 기구

다양한 종류의 기구가 개발되었다. LED의 장점을 살려 적재적소에 사용하는 것이 중요하다

베이스 다운라이트

유니버설 다운라이트

E26 전구형 LED 램프

선반용 다운라이트

라인형 라이트

스포트라이트

풋 라이트

옥외용 스포트라이트

브래킷 라이트

디스플레이용 콤팩트 스포트라이트

컬러 LED 투광기

컬러 LED 간접조명

컬러 LED 수중조명

컬러 LED 바닥 유도조명

# 095

# EL · 무전극 형광램프 · 저압나트륨램프

## Point

EL은 얇은 시트 형태의 '면 발광 광원'이며 상용화를 위한 향후 연구 개발이 더욱 기대된다

### 유기 EL과 무기 EL

EL(electroluminescence, 일렉트로루미네선스)가 새로운 광원으로 주목받고 있다. EL은 얇은 시트 형태의 면으로 발광하는 광원으로, 벽이나 천장에 붙여 놓으면 벽이나 천장 자체가 빛나는 것처럼 보인다.

EL에는 유기화합물에 전압을 걸어 발광시키는 유기 EL과 무기화합물에 전압을 걸어 발광시키는 무기 EL이 있다. 유기 EL은 발광 원리가 LED와 비슷하며 무기 EL과 비교하여 램프 효율이 좋아 향후 디스플레이 화면용으로 사용될 것이 기대된다.

한편 무기 EL은 큰 발광면을 얻을 수 있지만 밝기나 색온도의 종류가 부족하고 수명이 짧다. 따라서 간판조명이나 상점의 장식조명 등 제한된 범위에서 쓰인다.

### 무전극 형광램프

무전극 형광램프는 방전 공간 안에 전극이 없는 새로운 점등 방식의 방전 램프이다. 전극이나 필라멘트가 없기 때문에 장시간 점등 · 점멸에 의한 필라멘트 소모가 없다. 수명이 3만~6만 시간으로 길며 에너지 절약 성능이 있다. 높은 천장 등 램프 교체가 어려운 장소에 적합하며 기구 일체형과 E26 베이스형이 있다.

### 저압나트륨램프

저압나트륨램프는 저압 방전에 의해 나트륨을 발광시킨다. 램프 효율은 175lm/W로 광원 중에서 가장 효율이 좋다. 황색 단색광으로 물체의 색을 식별하는 기능이 떨어져 일반조명으로는 부적합하지만, 안개나 연기 속에서 투시성이 뛰어나 도로나 터널 등에 적합하다.

## EL

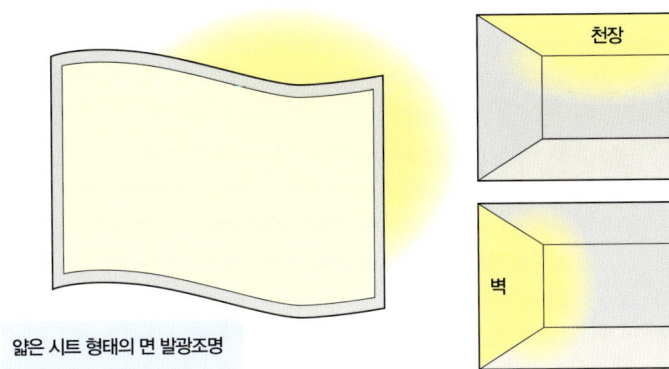

얇은 시트 형태의 면 발광조명

천장

벽

천장면이나 벽면 전체를
빛나게 할 수 있다

## 무전극 형광램프의 구조

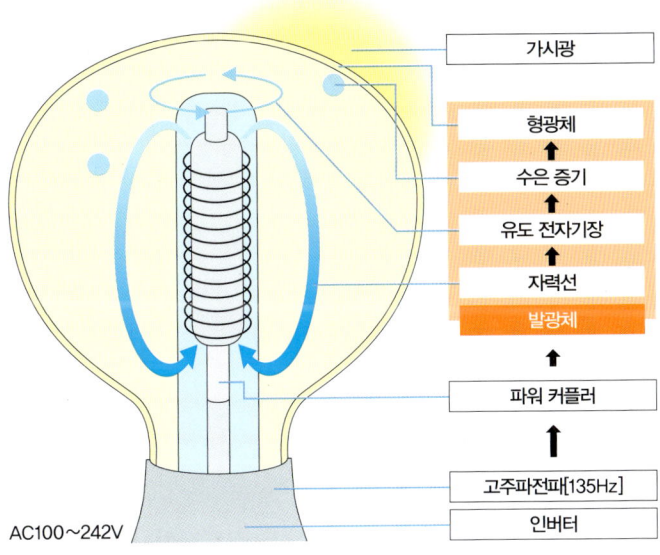

가시광

형광체

↑

수은 증기

↑

유도 전자기장

↑

자력선

발광체

↑

파워 커플러

↑

고주파전파[135Hz]

인버터

AC100~242V

수은 증기를 봉입한 유리구에 고주파 자
기장을 만들고 발생하는 유도 전기장이
내부의 수은 증기를 들뜬 상태로 만든
다. 자외선이 유리구 안쪽 면에 도포된
형광체에 부딪쳐 가시광으로 변환된다

## 저압나트륨램프

○ **구조**

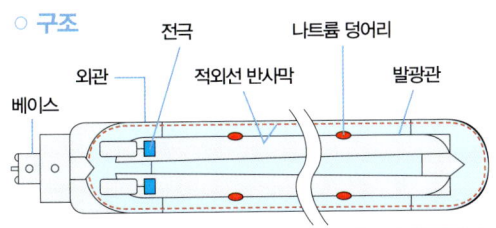

베이스
외관
전극
적외선 반사막
나트륨 덩어리
발광관

저압 방전이기 때문에 황색의 단색광을 방사한다. 이 방사광이
비시감도(사람의 눈이 각 파장별로 밝기를 느끼는 강도를 수치
로 나타낸 것)의 최고점에 가까운 파장이기 때문에 각종 광원 중
에서 효율이 가장 높다.

○ **분광 분포**

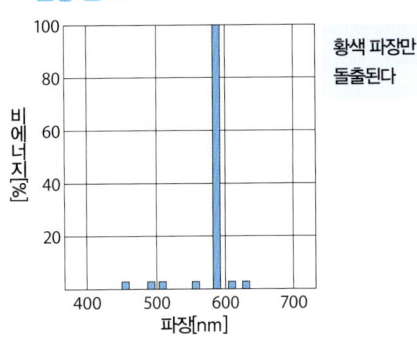

황색 파장만
돌출된다

# 096

# 변압기와 안정기

### Point

변압기는 전압을 낮은 수치로 내릴 때 사용하는 장치. 안정기는 형광램프 점등에 필요한 장치

### 변압기

한국의 전압 규격은 220V이며 많은 램프나 기구는 이에 맞추어 만들어진다. 하지만 크세논램프나 전등 장식용 조명(일루미네이션) 중에는 12V나 24V인 것이 있다. 이 기구를 사용할 때는 전압을 12V나 24V로 내리는 변압기(다운트랜스)가 필요하다.

작은 점광원의 특성을 갖는 할로겐램프에는 12V인 저전압 형식이 많다. 변압기는 일반적으로 별도 판매, 별도 설치인데, 저전압 할로겐램프를 사용하는 스포트라이트와 같은 레일조명은 조명을 설치한 부근에 작은 상자 모양의 변압기가 달려 있는 등 대부분 기구와 일체화되어 있다. 다운라이트형은 천장 내부에 변압기를 별도로 설치하는 경우가 많다.

### 안정기

안정기는 형광램프나 HID 램프의 점등에 필요한 장치이다. 램프 내에서 방전을 시작하면 전류가 급격히 늘어난다. 그 상태로 두면 전류가 계속 늘어나 램프가 깨지거나 전선이 녹아버리기 때문에 전류를 일정하게 하기 위한 회로, 즉 안정기를 설치한다. 안정기는 램프의 점등을 시작하는 기능도 겸하는 경우가 많아 일반적으로 점등 회로라고 불린다.

안정기는 보통 기구에 내장되어 있고, 안정기 종류에 따라 기구가 점등하는 데 걸리는 시간이 달라진다. 최근에는 바로 점등할 수 있으며 효율이 높고 작고 가벼운 고주파 점등 회로(인버터식 점등 회로)가 주류를 이룬다. 또한 Hf형광램프와 결합한 고주파 전용 기구의 개발은 에너지 절약 가능성을 높여 수요가 늘고 있다.

한편, 전구형 형광등은 본체 내부에 안정기가 있어 백열전구용 기구에도 설치할 수 있다. HID 램프는 대부분 안정기가 필요하다.

## 변압기와 안정기

### ○ 12V 할로겐램프 스포트라이트　○ HID 램프 스포트라이트　○ 다운라이트형 콤팩트 형광등

변압기(다운트랜스)

안정기

인버터 안정기

## 안정기의 작용

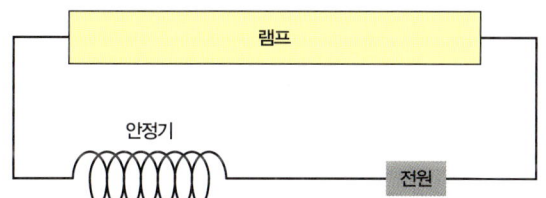

램프

안정기

전원

램프 내부에 방전이 시작되면 전류가 급격히 늘어
난다. 그대로 계속 늘면 램프가 깨지고 전선이 녹
는다. 안정기는 전류가 심하게 늘지 않도록 저항하
여 전류를 일정 수준으로 유지한다

## 전구형 형광등의 구조

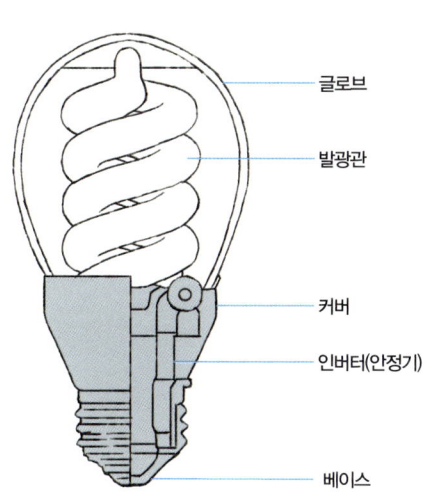

글로브

발광관

커버

인버터(안정기)

베이스

## 일본의 Hf형광등 마크

기구에 붙어 있는 마크

램프에 붙어 있는 마크

형광램프 교체 시에 기구에 왼쪽 마크가 있다면 오른쪽 마크
가 있는 램프를 선택해야 한다. 그렇지 않으면 기능을 제대로
발휘하지 못한다

# 097

# 조명 기구의 선택

## Point

조명 기구는 '배광'까지 상상하며 선택한다

### 조명 기구의 종류

조명 기구는 빛의 확산이나 방향뿐 아니라 기구의 존재감이나 디자인이 중요한 것과 기구에서 발하는 빛의 양이나 방향, 질이 특히 중요한 것으로 나뉜다.

전자는 장식조명이라고 불리며, 샹들리에, 펜던트, 실링라이트, 브래킷, 스탠드 등이 포함된다. 후자는 테크니컬 조명으로, 다운라이트나 스포트라이트, 전반조명용 형광등을 들 수 있다.

사용 장소나 용도를 기준으로 하면 옥외용, 디스플레이용, 수중용, 가로등, 투광기 등으로 분류할 수 있다.

조명 기구는 램프, 소켓, 전원 코드, 전등갓 등의 본체 부품과 설치 부품으로 구성된다. 램프의 열에 견디고 일반적인 사용으로 변형이나 파손, 고장 등이 일어나지 않도록 되어 있다. 기구를 사용할 때는 제품의 취급 설명서를 숙지하고 발광부와 조사 대상물 간의 거리 제한 등 안전에 주의한다.

### 배광 곡선을 체크

빛의 확산 방식을 배광이라고 하는데, 배광은 배광 곡선으로 표시되며, 특히 연직면의 배광 곡선을 보면 기구의 특징을 이해할 수 있다. 대상물까지의 조도를 계산하는 데 도움을 주는 중요한 데이터이다.

다운라이트, 스포트라이트, 전반조명용 형광등 등은 배광 곡선을 확인하지 않고 고르면 필요한 조도를 얻기 힘들 수 있다. 스탠드나 펜던트 등도 배광 곡선을 확인하지만, 백열전구나 램프를 광원으로 하는 기구가 많기 때문에 조도 판단이 어렵지 않아 업체에서 상세 데이터를 제공하지 않기도 한다.

## 조명 기구의 종류

### ○ 장식조명

샹들리에

펜던트

실링라이트

스탠드

브래킷

기구의 존재감이나
디자인이 중요

### ○ 테크니컬 조명

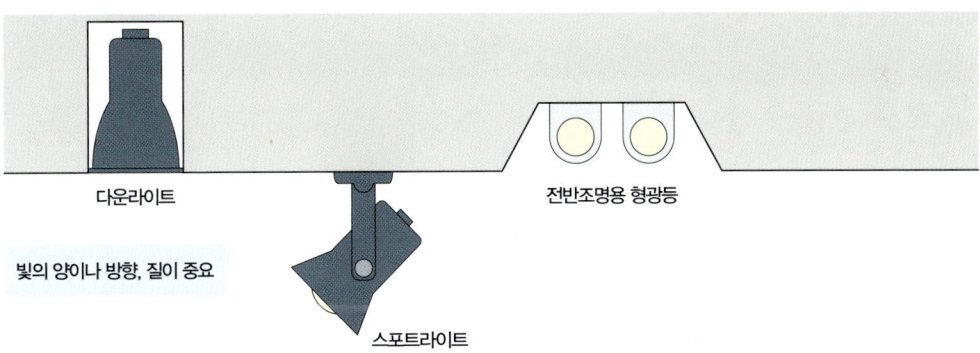

다운라이트

전반조명용 형광등

빛의 양이나 방향, 질이 중요

스포트라이트

## 조명 기구의 배광 곡선

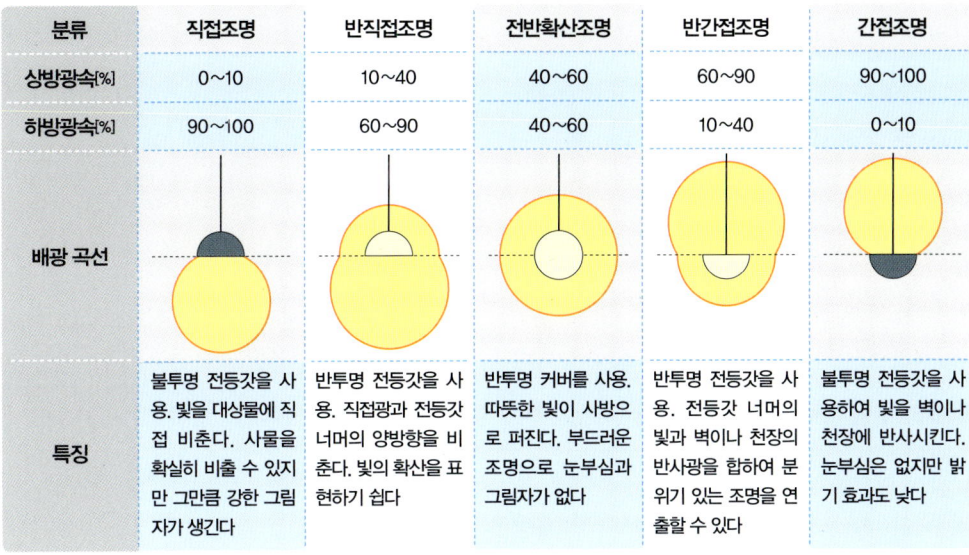

| 분류 | 직접조명 | 반직접조명 | 전반확산조명 | 반간접조명 | 간접조명 |
|---|---|---|---|---|---|
| 상방광속[%] | 0~10 | 10~40 | 40~60 | 60~90 | 90~100 |
| 하방광속[%] | 90~100 | 60~90 | 40~60 | 10~40 | 0~10 |
| 배광 곡선 | | | | | |
| 특징 | 불투명 전등갓을 사용. 빛을 대상물에 직접 비춘다. 사물을 확실히 비출 수 있지만 그만큼 강한 그림자가 생긴다 | 반투명 전등갓을 사용. 직접광과 전등갓 너머의 양방향을 비춘다. 빛의 확산을 표현하기 쉽다 | 반투명 커버를 사용. 따뜻한 빛이 사방으로 퍼진다. 부드러운 조명으로 눈부심과 그림자가 없다 | 반투명 전등갓을 사용. 전등갓 너머의 빛과 벽이나 천장의 반사광을 합하여 분위기 있는 조명을 연출할 수 있다 | 불투명 전등갓을 사용하여 빛을 벽이나 천장에 반사시킨다. 눈부심은 없지만 밝기 효과도 낮다 |

# 098

# 다운라이트의 종류

## Point

외형보다 '배광', '효율' 등 광학 기능이 중시된다

### 다운라이트의 특징

천장에 작은 구멍을 뚫어 천장에 매입하는 방식으로 설치하여 바닥이나 벽을 비추는 조명 기구를 다운라이트라고 한다. 광원은 백열전구, 콤팩트 형광등, 전구형 형광등, HID 램프, LED 등을 사용한다.

기구는 본체(하우징), 반사판, 트림, 소켓, 전원, 램프 등으로 구성되며, 램프의 빛을 반사판으로 반사시켜 비춘다. 반사판은 싱글콘형, 더블콘형, 배플(baffle)형 등이 있다. 싱글콘형과 더블콘형은 반사판이 알루미늄으로 되어 있어 점등 시에는 기구가 보이지만 소등 시에는 금속의 질감이 눈에 띈다. 배플형은 반사판이 흰색이나 검은색으로 도장되어 있어 점등 시에는 하얗게 빛나 기구의 존재감이 강하지만 소등 시에는 천장과 일체가 되어 눈에 띄지 않는다.

다운라이트의 형태는 직경 75~250mm의 원형이나 사각형이다. 외양보다는 배광이나 효율 등의 광학 기능이 중시된다. 기구 형태는 비슷해도 반사판이나 본체 모양, 광원에 따라 배광이 달라지며 용도가 바뀐다.

### 배광의 종류와 효율

배광의 종류에는 전반조명용, 월워셔 조명용, 스포트 조명용 등이 있다. 전반조명용은 배광이 넓고 바닥면에 대해 조도가 균일하다. 이것을 배트윙(batwing)형 배광이라고 하며 더블콘형에 많다. 벽면 위쪽까지 비추는 빛이 넓고 균일하게 퍼지는 배광은 싱글콘형이나 배플형에 많다. 월워셔 조명용은 배광이 벽면으로 치우쳐 밝기를 증가시키는 효과가 있으며 전용 기구도 있다. 스포트 조명용은 배광이 좁고 싱글콘형이 많다. 더블콘형은 램프가 깊게 설치되어 글레어를 줄일 수 있으며, 글레어를 차단하는 30도 이상의 글레어리스(glareless, 눈부심 제어) 성능을 가진 기구가 많다.

## 다운라이트 기구의 구조

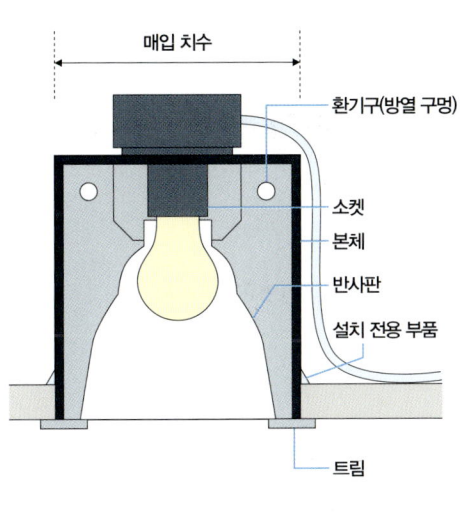

매입 치수

환기구(방열 구멍)

소켓
본체
반사판
설치 전용 부품

트림

## 전반조명용 다운라이트의 종류

○ **싱글콘형**

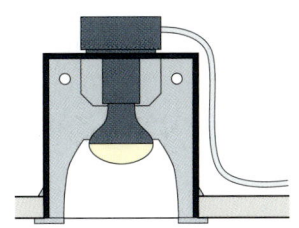

○ **더블콘형**

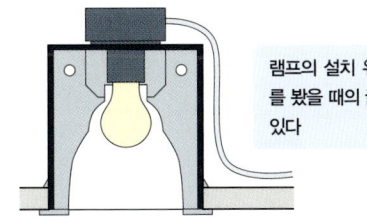

램프의 설치 위치가 깊어 기구를 봤을 때의 글레어를 줄일 수 있다

○ **배플형**

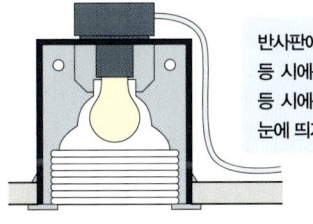

반사판에 도장이 되어 있어 점등 시에는 하얗게 빛나지만 소등 시에는 천장과 일체가 되어 눈에 띄지 않는다

## 배광의 종류

○ **전반조명용 1**

배트윙형 배광이라고 한다. 배광이 넓어 바닥면에 대해 조도가 균일하다. 더블콘형에 많다

○ **전반조명용 2**

배광이 넓어 벽면 위쪽까지 밝고 비교적 균일하다. 싱글콘형이나 배플형에 많다

○ **월워셔 조명용**

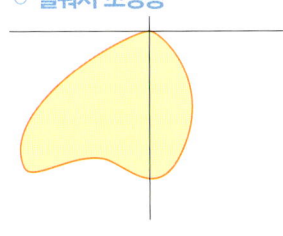

배광이 벽면으로 치우쳐져 있어 밝아 보인다. 월워셔 조명용 전용 기구가 있다

○ **스포트 조명용**

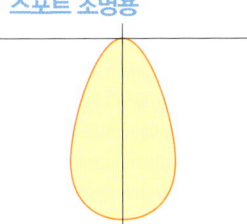

배광이 좁다. 싱글콘형에 많다

# 099

# 다운라이트의 연출

## Point

월워셔 다운라이트는 벽에서의 설치 거리와 기구 간격이 '1:1~2'가 되도록 한다

### 월워셔 다운라이트

월워셔는 이름대로 빛으로 벽(wall)을 씻는 (washer) 것처럼 비추는 조명 기법이며, 시각적으로 더 밝고 공간의 넓이를 강조할 수 있다. 이 효과를 키우기 위해 반사판을 특별하게 설계한 다운라이트를 월워셔 다운라이트라고 한다. 이 기구의 특징은 벽에서의 설치 거리와 기구 간격이 기구별로 설정되어 있어 벽의 천장 부근에서 바닥면까지를 얼룩 없이 아름답게 비출 수 있다는 점이다. 벽에서의 설치 거리와 기구 간격은 1:1~2가 적당하다.

전반조명용이나 스포트라이트용의 다운라이트를 이용하여 월워셔 다운라이트와 똑같은 효과를 얻을 수도 있다. 벽면과 천장면이 접하는 천장 각 부분에 기구로 뚫리는 부분보다 폭이 넓은 슬릿을 설치하고, 거기에 다운라이트를 200mm 이하(다이크로익 할로겐램프를 사용한 경우)의 좁은 간격으로 배치한다.

### 유니버설 다운라이트

유니버설 다운라이트는 스포트라이트 기구가 천장 내에 완전히 또는 절반 정도 매입되는 조명 기구이며, 어저스터블 다운라이트라고도 불린다. 벽면이나 실내 일부를 밝게 비추면서 기구는 천장에 매입되어 있기 때문에 깔끔하다. 뚫리는 부분이 작기 때문에 눈부심 제어 성능이 좋은 기구를 사용하면 광원을 드러내지 않고 원하는 장소를 집중적으로 비춰 고급스러운 분위기를 연출할 수 있다. 광원으로는 빛을 컨트롤하기 쉬운 할로겐램프, 소형 메탈핼라이드램프 등이 쓰인다.

기구의 일부가 노출된 유형의 유니버설 다운라이트는 빛의 방향을 돌릴 수 있는 각도가 크고 자유롭다. 단, 기구가 완전히 천장 안에 들어가는 타입은 돌릴 수 있는 각도가 약 30도에 불과하므로 대상과 기구의 위치 관계를 충분히 검토한다.

# 월워셔 다운라이트

## ○ 종류

벽면과 바닥면 양방향을 비추는 타입

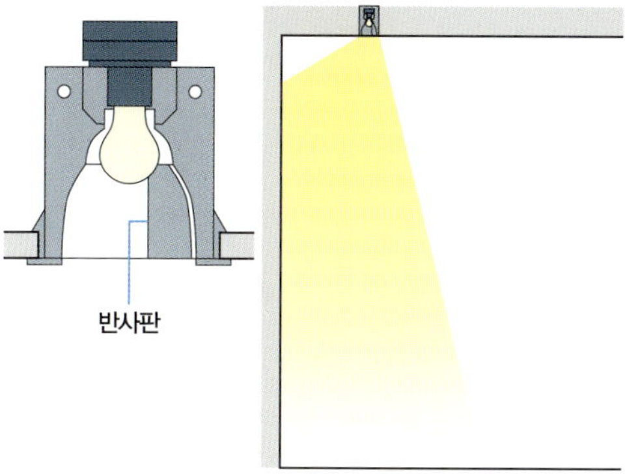

반사판

확산 렌즈가 달려 있어 벽면 중심을 비추는 타입

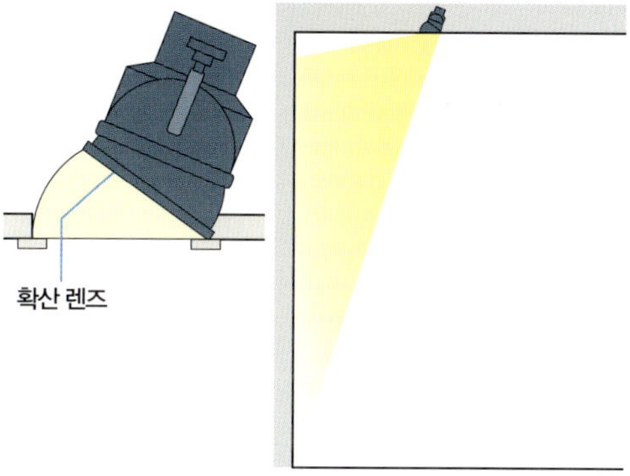

확산 렌즈

## ○ 간격

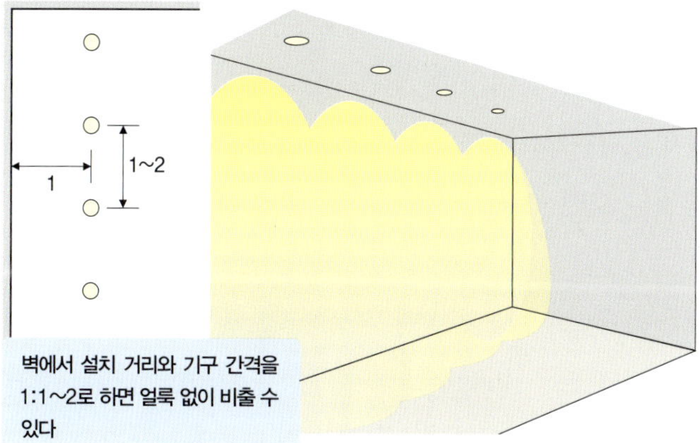

1~2

1

1~2

벽에서 설치 거리와 기구 간격을
1:1~2로 하면 얼룩 없이 비출 수
있다

## ○ 월워셔 다운라이트 외

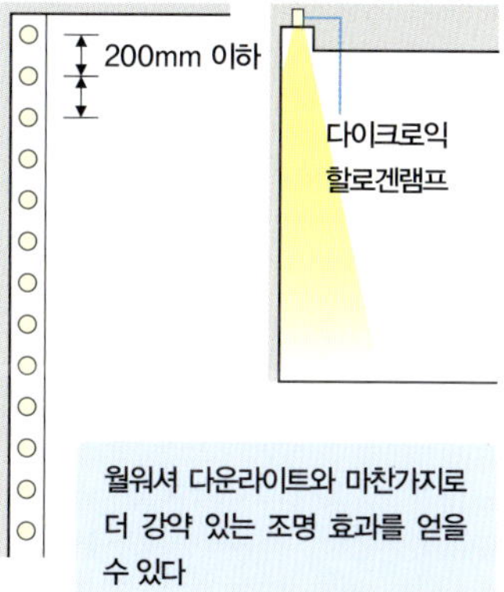

200mm 이하

다이크로익
할로겐램프

월워셔 다운라이트와 마찬가지로
더 강약 있는 조명 효과를 얻을
수 있다

# 유니버설 다운라이트

## ○ 종류

천장 안에 전부 들어가는 타입

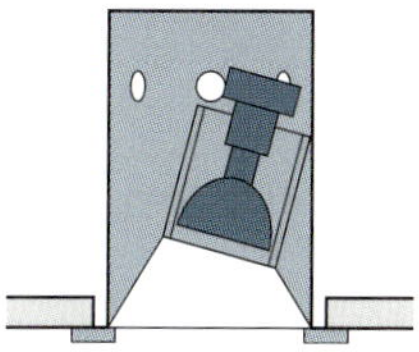

어저스터블 다운라이트라고도 불린다

기구가 절반 정도 노출되는 타입

## ○ 간격

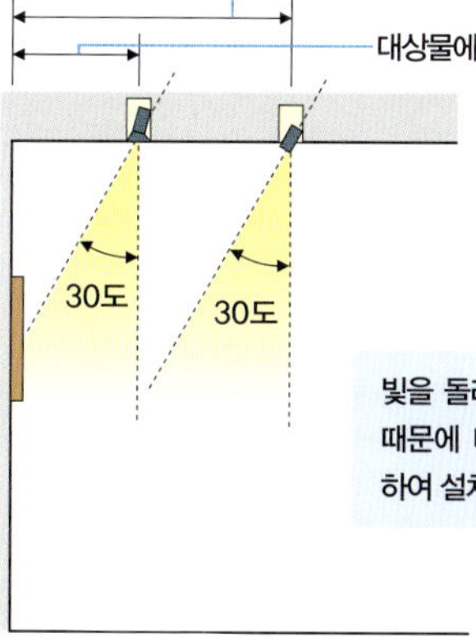

거리가 너무 멀어서 대상물에
빛이 잘 닿지 않는다

대상물에 빛이 잘 닿는다

30도

30도

빛을 돌리는 각도에 한계가 있기
때문에 대상물과의 거리를 생각
하여 설치 위치를 정한다

# 100

# 실링라이트

## Point

방 크기에 따라 기구 사이즈나 밝기를 선택한다. 3~6평 방은 실링라이트 1대로 전체를 밝게 할 수 있다

### 실링라이트의 특징

실링라이트는 발광면이 크기 때문에 짙은 그늘이 잘 생기지 않으며, 빛과 그림자 모두 무난하고 단조롭다. 전통적인 한지 조명 기구와 빛의 인상이 비슷하여 대중적인 조명으로 발돋움했다.

실링라이트는 전반조명이기 때문에 방 크기에 따라서 기구 사이즈와 밝기를 선택한다. 3~6평 방에서는 천장 중앙에 1대만 설치하면 방 전체를 밝게 할 수 있다. 최신 실링라이트 중에는 리모컨으로 켜고 *끄거나* 조광이 가능한 타입, 전동으로 오르내리게 하여 펜던트처럼 사용할 수 있는 타입도 있다. 광원은 형광등, 백열등뿐 아니라 장식이 있는 것도 쓰인다.

### 실링로제트의 종류

설치할 때는 일반 주택 천장부에 달려 있는 실링로제트라고 불리는 전원 설비에 간편히 달 수 있다.

각형 실링로제트는 다다미방에 많이 쓰이며 소형 펜던트나 실링라이트에 적합하다. 설치 나사의 간격이 25mm로 좁기 때문에 중량 있는 기구는 설치할 수 없다.

원형 실링로제트와 매입 로제트는 투과형 천장에 적합하다. 나사의 설치 간격이 46mm로 넓어 선이 지나가는 구멍과의 거리를 확보할 수 있기 때문에 강도가 높고 대형 기구도 설치할 수 있다. 기구 설치 구멍이 회전하기 때문에 기구의 설치 방향이 자유롭다.

## 실링라이트

○ 종류

가장 일반적인 조명 기구.
발광면이 큰 것이 특징

○ 설치 포인트

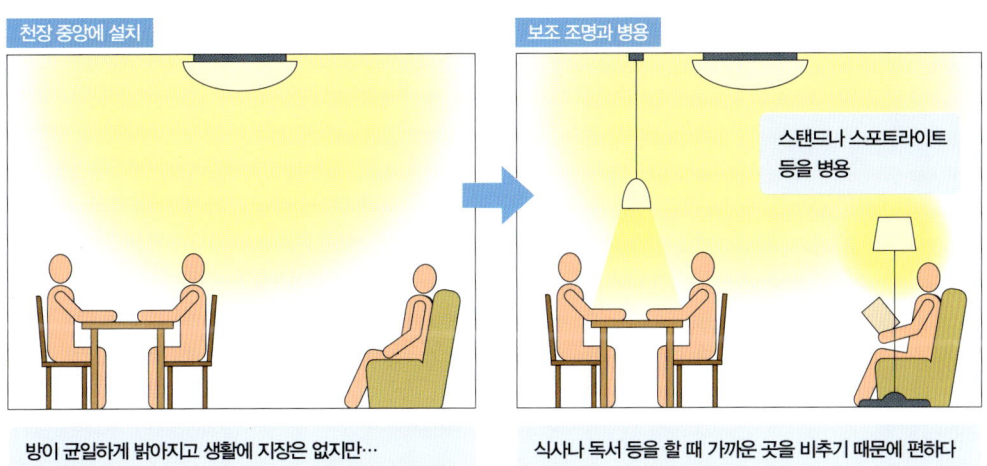

천장 중앙에 설치

보조 조명과 병용

스탠드나 스포트라이트
등을 병용

방이 균일하게 밝아지고 생활에 지장은 없지만…

식사나 독서 등을 할 때 가까운 곳을 비추기 때문에 편하다

## 실링로제트의 종류

○ 각형 실링로제트          ○ 원형 실링로제트          ○ 매입 로제트

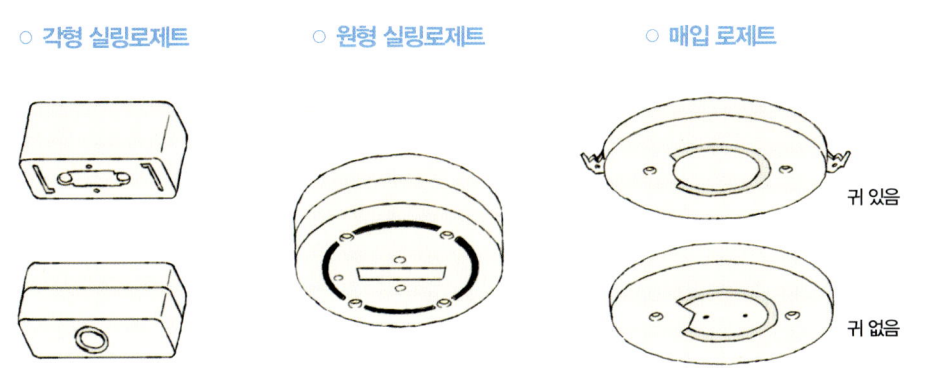

귀 있음

귀 없음

# 101

# 펜던트와 샹들리에

## Point

**펜던트는 램프를 덮는 전등갓의 디자인이 자유롭기 때문에 다양한 연출이 가능하다**

### 펜던트 조명의 사용법

코드나 와이어, 체인 등으로 천장에 매다는 조명 기구를 펜던트라고 한다. 램프는 1등에서 3등이 많으며 크기가 다양하고 비교적 가벼워 코드 등으로 매달아 균형을 잡을 수 있다.

펜던트는 램프를 덮는 전등갓 디자인이 다양한 편이다. 기구의 기본 구조가 백열전구 1개와 소켓으로 이루어진 간단한 구조여서 독창적인 디자인이 많다. 오래전부터 인테리어 디자인 요소로 인기가 있었고 건축가나 디자이너가 디자인한 작품도 많다.

### 용도와 설치 포인트

펜던트는 식탁 위에 매다는 경우가 많다. 기구를 선택할 때는 펜던트 디자인이 인테리어와 어울리는지, 방 크기나 식탁 크기와 균형이 맞는지 고려한다(84쪽 참조). 앉았을 때 램프가 직접 보이면 눈이 부시므로 전등갓으로 램프를 숨기는 디자인을 택하거나 조광으로 눈부심을 없앤다.

주택 천장 중앙부에 있는 실링로제트(228쪽 참조)나 레일조명에 설치할 수 있다.

### 샹들리에의 사용법

펜던트보다 크고 램프 수가 많은 조명 기구를 샹들리에라고 한다. 샹들리에의 원형은 촛불을 여러 개 사용한 조명이다. 따라서 고전적인 디자인에 존재감 있고 강한 인상을 주는 기구가 많다.

기구의 높이가 꽤 높기 때문에 방이 충분히 넓고 천장고가 높은 공간에 설치한다. 또한 무게가 상당한 제품이 많으므로 천장의 내구성을 확인하는 것이 필수이다.

## 펜던트와 샹들리에의 종류

○ **펜던트**

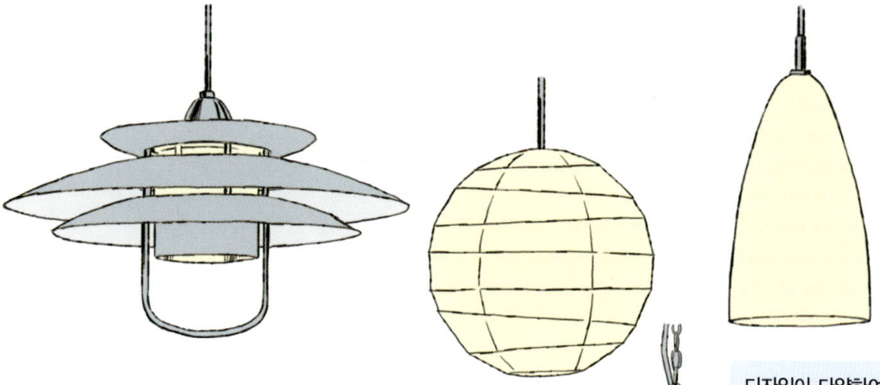

○ **샹들리에**

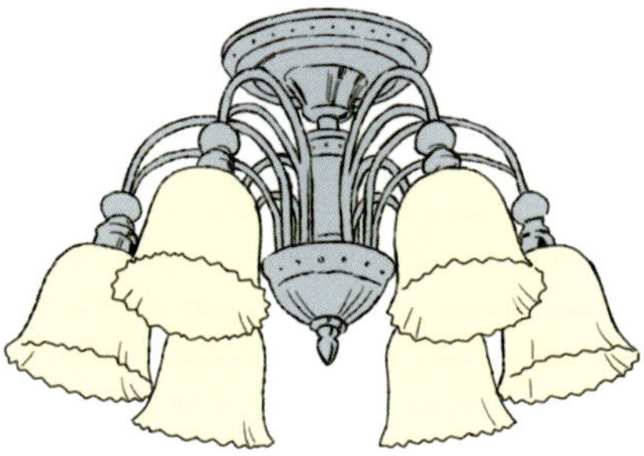

디자인이 다양하여 인테리어 요소로 적극 활용되며 여러 가지 연출을 할 수 있다

## 레일조명으로 설치한 펜던트

작업 내용에 맞추어 기구의 위치를 바꿀 수 있다

## 샹들리에의 설치

방 크기와 천장 높이를 고려하여 설치한다. 사람이 만질 수 있는 높이에 설치하면 위험할 수 있으니 주의!

# 102

# 스포트라이트

## Point

스포트라이트는 '방향성이 있는 빛'이며, 방향을 자유롭게 조절할 수 있는 것이 특징이다

### 스포트라이트의 종류

스포트라이트는 조절할 수 있는 직접조명 기구이다. 정확히는 30도 이하의 좁은 배광의 기구를 스포트라이트, 그보다 넓은 배광의 기구를 플랫라이트(flat light)라고 하지만, 둘 다를 가리켜 스포트라이트라고 부르는 게 일반적이다.

스포트라이트는 전시물이나 상품 등을 다른 부분보다 눈에 띄게 밝게 비추는 것이 특징이다. 대부분 천장이나 벽에 설치하며, 바닥에 설치할 수도 있다.

광원, 반사판, 본체, 설치부로 구성된다. 설치부로는 고정된 플랜지 타입, 분리 또는 위치 변경이 쉬운 레일조명 타입, 임시로 사용할 수 있는 클립 타입이 있다.

소형 할로겐램프나 메탈핼라이드램프를 사용한 스포트라이트는 기구 자체가 작고 눈에 띄지 않으며 배광 종류가 다양하여 쓰임이 많다.

반사판 또는 렌즈를 사용하여 옆으로 길거나 위아래로 긴 배광을 가진 월워셔용 기구나, 전반조명에도 사용할 수 있을 정도로 넓은 배광이 특징인 기구, 광원 전면에 렌즈를 붙여 빛의 경계를 분명히 한 렌즈 스포트나 커터 스포트 등이 있다. 상점의 물건, 미술관의 전시 작품, 음식점의 테이블면 등을 비추는 데 광범하게 쓰인다.

### 옵션 부품을 활용

스포트라이트는 빛의 색이나 인상을 바꾸는 다양한 옵션 부품이 있다. 빛을 희미하게 확산시키는 산광 렌즈(diffusion lens), 배광을 타원형으로 만드는 확산 렌즈(spread lens)를 비롯해 색을 바꾸는 컬러 필터, 색온도를 바꾸는 색온도 필터, 광원 부근의 눈부심을 억제하는 허니컴 필터(honeycomb filer), 롱스누드(long snood) 후드, 글레어컷(glare cut) 후드 등이 있다.

## 스포트라이트의 종류와 배광

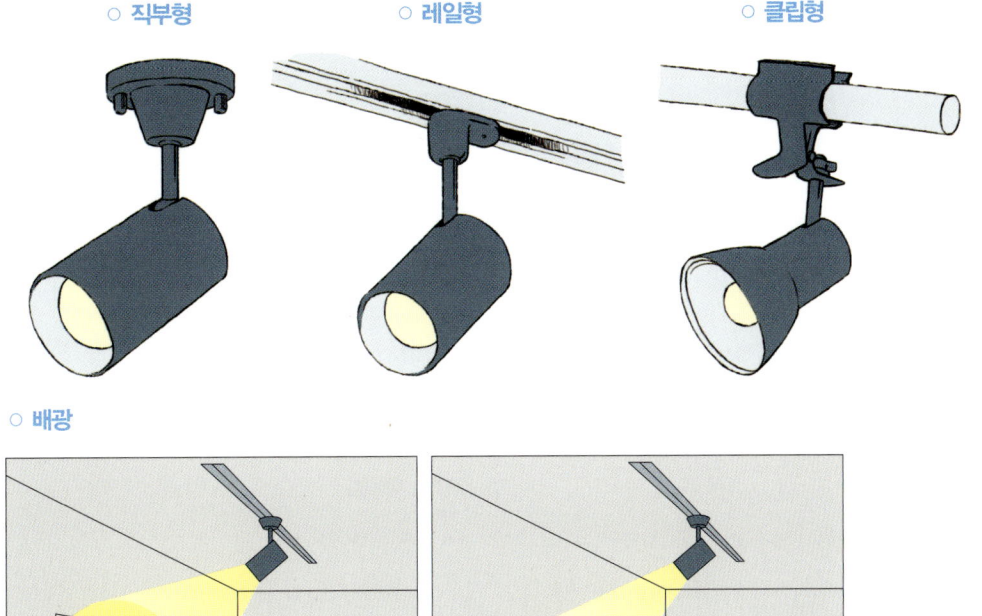

○ 직부형  ○ 레일형  ○ 클립형

○ 배광

비추는 대상에 따라서 빛의 확산을 바꾸는 기구나 램프가 있다

## 옵션 부품

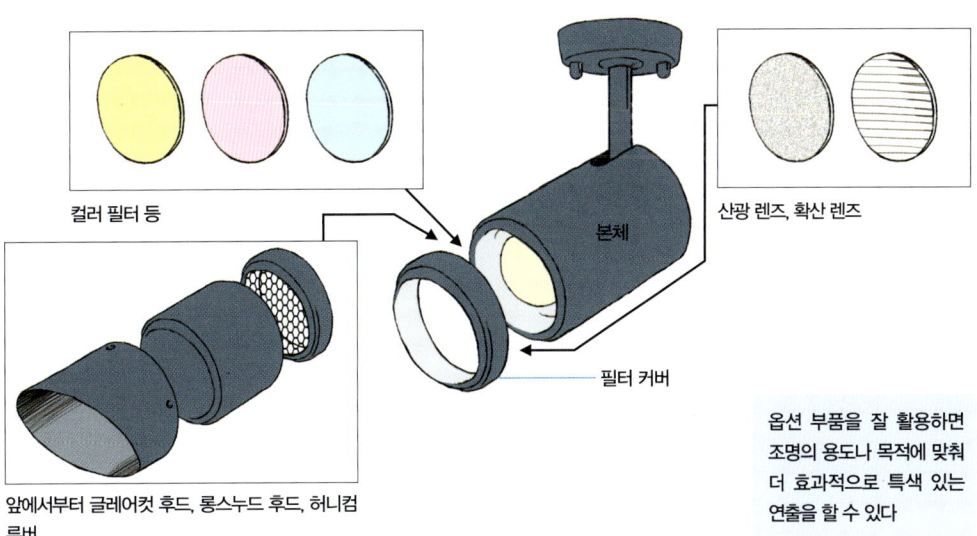

컬러 필터 등

산광 렌즈, 확산 렌즈

본체

필터 커버

앞에서부터 글레어컷 후드, 롱스누드 후드, 허니컴 루버

옵션 부품을 잘 활용하면 조명의 용도나 목적에 맞춰 더 효과적으로 특색 있는 연출을 할 수 있다

# 103

# 브래킷과 스탠드

## Point

브래킷은 '설치 위치를 고려'하는 것이 중요하다.
스탠드는 '배치를 자유롭게' 할 수 있고 밝기를 쉽게 조절할 수 있다

### 브래킷 사용법

벽에 직접 다는 조명 기구를 브래킷이라고 한다. 주택에서는 현관 밖, 계단실, 세면실, 욕실 등 천장이 없는 장소나 천장이 있어도 설치 및 유지·관리가 어려운 장소에 사용된다. 밝기의 확보만이 아니라 장식 목적으로 설치하는 경우도 많다. 사람 키보다 약간 높은 위치에 설치하기 때문에 펜던트와 마찬가지로 시야에 들어오기 쉽다. 따라서 눈부시게 보이지 않는 기구나 벽면에 빛을 비추는 간접조명처럼 사용되는 기구가 많다.

브래킷은 벽면에서 튀어나오기 때문에 복도 등 좁은 공간에서는 사람에게 부딪히지 않는 위치에 설치한다. 세면실에 설치할 때는 거울의 좌우나 위에 설치하여 얼굴색이 잘 보이도록 한다. 욕실이나 옥외에 설치할 경우는 방수나 방습 성능이 있는 전용 기구를 선택하고 설치부에 있는 물 빠짐 구멍이 아래가 되도록 설치한다.

### 스탠드 사용법

스탠드는 바닥이나 테이블 등에 두는 독립된 조명 기구이다. 바닥에 두는 것은 플로어 스탠드, 테이블이나 책상 위에 두는 것은 데스크 스탠드(탁상용 스탠드)라고 부른다. 스탠드는 펜던트와 마찬가지로 존재감이 강한 데다 디자인도 개성적이어서 장식 요소로도 중요하다. 배치가 자유롭고 대수나 위치를 바꾸어 밝기를 조절할 수 있다.

가장 일반적인 것은 전등갓이 달린 갓형이다. 책상 스탠드로는 금속이나 플라스틱 갓이 달린 리플렉터(reflector)형이 많으며, 독서나 업무를 위한 태스크 조명으로 주로 쓰인다. 이외에 토치형은 빛을 천장으로 향하게 하여 간접조명의 효과를 얻을 수 있으며, 유백색 유리나 플라스틱 갓이 씌워진 글로브(globe)형은 바닥 부근에 두면 실내의 빛의 중심을 낮추어 여유로운 분위기를 만든다.

## 브래킷

### ○ 옥외

기구의 설치부에 있는 물 빠짐 구멍을 아래로 향하게 하여 설치

### ○ 세면실

얼굴색이 잘 보이도록 거울 좌우에 설치

### ○ 계단실

설치가 어렵고 유지·관리를 신경 써야 하는 장소에 사용

치수

전개도를 그려 높이를 정확히 설정해 잘못 설치하지 않도록 주의

## 스탠드

### ○ 전등갓형

갓이 달린 전등갓형 스탠드가 가장 일반적

### ○ 리플렉터형

태스크 조명으로 효과적

### ○ 토치형

빛을 천장으로 향하게 하여 간접조명처럼 사용

### ○ 글로브형

바닥 부근에 두면 실내의 밝기 중심이 낮아져 편안히 쉴 수 있는 분위기가 연출

# 104

# 건축화조명과 전반조명 형광등

## Point

전반조명 형광등 기구는 '책상면의 밝기'가 중요하다.
더 밝게 하려면 유백색의 아크릴 확산판이 달린 기구 등을 사용한다

### 건축화조명 기구

건축화조명 기구는 코브 조명이나 코니스 조명 등에 사용하기 편한 간접조명 기구이다. 형광등 기구나 백열등 기구를 비롯하여 크세논램프, 테이프 라이트 같은 특수한 백열등 기구, LED 기구 등이 있다.

기구를 설치할 때는 램프의 특성, 기구 본체의 크기와 함께 설치 방법, 유지·관리, 램프 교체 빈도 등을 확인하여 기구를 설치하는 장소의 치수와 상세 사항을 검토한다. 또한 빛의 색조나 밝기, 조광 가능 여부도 더 완성도 높은 건축화조명을 실현하기 위한 포인트이기 때문에 충분히 생각한다.

### 전반조명 형광등 기구

사무실이나 학교 같은 넓은 공간을 균일하게 기능적이고 경제적으로 비추는 조명 기구를 전반조명 형광등 기구라고 한다. 여러 개의 직관형 형광등이 한 세트인 것을 천장면에 직접 다는 직부형이나 설치 베이스의 단면이 뾰족한 산 모양을 한 삼각형 등이 있다. 천장에 매입하는 것, 램프가 노출된 것, 아랫면에 유백색 아크릴 확산판이 달린 것, 플라스틱이나 거울면 알루미늄 루버가 달린 것 등이 있다.

전반조명 형광등 기구는 책상면을 밝게 하는 것이 중요하다. 더 밝게 해야 할 경우에는 유백색 아크릴 확산판이나 플라스틱 루버가 달린 타입 혹은 노출 타입을 사용한다. 컴퓨터에 빛이 비칠 것을 배려하여 광원의 눈부심을 차단해야 되는 경우는 알루미늄 루버가 달린 글레어컷 각도 30도 정도의 기구를 선택하면 좋다.

최근에는 높은 조도의 슬림형 형광등이 많이 출시되어 천장면을 더 간결하고 산뜻하게 디자인할 수 있다. 업체별로 시스템화된 전반조명형 형광등 기구도 있다.

## 건축화조명 기구(간접조명용 기구)

○ 형광등 기구

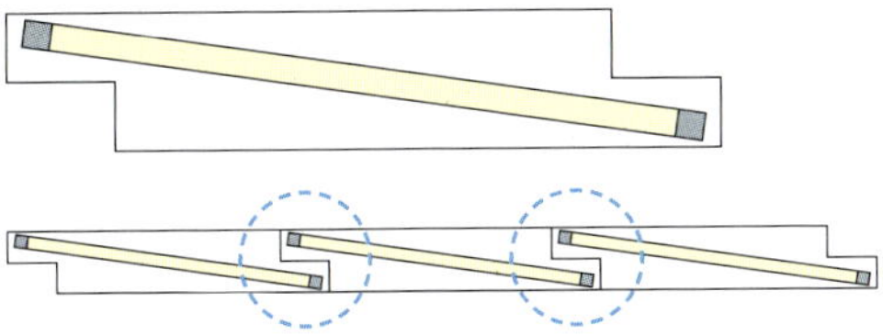

기구를 겹쳐 빛을 연속시킬 수 있다

○ 심레스(seamless) 라인

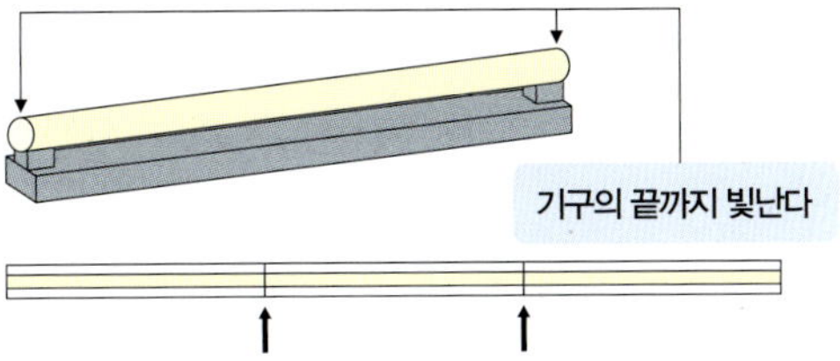

기구의 끝까지 빛난다

기구 사이를 띄우지 않고 빛을 연속시킨다

○ 백열등 기구

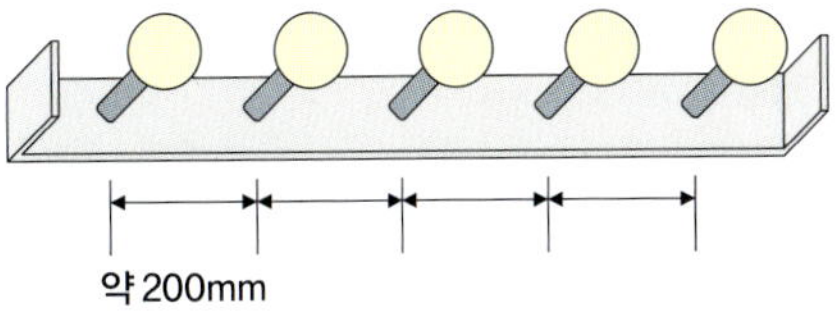

약 200mm

등간격으로 백열등을 배치하는 것이 편리하다

○ 크세논램프

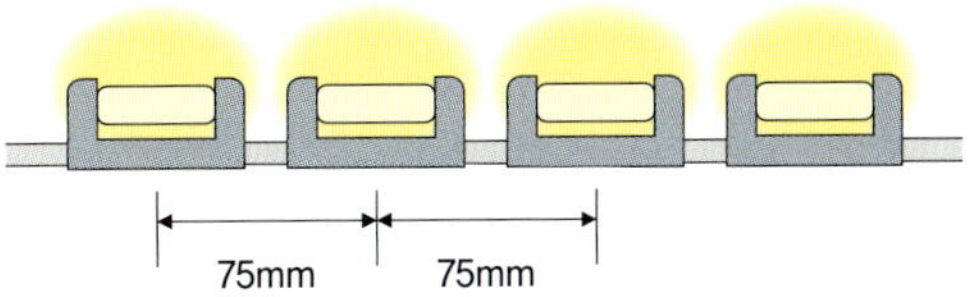

75mm    75mm

소형이라 작은 공간에 들어간다. 따뜻한 오렌지색 빛

○ LED

컬러를 바꿀 수 있다. 소형이고 방열이 적다

## 전반조명용 형광등

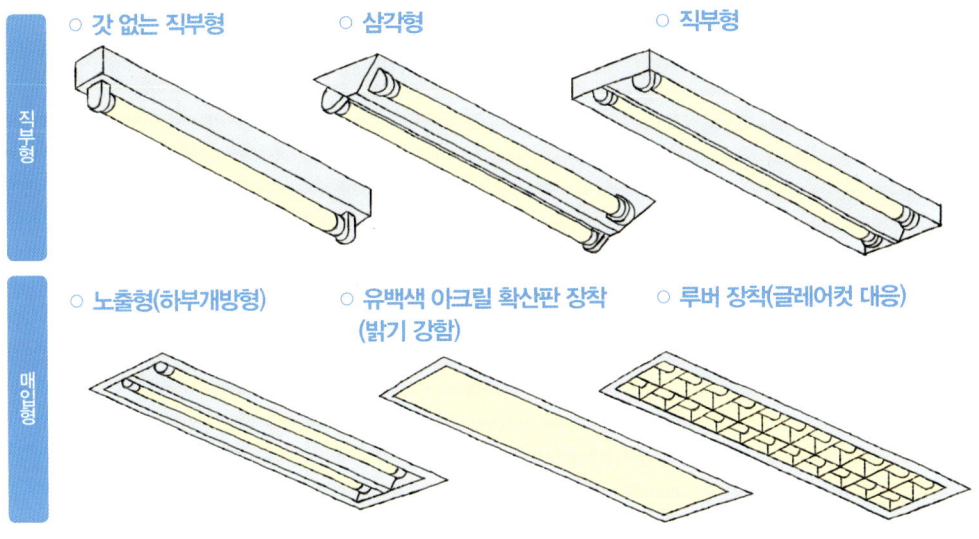

직부형

○ 갓 없는 직부형    ○ 삼각형    ○ 직부형

매입형

○ 노출형(하부개방형)    ○ 유백색 아크릴 확산판 장착 (밝기 강함)    ○ 루버 장착(글레어컷 대응)

# 105

# 옥외용 조명 기구

**Point**

방수 및 방진 성능을 나타내는 국제 기준으로 'IP코드'가 있으며 권장 수치가 정해져 있다

### IP코드란

옥외조명 기구는 환경의 영향에 직접 노출되기 때문에 방수 및 방진 성능을 나타내는 국제 기준 'IP코드'를 참조해 제품을 고르도록 한다. 숫자 두 개의 조합으로 권장치가 정해져 있으며 숫자가 클수록 성능이 높다. 기구 위로 사람이나 사물이 올라갈 수 있으니 내구성도 고려한다. 태양광선이나 기온 변화에 의한 제품의 열화 및 바다에 가까운 지역에서는 염해를 고려한다.

### 기구의 종류와 광원

기구의 종류는 처마 밑에 설치하는 다운라이트와 같은 전반조명 기구, 스포트라이트, 브래킷, 하부조명, 계단에 설치하는 스텝라이트, 폴형 조명, 식재용 스포트라이트, 수목이나 건물을 비춰 올리는 매입형 조명, 바닥에 매입하는 유도조명, 가로등, 투광조명, 수중조명 등 다양하다. 램프 교체가 힘든 경우가 많기 때문에 일반적으로 형광등, HID 램프, LED 등 수명이 긴 것을 사용한다.

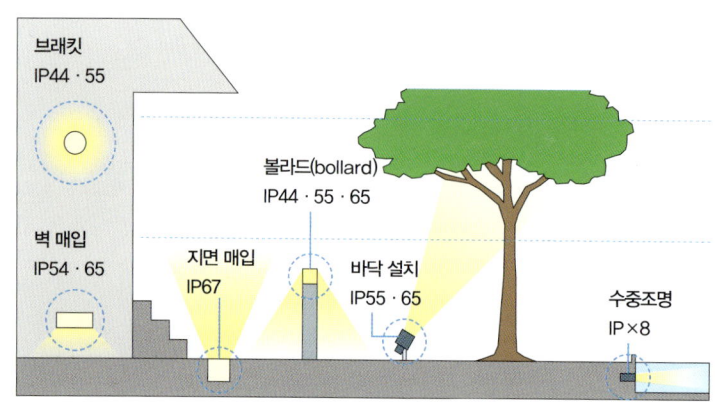

브래킷
IP44 · 55

벽 매입
IP54 · 65

지면 매입
IP67

볼라드(bollard)
IP44 · 55 · 65

바닥 설치
IP55 · 65

수중조명
IP×8

예: IP <u>6</u> <u>7</u>
└ 제1특성 숫자(0~6): 방진 성능
└ 제2특성 숫자(0~8): 방수 성능
× 권장치가 없는 경우

CHAPTER 7 ·

# 조명 도면과 안전 체크 리스트

# 106

# 조명 설계도서와 조명 기구 리스트

## Point

조명 기구 리스트에 기구의 형태, 타입, 업체명, 제품 번호, 색, 소재, 기구 치수 등 필요한 정보를 빠짐없이 기재한다

### 조명 계획에 필요한 도면 종류

조명 계획에 필요한 도면은 초기 프레젠테이션용 도면과 설계도서로서 시공할 때 사용되는 도면으로 나뉜다. 프레젠테이션용으로는 주변 환경 조사 자료, 아이디어를 표현한 스케치, 빛의 레이아웃을 보여주는 그림, 이미지 사진, CG, 상세 사항 검토 보고, 조명 보드 및 조명 모형 사진, 실물 크기의 모형 사진, 평균 조도 계산서, 조도 분포도 등이 있다. 이 문서들은 건축주와 설계자, 시공자의 커뮤니케이션 도구로, 디자인의 의도를 전하는 자료라는 점에서 중요하다.

설계도서에는 조명 배치 계획도, 조명 배선 계획도, 조명 기구 리스트가 있다. 조명 배치 계획도는 조명 기구의 배치를 가능한 한 정확하게 천장도나 평면도에 기재한 것으로 필요에 따라 치수를 기입한다. 조명 배선 계획도는 조명 기구의 배치와 함께 스위치의 위치, 타입, 스위치로 점멸할 수 있는 기구의 묶음 등을 알기 쉽게 그린 것이다.

### 조명 기구 리스트란

조명 기구 리스트는 기구의 형태, 타입, 업체명, 제품 번호, 색, 소재, 기구 치수, 천장 개구 치수, 램프의 종류, 색온도 지정, 배광 지정, 안정기 유무, 옵션 부품, 가격 등 선정한 기구에 관한 필요한 정보를 빠뜨리지 않고 기재한 문서이다.

모눈종이에 기구 기호를 달고 모형을 선으로 그린 것을 1~2장짜리 도면으로 정리하는 형태가 일반적이다. 조명 디자이너가 작성한 기구 리스트는 A4 크기 시트 1장에 1가지 기구 타입 정보를 모두 기재한 스펙 시트(spec-sheet) 형식이 많다. 제품 소개서나 업체 홈페이지에서 정보를 얻어 알기 쉬운 모형(사진) 등을 넣고 문서 크기나 형식을 통일하면 더욱 보기 좋다.

## 조명 기구 리스트의 예

### ○ CAD 모형을 사용한 조명 기구 리스트

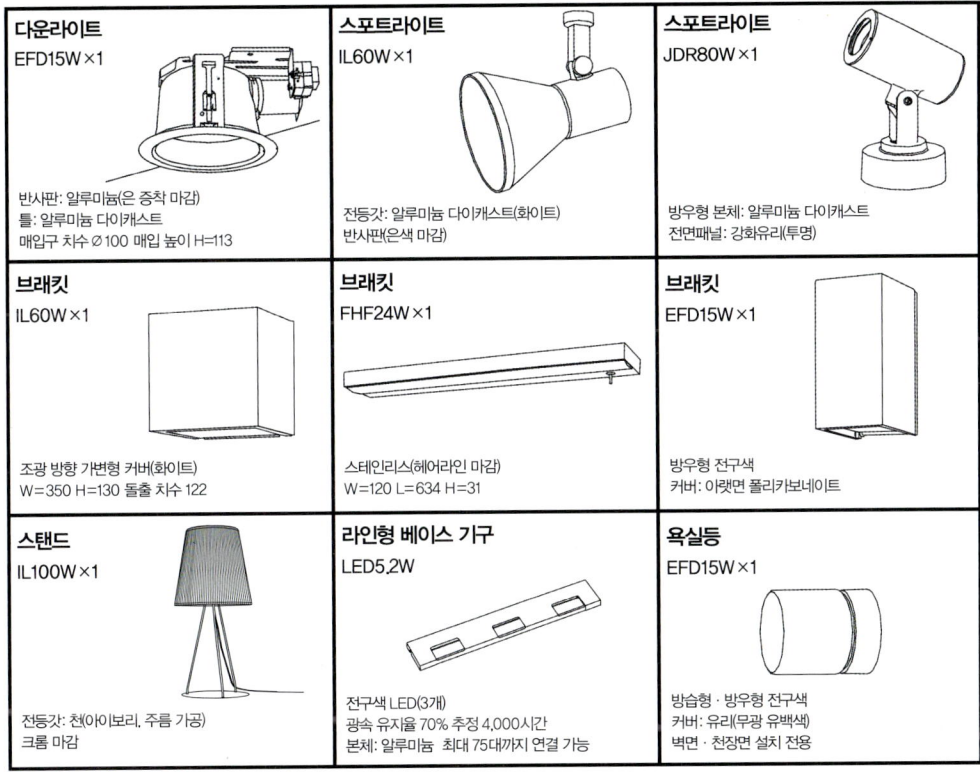

| | | |
|---|---|---|
| **다운라이트**<br>EFD15W×1<br><br>반사판: 알루미늄(은 증착 마감)<br>틀: 알루미늄 다이캐스트<br>매입구 치수 Ø100 매입 높이 H=113 | **스포트라이트**<br>IL60W×1<br><br>전등갓: 알루미늄 다이캐스트(화이트)<br>반사판(은색 마감) | **스포트라이트**<br>JDR80W×1<br><br>방우형 본체: 알루미늄 다이캐스트<br>전면패널: 강화유리(투명) |
| **브래킷**<br>IL60W×1<br><br>조광 방향 가변형 커버(화이트)<br>W=350 H=130 돌출 치수 122 | **브래킷**<br>FHF24W×1<br><br>스테인리스(헤어라인 마감)<br>W=120 L=634 H=31 | **브래킷**<br>EFD15W×1<br><br>방우형 전구색<br>커버: 아랫면 폴리카보네이트 |
| **스탠드**<br>IL100W×1<br><br>전등갓: 천(아이보리, 주름 가공)<br>크롬 마감 | **라인형 베이스 기구**<br>LED5.2W<br><br>전구색 LED(3개)<br>광속 유지율 70% 추정 4,000시간<br>본체: 알루미늄 최대 75대까지 연결 가능 | **욕실등**<br>EFD15W×1<br><br>방습형·방우형 전구색<br>커버: 유리(무광 유백색)<br>벽면·천장면 설치 전용 |

### ○ 스펙 시트 형식의 조명 기구 리스트

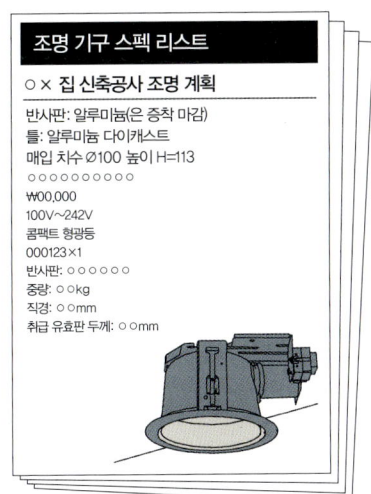

**조명 기구 스펙 리스트**

○× 집 신축공사 조명 계획

반사판: 알루미늄(은 증착 마감)<br>
틀: 알루미늄 다이캐스트<br>
매입 치수 Ø100 높이 H=113<br>
○○○○○○○○<br>
₩00,000<br>
100V~242V<br>
콤팩트 형광등<br>
000123×1<br>
반사판: ○○○○○○<br>
중량: ○○kg<br>
직경: ○○mm<br>
취급 유효판 두께: ○○mm

### 램프의 약칭

| IL | 백열등을 폭넓게 나타냄<br>(보통 전구, 클리어 전구, 미니크립톤구, 볼구, 샹들리에구 등) |
|---|---|
| LW | 보통 전구(실리카 전구) |
| JDR | 2중코일(110V)형 다이크로익 할로겐 램프 |
| JR | 12V형 다이크로익 할로겐램프 |
| FL | 직관형 형광등 |
| FLR | 직관형 래피드 스타터 형광등 |
| FHF | 고주파 점등전용형 형광등 |
| EFA | A형(일반 전구 타입) 전구형 형광등 |
| EFD | D형(글로브리스 타입) 전구형 형광등 |
| LED | LED 조명 |

# 107

# 조명 기구 배치도

### Point

천장도나 평면도에 조명 기구의 배치를 가능한 정확하게 기재하여 위치 치수도 필요에 따라서 넣는다

## 조명 기구 배치도(1F)

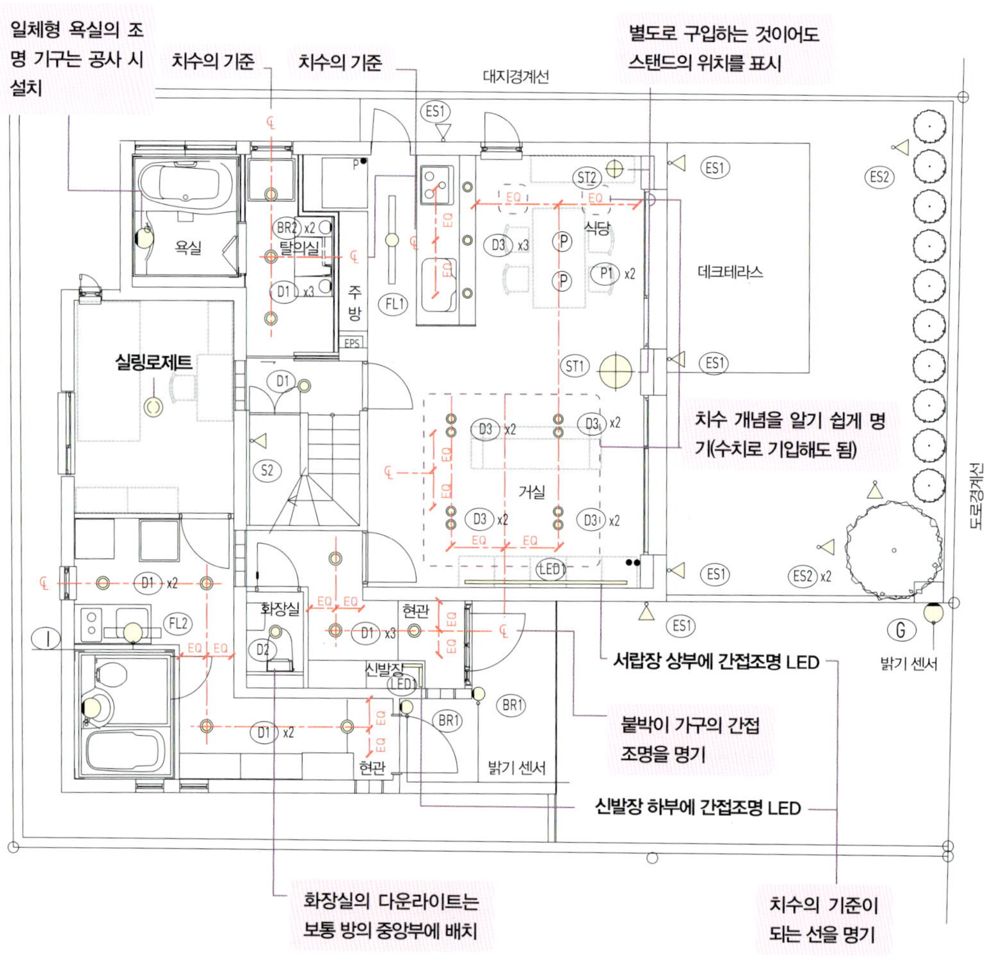

일체형 욕실의 조
명 기구는 공사 시
설치

치수의 기준

치수의 기준

대지경계선

별도로 구입하는 것이어도
스탠드의 위치를 표시

욕실

BR2 x2

탈의실

D1 x3

주방

EPS

실링로제트

D1

S2

ES1

P

D3 x3

식당

P1 x2

P

데크테라스

ST1

ST2

EQ

EQ

FL1

ES1

ES2

ES1

ES1

치수 개념을 알기 쉽게 명
기(수치로 기입해도 됨)

D3 x2

D3 x2

거실

D3 x2

D3 x2

EQ

EQ

LED

ES1

ES2 x2

D1 x2

FL2

화장실

EQ EQ

D2

D1 x3

현관

신발장

LED

BR1

BR1

ES1

G

밝기 센서

서랍장 상부에 간접조명 LED

붙박이 가구의 간접
조명을 명기

D1 x2

현관

밝기 센서

신발장 하부에 간접조명 LED

화장실의 다운라이트는
보통 방의 중앙부에 배치

치수의 기준이
되는 선을 명기

## 조명 기구 리스트 작성

| 기호 | 가구 타입 | 램프 | V | W | 가구 업체 | 가구 제품 번호 | 비고 |
|------|-----------|------|---|---|-----------|----------------|------|
| D1 | 베이스 조명 다운라이트 | 전구형 형광등 | 100 | 12 | A사 | ×××-×××× | 전구색(2,800K) |
| D2 | 베이스 조명 다운라이트 | 미니크립톤 램프 | 100 | 60 | A사 | ×××-×××× | 중각(빔각) |
| D3 | 어저스터블 다운라이트 | 다이크로익 할로겐램프 | 110 | 40 | B사 | ×××-×××× | |
| S1 | 라이팅 레일용 스포트라이트 | 미니크립톤 램프 | 100 | 60 | C사 | ×××-×××× | 전구색(3,000K) |
| S2 | 스포트라이트 | 미니크립톤 램프 | 100 | 60 | C사 | ×××-×××× | 전구색(3,000K) |
| FL1 | 베이스 조명 형광등 | Hf형광등 | 100 | 32×2 | A사 | ×××-×××× | 전구색(3,000K) |
| FL2 | 형광등 가구 | Hf형광등 | 100 | 24 | A사 | ×××-×××× | 전구색(3,000K) |
| FL3 | 간접조명 형광등 가구 | 심레스라인램프 | 100 | 40 | B사 | ×××-×××× | 전구색(3,000K) |
| FL4 | 선반 하부용 형광등 가구 | 심레스라인램프 | 100 | 18 | B사 | ×××-×××× | |
| BR1 | 브래킷(옥외용) | 전구형 형광등 | 100 | 12 | C사 | ×××-×××× | |

비고란에 색온도 또는 빔각 표기

## 조명 기구 배치도(2F)

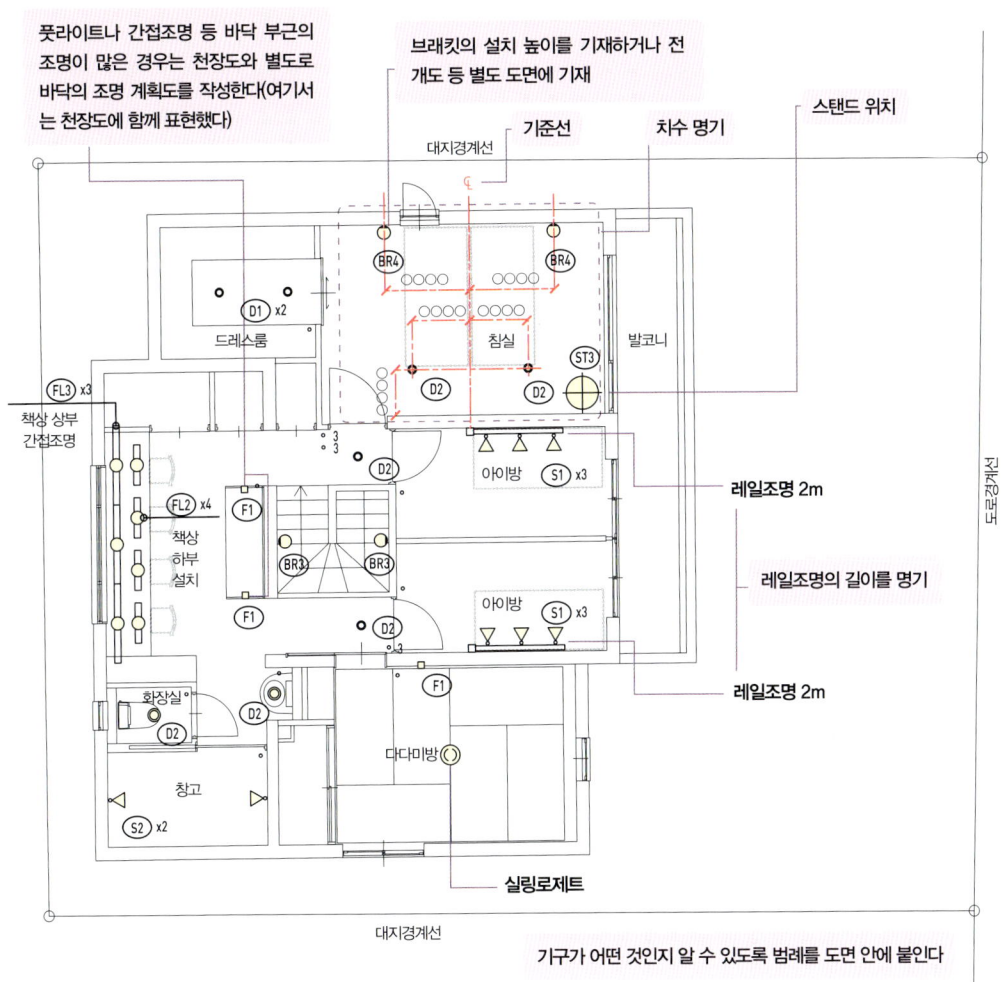

풋라이트나 간접조명 등 바닥 부근의 조명이 많은 경우는 천장도와 별도로 바닥의 조명 계획도를 작성한다(여기서는 천장도에 함께 표현했다)

브래킷의 설치 높이를 기재하거나 전개도 등 별도 도면에 기재

기준선

치수 명기

스탠드 위치

대지경계선

드레스룸

침실

발코니

책상 상부 간접조명

책상 하부 설치

아이방

레일조명 2m

레일조명의 길이를 명기

아이방

레일조명 2m

화장실

다다미방

창고

실링로제트

대지경계선

가구가 어떤 것인지 알 수 있도록 범례를 도면 안에 붙인다

# 108

# 조명 배선 계획도

## Point

조명 기구의 배치와 함께 스위치의 위치, 타입, 점멸할 수 있는 기구의 묶음 등을 알기 쉽게 그린다

## 조명 배선 계획도(1F)

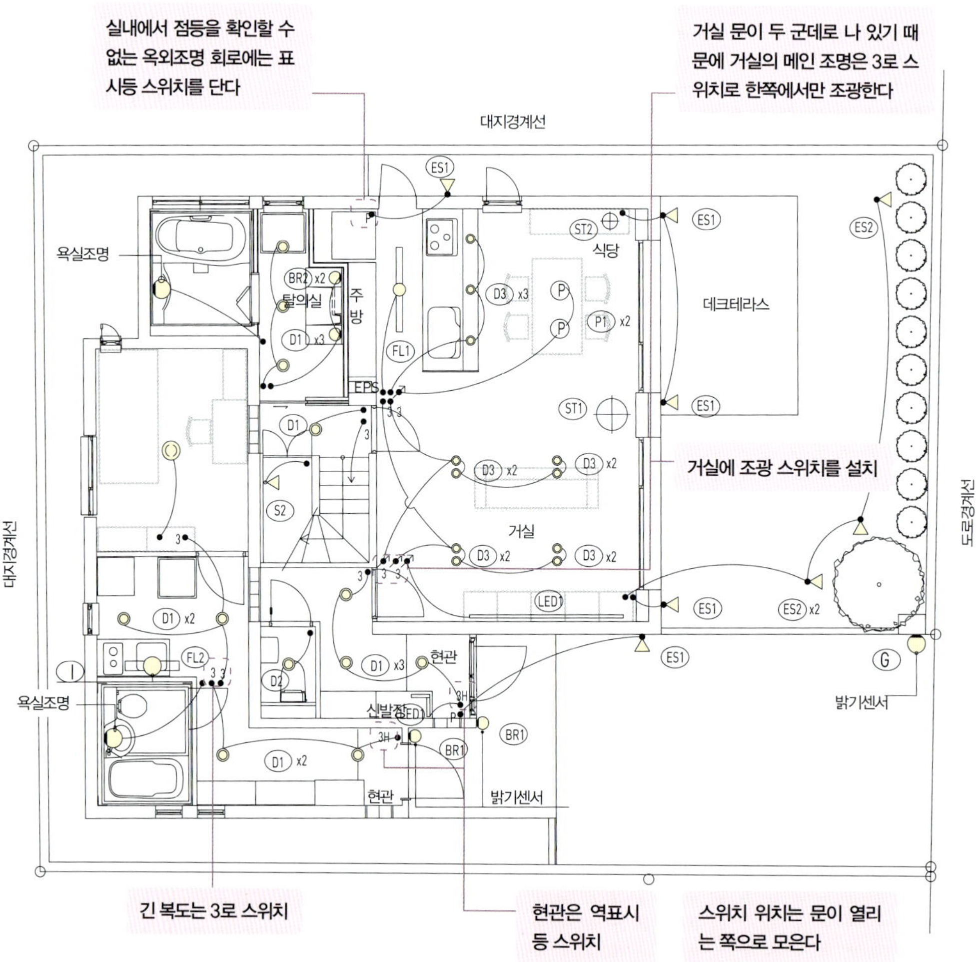

실내에서 점등을 확인할 수 없는 옥외조명 회로에는 표시등 스위치를 단다

거실 문이 두 군데로 나 있기 때문에 거실의 메인 조명은 3로 스위치로 한쪽에서만 조광한다

대지경계선

욕실조명

거실에 조광 스위치를 설치

ES1

ST2
식당

BR2 x2
탈의실
주방
D3 x3
P

D1 x3
P1 x2
데크테라스

FL1

ES1

EPS

D1
ST1

ES1

3

D3 x2
D3 x2

S2

거실

3

D3 x2
D3 x2

LED1
ES1

D1 x2
ES2 x2

FL2
3
ES1
G

욕실조명
D2
현관
D1 x3
밝기센서

신발장
ED1
3H

현관
BR1
BR1

D1 x2
현관
밝기센서

긴 복도는 3로 스위치

현관은 역표시등 스위치

스위치 위치는 문이 열리는 쪽으로 모은다

## 범례

◆ 표시등 스위치는 스위치를 켜면 스위치에 있는 램프에 불이 들어오는 스위치

◆◆ 역표시등 스위치는 스위치를 끄면 스위치에 있는 램프에 불이 들어오는 스위치

## 조명 배선 계획도(2F)

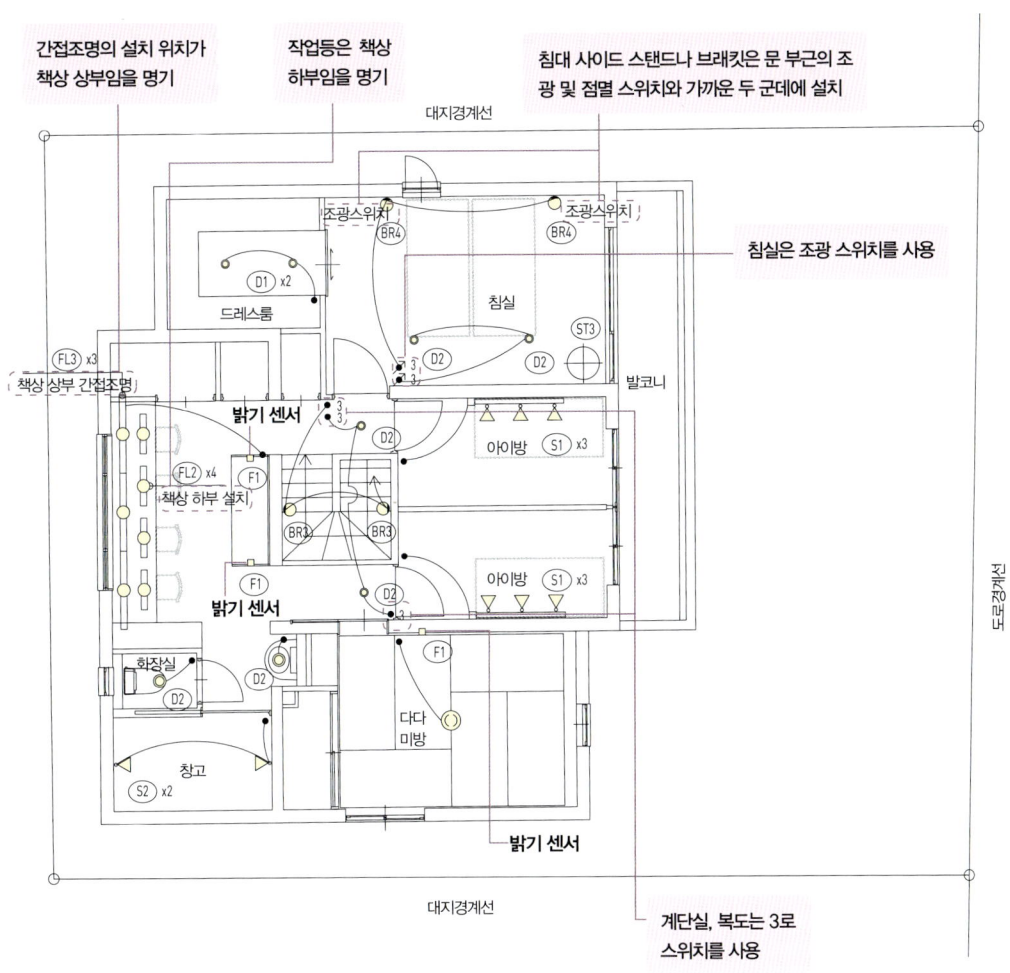

간접조명의 설치 위치가 책상 상부임을 명기

작업등은 책상 하부임을 명기

침대 사이드 스탠드나 브래킷은 문 부근의 조광 및 점멸 스위치와 가까운 두 군데에 설치

침실은 조광 스위치를 사용

책상 상부 간접조명

밝기 센서

책상 하부 설치

밝기 센서

밝기 센서

계단실, 복도는 3로 스위치를 사용

# 109

# 안전 체크 리스트

## Point

안전하고 쾌적한 빛 환경을 유지하기 위해 주택용 조명 기구, 시설용 조명 기구를 1년에 한 번씩 점검한다

## 주택용 조명 기구 안전 체크 리스트

○ 1년에 한 번 다음 항목을 점검한다. 이상이 있으면 적절한 조치를 취한다

| | 안전점검 항목 | 필요한 조치 |
|---|---|---|
| ☐ | 플러그, 코드, 본체를 움직이면 깜빡거린다 | 해당 항목에 체크했다면 위험한 상태이다. 사고 방지를 위해 즉시 사용을 중지하고 새로운 조명 기구로 교체한다 |
| ☐ | 플러그, 코드 등이 비정상적으로 뜨겁다 | |
| ☐ | 타는 냄새가 난다 | |
| ☐ | 점등 시 누전 차단기가 작동할 때가 있다 | |
| ☐ | 코드 · 소켓 및 배선 부품이 손상되었거나 금이 가서 변형되었다 | |
| ☐ | 구입한 지 10년이 넘었다 | 해당 항목에 체크했다면 위험한 상태로 진행될 수 있다. 사고 방지를 위해 즉시 사용을 중지하고 새로운 조명 기구로 교체하거나 계속 점검한다 |
| ☐ | 램프를 교체해도 켜질 때까지 시간이 걸린다 | |
| ☐ | 커버, 패널 등에 금이 갔거나 변색, 변형이 있다 | |
| ☐ | 도장면이 부풀어 금이 갔거나 녹이 슬었다 | |
| ☐ | 기구 설치부가 변형되어 흔들리거나 느슨해졌다 | 해당 항목에 체크했다면 새로운 조명 기구로 교체한다 |
| ☐ | 점등관이 계속 깜빡거린다 | |

# 시설용 조명 기구 안전 체크 리스트

○ 1년에 한 번 다음 항목을 점검한다. 이상이 있으면 적절한 조치를 취한다

| | 안전점검 항목 | 필요한 조치 |
|---|---|---|
| ☐ | 기구의 한계 점등 시간이 4만 시간 이상이다 | 해당 항목에 체크했다면 위험한 상태이다. 사고 방지를 위해 즉시 사용을 중지하고 새로운 조명 기구로 교체한다. |
| ☐ | 사용한 지 15년이 넘었다 | |
| ☐ | 타는 냄새가 난다 | |
| ☐ | 조명 기구에서 연기가 나고 기름이 샌 흔적이 있다 | |
| ☐ | 배선부품 등에 변색, 변형이 있거나 금이 갔거나 흔들리거나 파손되었다 | |
| ☐ | 사용한 지 10년이 넘었다 | 해당 항목에 체크했다면 위험한 상태로 진행될 수 있다. 사고 방지를 위해 즉시 사용을 중지하고 새로운 조명 기구로 교체하거나 계속 점검한다 |
| ☐ | 램프를 교체해도 다른 램프보다 극단적으로 수명이 빨리 닳고 검게 변한다 | |
| ☐ | 램프, 점등관을 교체해도 켜질 때까지 시간이 오래 걸린다 | |
| ☐ | 램프, 점등관을 교체해도 계속 깜빡거리는 것이 있다 | |
| ☐ | 램프를 교체해도 다른 램프보다 눈에 띄게 어두운 것이 있다 | |
| ☐ | 점등 시 누전 차단기가 작동할 때가 있다 | |
| ☐ | 움직이는 부분(개폐 부분, 조절 부분 등)의 움직임이 둔하다 | |
| ☐ | 기구 설치부가 변형되어 흔들리거나 느슨해졌다 | |
| ☐ | 최근 2~3년간 고장에 의한 교체 횟수가 늘었다 | |
| ☐ | 본체, 반사판 등이 눈에 띄게 더럽거나 변색되었다 | |
| ☐ | 커버, 패널 등에 금이 갔거나 변색, 변형이 있다 | |
| ☐ | 도장면이 부풀어 금이 갔거나 녹이 슬었다 | |
| ☐ | 나사 등에 변색, 변형이 있거나 금이 갔거나 흔들림, 파손 등이 있다 | |
| ☐ | 지정 외 램프를 사용했다 | 지정 램프로 교체한다 |
| ☐ | 램프의 단부가 눈에 띄게 검게 변했다 | 해당 항목에 체크했다면 새로운 조명 기구로 교체한다 |
| ☐ | 점등관이 계속 깜빡거린다 | |

# 110

# 조명 기구 관련 법규

### Point

유도등이나 비상등의 정기 점검은 의무이다

## 조명 기구에 관한 에너지 절약 관련 법규의 개요

○ 온실가스 배출 삭감, 환경 개선, 안전 확보를 목적으로 아래와 같은 행정조치를 실시(2015년 7월 현재)

| | 법규(임의규제 포함) | 규제 개요 | 대상 |
|---|---|---|---|
| 산업통상자원부 | 「에너지이용 합리화법」 | • 고효율 에너지 기자재의 인증 | 조도 자동조절 조명기구, LED 램프, LED 등기구, 무전극형광램프용 등기구 등 |
| | 「고효율에너지기자재 인증제도」 | • 에너지사용기자재 중 에너지 효율 및 품질시험 · 검사 결과가 정부가 고시한 일정 기준 이상 만족하는 제품을 인증<br>• 고효율기자재 인증마크 부착 | |
| | 「에너지소비효율등급 표시제도」 | • 에너지소비효율 또는 에너지사용량에 따라 효율등급을 1~5등급으로 나누어 표시 | 백열전구, 안정기 내장형 램프, 형광램프 등 |
| | 「에너지관리기준」 | • 전기 사용 설비 개선 목표 제시<br>• 조명설비는 조명에너지 절감을 위한 조도 자동 조절<br>• 조명기구의 사용 등을 제시 | 조명 계획 |
| 환경부 | 「녹색제품 구매촉진에 관한 법률」(2005. 7월 시행) | • 공공조달 최소 녹색기준제품 구매 가이드라인 제시 | 램프, 조명 기구 |
| | 녹색제품 정보시스템(GPIS) | • 환경표지인증을 받은 제품을 소개 | 조명 기구(최소녹색기준제품) |
| 국토교통부 | 「건축물의 에너지절약설계기준」 | • 에너지절약계획서 제출 대상 건축물의 의무설계기준과 권장사항 제시 | 조도 자동조절 조명기구, LED 램프, LED 등기구, 무전극 형광램프용 등기구 등 |
| | 「건물에너지 효율 등급제도」 | • 건축물의 에너지 성능을 평가 | 백열전구, 안정기내장형 램프, 형광램프 등 |
| | 「녹색건축물 조성지원법」 | • 건축물의 에너지 소비 절감을 위한 설비 | 조명 계획 |

## 유도등, 비상등의 설치 · 보수 점검에 관한 법령

○ 유도등과 비상등은 소방시설 설치 · 유지 및 안전관리에 관한 법률에 의해 정기점검이 의무화되어 있다.(2015년 7월 현재)

| | 유도등 및 유도표지의 화재안전기준 (NFSC 303) | 비상조명등의 화재안전기준 (NFSC 304) |
|---|---|---|
| 설비의 설치, 유지 의무 | 특정소방대상물의 관계인(소유자, 관리자, 점유자가 이에 해당)은 대통령령으로 정하는 바에 따라 특정소방대상물의 규모 · 용도 및 수용 인원 등을 고려하여 갖추어야 하는 소방시설을 국민안전처장관이 정하여 고시하는 화재안전기준에 따라 설치 또는 유지 · 관리하여야 한다. (법 9조 1항) | |
| 설비의 점검 및 보고 의무 | 특정소방대상물의 관계인은 그 대상물에 설치되어 있는 소방시설등에 대하여 정기적으로 자체점검을 하거나 관리업자 또는 총리령으로 정하는 기술자격자로 하여금 정기적으로 점검하게 하고 그 결과를 보고해야 한다. (법 25조 1, 2항) | |
| 기술자격자 | 소방시설관리사, 소방기술사(시행규칙 17조) | |
| 종합 정밀 점검 | 1년에 한 번 이상(시행규칙 18조 1항 별표1) | |
| 보고처 | 소방본부장 또는 소방서장(법 25조 2항) | |
| 조치 명령 | 소방본부장이나 소방서장은 소방시설이 화재안전기준에 따라 설치 또는 유지 · 관리되어 있지 아니할 때에는 해당 특정소방대상물의 관계인에게 필요한 조치를 명할 수 있다. (법 9조 2항) | |
| 설치, 유지 · 관리, 점검, 보고 의무 위반 | 200만 원 이하의 과태료(법 53조) | |
| 조치 명령 위반 | 3년 이하의 징역 또는 1,500만 원 이하의 벌금(법 48조의2) | |
| 비상 점등 전원 | 20분간 또는 60분간(화재 안전 기준) | |

주 1 │ 비상등이란 비상용의 조명 장비 및 비상용의 조명 기구를 말한다. 소방 설비 등에 대해 점검 · 보고 의무가 있으며 유도등만 점검 · 보고하는 것이 아니다.
주 2 │ 법령은 개정될 수 있으므로 최근 것을 확인한다.

# 찾아보기

## 참고문헌

『照明「あかり」の設計 住空間の Lighting Design』中島龍興(建築資料研究社刊)
『カラー圖解 照明のことがわかる本』中島龍興(日本實業出版社刊)
『カラーコーディネーター入門/色彩 改訂版』日本色研事業部
『Panasovic HomeArchi 09-10 カタログ』パナンニック電工株式會社
『National Expart TEXTBOOK 2008-2009』松下電工株式會社
『住もいの照明』サリー. ストーリー / 鈴木宏子譯(産調出版刊)
『光と色の環境デザイン』社團法人 日本建築學會編(オーム社刊)
『新. 照明教室 照明の基礎知識(初級編)』社團法人 照明學會 普及部
『高木英敏のしい住まいのあかり』高木英敏(日經BP社刊)
『照明デザイン入門』中島龍興. 近田玲子. 面出薫(彰國社刊)
『Delicious Lighting デリツャスライティング』東海林弘靖(TOTO出版刊)
『照明基礎講座テキスト』社團法人 照明學會
『照明專門講座テキスト』社團法人 照明學會
『照明ハンドブック 第2版』社團法人 照明學會編(オーム社刊)
『照明器具リニューアルのおすすめ』社團法人 日本照明器具工業會

『建築知識 2008. 7』(エクスナレッヅ刊)
『iA06 照明 デザイン入門』(エクスナレッヅ刊)

## 사진 제공 · 촬영 협조

닛켄 설계
다이코 전기
도키 코퍼레이션
오델릭
조후토진병원
히가시야마회
도하타 건축사무소
라이즈
시미즈 건설
야마다 조명
호텔 뉴 오타니 구마모토
호텔 엘세레이네 오사카
히마와리

## 안자이 테쓰 지음

쓰쿠바대학 예술전문학군 건축디자인을 전공하고, 런던 AA 스쿨을 졸업했다. 현재 규슈산업대학 예술학부 부교수로 재직 중이다. 건축 설계, 인테리어 디자인, 조명 계획을 중심으로 전시회 및 강의를 기획하는 등 건축가, 조명 전문가로 활동하고 있다.

## 고기영 감수

이화여자대학교 장식미술학과 실내디자인을 전공하고, 파슨스디자인스쿨에서 건축조명디자인으로 석사학위를 받았다. 현재 이화여자대학교 조형예술대학과 디자인 대학원에서 겸임교수로 재직 중이며, 조명디자인 사무소 비츠로앤파트너스의 대표이다. 사옥, 호텔, 박물관, 미술관, 리조트, 공원 등 다양한 프로젝트를 수행했고, 여수엑스포 조경 및 회장 연출, G20 정상회담장 및 만찬장 마스터플랜 등에 참여했다.

## 박은지 옮김

국민대학교 건축학과를 졸업한 뒤, 건축설계사무소에서 다양한 설계 프로젝트 및 인테리어 디자인 경험을 쌓았다. 현재는 일본어를 한국어로, 한국어를 일본어로 옮기는 작업을 하고 있다. 옮긴 책으로는 『작아도 기분 좋은 일본의 땅콩집』 『예산에 맞춘 집』 『콘크리트의 역습』 등이 있다.

# 공간을 쉽게 바꾸는 조명

안자이 테쓰 지음
고기영 감수
박은지 옮김

초판 1쇄 발행  2016년 3월 10일
초판 4쇄 발행  2024년 5월 10일

발행처  도서출판 마티
출판등록  2005년 4월 13일
등록번호  제2005-22호
발행인  정희경
편집  서성진
표지 디자인  이기준
본문 디자인  최윤선

주소  서울시 마포구 잔다리로 101, 2층 (04003)
전화  02-333-3110
이메일  matibook@naver.com
홈페이지  matibooks.com
인스타그램  instagram.com/matibooks
엑스  twitter.com/matibook
페이스북  facebook.com/matibooks

ISBN  979-11-86000-30-4  13610
값  24,000원